阅读 你的生活

博物馆的
诞生

历史、理论与政治

[英]托尼·本尼特（Tony Bennett） / 著
段吉方 陈 静 陈王青 肖 娜 / 译
王小溪 王思渝 / 审校

The Birth
of the Museum
History, Theory, Politics

中国人民大学出版社
·北京·

译者序

博物馆文化研究是当前人文社会科学领域重要的跨学科研究方向，受到文化史、艺术史、社会学、经济学、文学等领域学者的广泛关注。博物馆研究的文化理论著述甚多，1992年劳特利奇出版社出版著名博物馆学家、英国莱斯特大学艾琳·胡珀-格林希尔的《博物馆与知识的塑造》(*Museums and the Shaping of Knowledge*)，这部著作是她1988年在伦敦大学攻读教育社会学博士学位的论文。在这部著作中，胡珀-格林希尔对过去600年间博物馆塑造人们知识的过程与方式做出了深入的理论阐释，分析了博物馆及其藏品在人类物质文化发展中的空间组织功能，强调了以学习导向为基础的博物馆的文化政治功能。胡珀-格林希尔另外还写作了《博物馆及其观众》《博物馆与教育：目的、方法及成效》等著作，充分阐释了"什么是博物馆""规训的博物馆"等问题，对博物馆的文化史、艺术史意义做出了独特的分析阐释，在博物馆文化研究领域有重要影响力。类似的著述还有英国纽卡斯尔大学教授里安农·马森（Rhiannon Mason）主编的《博物馆研究》，"新博物馆学"倡导者法国学者安德烈·德瓦雷（André Desvallées）和弗朗索瓦·梅黑斯（François Mairesse）主编的《博物馆学关键概念》，美国学者爱德华·P.亚历山大（Edward P. Alexander）和玛丽·亚历山大（Mary Alexander）合著的《博物馆变迁：博物馆历史与功能读本》，美国学者约翰·H.福克（John H. Falk）的《博物馆观众：身份与博物馆体验》，史蒂芬·康恩（Steven Conn）的《博物馆与美国的智识生活》，休·H.吉诺韦斯（Hugh H. Genoways）和玛丽·安妮·安德烈（Mary Anne Andrei）的《博物馆起源：早期博物馆史和博物馆理念读本》，等等。这些理论著述从不同层面指向了博物馆研究的理论和学术问题，也让有关博物馆文化研究的一个新兴的学科方向在学界得到充分重视。

博物馆文化研究的兴盛与繁荣改变了传统的关于博物馆的认知和理解，多学科领域的立体探究和多维观测，也赋予博物馆这一本来就具有文化遗产价值的文化研究个案以更多的历史、哲学乃至政治信息，凸显了博物馆在哲学理论问题、认知体验方式、伦理教育功能、审美治理经验等方面的研究意义与价值。如里安农·马森在《博物馆研究》中所指出的：博物馆是一个汇集历史文化遗产，让人流连忘返的所在，也是地域文化经济复兴中"文化品牌"的引擎；博物馆是贵族文化收藏的展示之地，也是日常现实文化的展览和陈列之所；博物馆是参观者、观众、社区和公众文化互动之地，也是身份、争议、艰难的历史、棘手的身份政治问题和敏感的历史事件如大屠杀、殖民主义和奴隶制等历史留存之所。没有一种文化能忽视博物馆的功能,没有一种历史能忘却博物馆的存在,没有一种艺术能与博物馆完全脱离关系。博物馆是历史遗迹与民族遗产的留存汇集,是人类的文化家园。

在当前诸多关于博物馆文化研究的著作中,展现在读者面前的这部由英国文化理论家托尼·本尼特撰写的《博物馆的诞生:历史、理论与政治》(以下简称《博物馆的诞生》),是一部不容忽视的作品。无论是在博物馆研究的视角与方法方面,还是在博物馆的文化实践功能展现方面,《博物馆的诞生》都提供了有历史叙事和价值支撑的研究观点,是博物馆文化研究中的力作。下面,作为译者和研究者,我就简要地介绍一下这部作品的内容和价值。

《博物馆的诞生》有一个具体的副标题"历史、理论与政治",可以说这个副标题从研究视域、理论内涵和实践指向标识了本书的内容所在,历史、理论、政治这三个关键词也成为本尼特重构博物馆历史叙事与文化功能的"三棱镜"。

何谓博物馆的"理论"?博物馆常被视为文化参与、文化教育的场所,关于博物馆的"理论"很容易被理解为一种举介式的说明。就好像当我们作为参观者、受教育者一走进博物馆,首先映入眼帘的是博物馆的空间布展和藏品引领的说明文字,其中或许暗含某种文化见解,但仍然是一个既定文化空间中的举介说明。本尼特在这部著作中所说的博物馆的"理论"不是这个意思,确切地说是关于博物馆的形成、存在、功能与走向的理论。在本书的导言中,本尼特强调他的研究是为现代公共博物馆提供一个聚焦政治的谱系学研究,并强调他所说的"谱系学"是指描述博物馆的形成和早期发展的历史,从而有助于阐明博物馆政策和政治从过去到现在直到将来的坐标关系。在这一研究主旨之下,本尼特提出的博物馆的

"理论"研究既不是本体论的,也不是工具和技术论的,而是基于文化史和文化政治的视角,通过对19世纪以来现代公共博物馆的诞生过程以及博物馆的文化参与特性的考察,展现博物馆历史发展的独特性。

本尼特提出的问题是:公共博物馆在哪些方面体现了社会文化新关系的发展?公共博物馆如何规范、调节参观者的行为?公共博物馆的表征空间及其产生的文化政治功能如何?在传统意义上,博物馆是公众参观文化遗产的场所,也是一个受教育和增长知识的场所。本尼特关于博物馆的"理论"研究改变了传统博物馆的体察形式。从文化史叙述和人类学的角度看,展示的工具、陈列的场所、教育的机构、管理的手段,这些都是博物馆的性质和功能所在,但都不绝对,博物馆的属性和功能不限于其中的哪一种。博物馆的属性和功能是建构性的,博物馆从诞生之初一直就在建构自身,它为文化展品提供新环境,同时也充当允许文化展品被重新改造的技术环境,从而实现博物馆作为政府工程的新意图,即重塑社会行为的普遍规范。本尼特的这个看法与胡珀-格林希尔在《博物馆与知识的塑造》中提出的"什么是博物馆"的观念形成了一种理论上的接续。胡珀-格林希尔曾提出,人们都认为博物馆是一种文化展示的工具,但它更是技术改造的场所,展示功能和改造手段让它具有更为复杂的文化属性。本尼特进而提出,博览会、游乐场、百货商场等与博物馆一样,都具有文化建构意义,它建构知识的主体/客体、建构空间/时间、建构性别(男/女)。不同类型的博物馆(地理学、考古学、人类学等)依据其学科特点组织陈列框架,由此建构的表征空间假定了作为进化结果的人是知识的客体。同时,这种表征模式也构建了参观者,参观者是已经完成进化且位于进化过程顶端的人类，他们由此可以感知人类的发展及其延伸出来的次级进化系列。本尼特将博物馆的这种建构性视为博物馆的表征功能。所谓"表征"，就是强调博物馆不是静止的、凝固的、完全客体化的物，而是一种文化排序的方式和知识生产的过程，甚或权力的配置方式。博物馆的"理论"，就是关于博物馆的"表征"的理论。

博物馆的"历史"向来是博物馆研究的重要问题，休·H.吉诺韦斯和玛丽·安妮·安德烈的《博物馆起源：早期博物馆史和博物馆理念读本》、爱德华·P.亚历山大和玛丽·亚历山大的《博物馆变迁：博物馆历史与功能读本》、艾琳·胡珀－格林希尔的《博物馆与知识的塑造》等著作，都将这一问题作为观察思考博物馆文化意义与价值问题的重要支点。博物馆的历史变迁中隐含着复杂的哲学、文化、伦理、政治问题。博物馆是公共领域中的机构，但博物馆不是"静止的建筑"，《博物馆起源：早期博物馆史和博物馆理念读本》就提出，"什么是博物馆"的问题与"博物馆从何而来"的问题一样，都是关于博物馆研究最重要的理论思考。本尼特在本书中更是非常正式地拎出这个问题作为探讨博物馆历史的理论入口。在第一章"博物馆的形成"中，本尼特考察了早期宫廷展览、珍贵物品收藏以及美术馆、图书馆等各种与博物馆有关联的文化机构的进化过程，探索在公共博物馆形成过程中社会空间重组与文化秩序重建的历史。

本尼特引述哈贝马斯的公共领域思想，指出现代意义上的博物馆是一个"公共博物馆"的概念，公共博物馆形成的一个典型的特征是博物馆在公共领域展现文化职能并形成开放体系，在公共领域形成"可见性"关系的重大转变。本尼特强调，在18世纪已经影响较大的贝尔维第宫的维也纳皇家藏品展览和德累斯顿美术馆，都不是现代意义上的公共博物馆，"它们理论上对外开放，但通常受到很多实际条件的限制，其藏品仍然是皇家财产，而不是国家代表人民拥有"。这一点很重要，也是本尼特关于博物馆研究的重要观念。从公共领域出发，本尼特建立了博物馆研究的哲学、文化和美学的批评形式，他借用哈贝马斯等人的理论，描述博物馆的形成过程中所展现出的欧洲近代社会和政治生活领域的变迁，如国家与宫廷的分离、公共领域与私密领域的分离等，这些都可以在博物馆的历史中找到演化痕迹。在这种分离中，文学、艺术和文化的新机构得以确立，"这些机构一方面包括文学期刊、哲学社和辩论会（有时还附带上博物馆）以及咖啡馆，强调观念的形成要经过理性交流和辩论；另一方面也包括新的文化市场（学会、美术馆和沙龙），它们独立于宫廷和国家，使得尚在形成期的资产阶级人士有机会聚集，并通过努力增强其可见度而获得一定程度的社团自我意识"。对于大众而言，可以保证不同人群和文化在博物馆陈列中得到平等表征。由此，博物馆的历史也是欧洲社会智识生活变迁的一个管窥通道，它为我们探寻现代社会文化秩序提供一种思考的观测点，也为我们考察现代社会文化新关系的发展提供了思想参照依据。在这种参照下，我们可以发现，"公共博物馆"也导致了文化领域排序方式的转型，这就是福柯所说的博物馆等文化机构在现代社会的"双向建构"功能。

"公共博物馆"所导致的文化领域排序方式的转型，是现代意义上的博物馆的文化功能的"表征"形式。博物馆既是"看"的对象和场所，又在资产阶级公共领域扮演文化新角色。在"公共博物馆"的"表征"范围内，文化遗产的历史叙述、空间置放、可见范围都有"不可见"的一面,体现了资产阶级文化发展中更复杂的历史叙述手段和文化治理形式。这是本尼特在这部著作中提出的另一个重要的理论观点。

"公共博物馆"既是提高公众文化水平的工具,又是文化治理的形式。对于"治理"和"治理性"的概念,有必要加以辨析。本尼特强调博物馆的文化治理特性和功能,但这个"治理"并不是强化式的手段或规训的形式。很多学者都曾论述博物馆的规训特性,如胡珀-格林希尔就提出过"规训的博物馆"的问题,但他们都没有将"公共博物馆"视为规训和治理的强化手段,这里面有三个层面的问题要论述清楚。

首先,是"治理"的概念。至少在本尼特那里,"治理"不是"整治",而是文化政策实施、文化机构运转和文化职能转换的形式,是融合管理与服务功能在内的文化实践形式。本尼特是在这个层面上强调博物馆的"治理性"的,特别是现代意义上的"公共博物馆",它的"治理"功能体现为它在城市生活新规划中的地位和意义,可以说,这是本尼特强调的博物馆的文化"治理性"的理论内涵。

其次,是如何"治理"。本尼特强调:"在文化形式和实践中嵌入新技术,而不是间歇性地招揽民众参与,其目的是产生长期的、发展的、定期的和重复的效果,因此出现了一种崭新的文化权力经济。这也为民众提供了更主动和差异化的角色,而不只是权力象征性展示的目击者(尽管这仍然重要,甚至比福柯所想的更为重要)。相对而言,在这种新逻辑中,文化包括一系列新做法,受其影响的人会转化为主动的承担者和践行者,他们追求主动自我提升能力,而这正是文化应包含的。"也就是说,博物馆的"治理性",最终还是让观众成为文化的参与者和实践者，本尼特说这是对自我的改造，甚至是内在生命的改革。一直以来，我们在谈文化"治理性"时的误区在于对"治理"和"治理性"的差异缺乏理解。在本尼特的这部著作中，他强调的博物馆的文化治理功能，是在"治理性"的内涵和意义上着眼的，包括对博物馆的历史的理解以及博物馆的文化运作与管理，都是在文化的"治理性"的层面上展开的。在这个基础上，本尼特提出，博物馆并非对民众进行文化治理的唯一手段。相反，博物馆是和为同一目的而设计的其他新文化手段一起发挥作用的。

最后，博物馆的文化"治理性"的研究为了说明什么？是为了批判性思考。通过博物馆的文化"治理性"的研究，我们可以看到博物馆在资产阶级文化秩序建构中所起到的作用，这个作用既包括博物馆的公共文化职能的展现，同时也包括博物馆与资产阶级文化权力组织与实施的关系。由此看出，本尼特的博物馆的文化"治理性"研究也是一种现代性文化批判的形式。

博物馆曾被视为"没有激情的改革家"，这是说，博物馆潜移默化地配合了一定社会文化改革的实施，博物馆在提升民众的知识水平、道德修养和改进行为方面发挥着积极的作用。在现代"公共博物馆"的形成过程中，博物馆仍然会维持这一公共职能，"有助于提升大众品位和设计水平；可以降低酒馆的吸引力，从而让大众更清醒、更勤劳"。但这只是博物馆在公共领域中的一种职能的表现，在博物馆的诞生及其形成中，还存在另外一种文化解析的缝隙，那就是博物馆在现代文化研究理论视域内，也与资产阶级文化权力组织和实施有关联，即博物馆作为一种高雅文化实践，构成了资本主义社会文化权力机器的组成部分。自福柯的文化权力话语理论被引入文化研究以来,这种文化政治解析范式在很多文化研究个案和领域中发挥作用,其中也包括博物馆的文化研究,本尼特充分考虑到了这样一种历史现状。本尼特深入地分析了博物馆的这一文化政治属性,在为中国读者所写的《中文版序:博物馆和治理的问题域》中,本尼特重申他的思考:什么形式的真理塑造了19世纪公共博物馆的发展?这些真理形式建构和实践了什么类型的权力?这些内容如何塑造了后来殖民地博物馆的历史,又如何被其重塑?很显然,对这些问题的回答会影响对博物馆的文化"治理性"的理解。

  本尼特在本书"展览综合体"部分分析了这个问题。"公共博物馆"作为一种高雅文化的机构和实践,既有以治理为目的的属性,也蕴含着生产文化权力的空间。本尼特谈到,至少在19世纪之前,节日、迎驾剧、骑士比武、剧院表演等展览性的文化形式都与资本主义社会权力的组织与实施有关,它们体现了一种在民众面前的权力周期性(因此也是间断的、不定时的)展示。在各种表演、展览中,民众即使是在场的,也是被强制在场,是因为资产阶级权力的表征要求观众在场。至于改良民众的性格、举止、道德或天资等,这不是文化与权力策略所考量的问题。而随后,"公共博物馆"开始在欧洲兴起,后续更通过殖民网络进行全球扩张,由此带来了更为复杂的政治和伦理问题。借助于博物馆的解析视角,可以发现欧洲文化殖民中更深层次的文化权力实施的问题,包括殖民语境中博物馆建构的文化政治策略、性别区分等。

  在这种建构和区分下,博物馆也蕴含了一种"无形的政治",并导致一个视觉的美学结构的形成,布尔迪厄称之为"纯粹的凝视"(pure gaze)。布尔迪厄曾提出,艺术作品受到关注主要是因为它自身，艺术作品自身的价值让"纯粹的凝视"得以发生，并忽略艺术作品之外的属性和价值。但这种"纯粹的凝视"有时候恰恰是一种意义排除的方式，会让艺术的观看者忽略，组织和制约艺术作品如何被命名或贴标签的分类原则在艺术价值的展现中扮演着重要的角色。本尼特认为，博物馆也是这样。"收藏机构的藏品和展品，无论在其他方面有何不同，不管是在博物馆、寺庙还是在古董陈列柜里，它们的运作方式都是相似的。在构成一个可见领域时，它们的意义都来自它们构建的不同的'不可见'，以及它们向观众传达这些信息的方式。或者换一种说法，在这些机构中可见之所以有意义，是因为它可以让人一窥不可见。"因而，本尼特提醒我们，在对博物馆的参观中，也要分辨这种"纯粹的凝视"。分析"纯粹的凝视"的过程就是辨析事物的可见与不可见的秩序安排的过程，"分析'纯粹的凝视'形成的历史过程，在一定程度上是为了追溯那些空间和机构的形成，在这些空间和机构中，艺术作品被组合、安排、命名和分类，成为可见的'艺术'，正如这一分析也是为了研究那些生产出了有能力识别和欣赏艺术品的观者的力量"。在博物馆中，我们能看到很多东西，也有很多东西看不到，在可见与不可见之间隐藏的是组合、安排、命名、分类的原则，这种分类原则会影响审美配置、消费导向与传播效果，所以本尼特在布尔迪厄的理论基础上，强调要"将展示的艺术视为一种看透（see through）文物的手段，目的是看懂文物被安排代表的不可见的意义秩序"。

在本书中，本尼特广征博引，他的研究学科跨度大、理论纵深强，艺术史、文化研究、民族志、文化地理、历史、社会学等多个学科的文献和历史穿插交错，同时聚焦于不同时期的博物馆景观，充分探讨流动集市、艺术画廊、美术展览以及各种游乐场的博物馆属性和功能。在综合阐释博物馆文化理论以及运用福柯、布尔迪厄等人的理论观念的基础上，本尼特的博物馆研究提出了一种全新而重要的理论挑战，可以说是发表了一场与博物馆有关的现代文化政治的辩论，创造了一种"博物馆文化政治学"。在第三部分"进步的技术"中，本尼特还充分讨论了博物馆的进步叙事，研究了两个重要的个案：1988 年世界博览会（简称"世博会"）和欧洲最大的游乐园"黑潭游乐海滩"。本尼特的研究看似超出了传统的博物馆研究的范围，但他从文化研究领域展开的思路又有另辟蹊径之收获。关于博物馆的历史和文化治理性视角是他的理论研究的一大优势和特色；同时他吸收哈贝马斯、福柯、布尔迪厄等人的理论对博物馆展开分析，充满了文化批评的内在气息，提供了理解博物馆的历史、理论与政治的全新视角。读者们也可以从这种视角看到本尼特文化研究理论的特征与贡献，当然也可以发现其中的不足并展开讨论。

中文版序
博物馆和治理的问题域

托尼·本尼特

初版于 1995 年的《博物馆的诞生》（下文简称《诞生》）延续并发展了我自 20 世纪 80 年代开始研究的一系列领域，当时正值 1988 年澳大利亚建国两百周年庆典的筹备阶段，同时澳大利亚国家博物馆在筹建过程中也出现了很多争议，特别是关于过去的政治的问题在澳大利亚公共讨论中得到广泛关注。这些讨论激发我写了两篇论文《出于何种过去？》和《塑造未来之物：1988 年世博会》，后来都收录到了《诞生》中。然而，除了参与到当代博物馆实践的政治辩论中，我也同样关注将《诞生》置于更加久远的历史背景之下，包括公共博物馆在欧洲的兴起以及后续通过殖民网络在全球的扩张。我虽然借鉴了一系列理论来处理这些问题，但我解析问题的主导视角——包括我对博物馆的后续研究——是米歇尔·福柯建构的关于真理和权力的关系。我提出的主要问题是：什么形式的真理塑造了19世纪公共博物馆的发展？这些真理形式建构和实践了什么类型的权力？这些内容如何塑造了后来殖民地博物馆的历史，又如何被其重塑？

我在《展览综合体》这篇论文中回答了部分问题。该论文发表于1988年，也构成了《诞生》的一章，这篇论文为本书提供了概念上的"保护伞"，以各种方式列举了其他章节讨论的一系列问题。论文试图通过考察公共博物馆相对于我称为展览综合体的一系列不同机构的平行发展及其表现出的真理-权力关系，将公共博物馆的发展相对化和历史化。

为了更好地向中国读者介绍本书在这些问题中的定位，我会首先概述我关于展览综合体的发展和建构的主要观点，并且介绍这些观点在本书其他部分是如何关联并发展的。然后我会提纲挈领地介绍我在后续著作中如何继续发展《诞生》中的观点并将其带入新方向，结合当下展览综合体在组织和功能方面的改变，更加深入地探讨博物馆与殖民主义的关系。

博物馆和展览综合体

在探讨展览综合体的发展时，四类机构为我提供了主要的参考点，即监狱、伴随公共博物馆发展的其他公民教育机构、国际博览会（即世博会）和流动集市。其中最重要的是我对博物馆和监狱进行的一系列对比。在福柯著名的对惩罚新逻辑发展的分析中，监狱在19世纪的概念中是教化的场所,惩罚的场景用来展示君主权力从公共景观中的消失(Foucault,1977)。取而代之的是,惩罚更多地在监狱封闭的高墙中进行,成为通过运用规训权力的新技术来改造罪犯的途径。如果惩罚从公共领域转移到了公众无法触及的封闭空间,那么,公共博物馆则代表了一种反方向的转变:远离了早期皇家和贵族收藏的社会限制性和封闭领域,小心翼翼地面向初尝民主的普通民众开放。尽管公共博物馆在对普通民众的开放性和对景观功能的重置方面与监狱有差异,但二者都是规训权力的实施形式。采取各种技术——关于得体举止的规定和禁令、保安和引导员的使用——监督更广泛公众的行为,避免由于让不受限制的公众自由进入博物馆,可能使他们暴露在不得体的行为形式中,进而减损文明的影响力。同时,从其他机构中借鉴的行为规范方式也补充了这些规训技术。像公园一样,博物馆也是工人阶级参观者通过与中产阶级一起活动学习更好的公共礼仪——在公共情境下更加文明的举止方式——的场所。

空间与视觉关系的建筑排列方式也像在监狱一样被用来规范行为,然而其实施方式和效果却迥然不同。19世纪博物馆的独景窥视(oligoptic)视线设置方式,通过参观人员彼此之间的控制性凝视带来相互自我监视,补充了博物馆保安的规训功能。这些视线与监狱的规训视线完全不同。根据全景敞视主义的逻辑,服刑人员受制于来自遥远权力的不可见的凝视;然而,在博物馆中,参观者可以在观察者和被观察者、监视者与被监视者的身份之间自由切换。在这些方面,博物馆与其他平行机构的发展旗鼓相当,在建筑设计方面与百货商场紧密相关(Otter,2008),在社会意图方面与公共图书馆关系密切,结合了工程学和公民学的图景,二者都被视为

"公民引擎",用以"影响和改造工人阶级"。源自英国的博物馆功能及公众性的理念迅速在英语世界流行,通过英国的殖民地辐射开来,为美国的同类倡议提供了参考(Goode,1895)。

19世纪的这些发展对于博物馆的公共性是跨越性的改变。法国大革命期间,以人民名义占领卢浮宫通常被看作现代公共博物馆的开创性时刻。虽然其意义不可小视,但其中的创新性在很多方面是非常有局限的。以民主、公民名义占领卢浮宫并未带来任何使其中陈列的艺术品更加贴近公民的重要尝试(McCleallan,1994)。没有任何教导博物馆的新公众如何解读展品的措施,卢浮宫也没有增加任何植根于人民日常生活的大众艺术品。简而言之,卢浮宫的文字介绍依然是君主的,即使公民——后来是皇帝——占领了这个统治场所。①

1851年伦敦世界博览会在很多方面影响深远。最重要的是,它象征了一个对博物馆脚本重新排序的关键时刻。这项工作在博物馆规训中已经广泛开展起来,带来了进化性的事物排序,并通过复杂且交叉的方式体现在阶级、性别和种族的关系中。通过将表征的新制度作为展览综合体产生的真理政治这个切入点,我发现了博物馆与监狱的另一差异。博物馆相关的真理体系的设置与福柯的监狱群岛中占支配地位的心理学科迥然不同。心理学科个人化导向的实施目的是使犯规者进行自我检讨和自我改变。相比之下,从19世纪中叶到20世纪中叶,支配博物馆和国际博览会的展览规训旨在"表征一个类型及其在发展次序中的位置,以展示给公众"(Bennett,1988:88)。通过追踪从福柯(1970)所谓的支配18世纪自然史展

---

① 我在《本尼特简介》(2018)中详细论证了这些观点。

品的分类次序到与19世纪中后期地理学和生物学发展相关的地球历史和生命形式进化性排序的转变,我将这些与同期艺术史、历史、考古学和人类学学科发展倾向的平行兴盛联系起来。在进化论思想越来越含混的影响下,这些学科重新塑造了18世纪分类的静态次序,造就了由发展时间观念塑造的人、生命形式、文化和事物的历史化次序。如果其结果是博物馆作为"现代性的机器"而存在,那么其政治影响力在于它赋予不同种族、阶级和性别人群在现代性时间轴中的不同地位。

上述即是我对展览综合体理念的考察角度。《诞生》的第一部分增加了后来我进一步解释这些历史和理论论点的两篇论文,同时也借鉴了安东尼奥·葛兰西和尤尔根·哈贝马斯的理论,补充了一些发展性的论点。本书第二部分聚焦当代博物馆的实践和论争,扩展了博物馆种类的讨论范围以涵盖其在20世纪的发展,借鉴尼采的《历史的运用和滥用》(Nietsche, 1974)以及皮埃尔·布尔迪厄的审美历史化思想(Bourdieu, 1987),探讨博物馆建构的知识-权力关系的政治后果。最后,在第三部分,我将焦点从博物馆作为现代性机器的功能扩大到博物馆与其他"进步的技术"的关系,特别是流动集市、游乐场和博览会。在此我还是让书中内容自我言说比较好,下面我将提及自己当时研究的局限性以及在后续著作中如何突破这些局限。我也会强调将展览综合体的概念历史化的必要性,从而适应博物馆不断演变的当代形态。

大都会和殖民地视角

对于《诞生》中的论证自然也有批评的声音。虽然在此我并不打算回顾和回应所有的批评①，但还是想要提及其中一种批评，即本书过于依赖博物馆改革者——从众议院议员到博物馆馆长和策展人——在梦想和规划方案中设计的博物馆的社会角色，而忽略了考量博物馆如何在新扩展的公众面前被阐释，如何与公众互动。这一批评比较公允，特别是劳拉·克里格尔（Lara Kriegel）（2007）的讨论，尤其令人钦佩。他探讨了19世纪后半叶伦敦世博会之后，博物馆在飞速发展中，把审美强行纳入不同类型博物馆的实际服务的多种"世俗化"形式。克里格尔的关注点是英国工人阶级中的技术工人参与到了艺术展览中，并且通过自己由手工艺技巧带来的独特视角协调了其与官方审美文化的关系，惯用方式是改变馆长和策展人设计的博物馆脚本的方向。

对我来说，本书最大的缺憾是没能充分认识和考量原住民对西方博物馆实践隐含假设的批评。这一缺憾在"出于何种过去？"这一章体现得最为明显，这一章是本书中最为直接地关注20世纪80年代澳大利亚博物馆政治大讨论的内容。这一章回顾了一系列聚焦于早期博物馆的当代讨论，特别是关于如何重新解读澳大利亚历史的表征展品，从而更好地为当时的政治服务，即：塑造脱离英国殖民监护的澳大利亚历史的"新民族主义"政治；塑造新的城市和工业历史的阶级政治，而不是由澳大利亚的殖民"定居者"打造的田园牧歌传统；针对澳大利亚战争纪念馆（Australian War Memorial）的澳大利亚军事史展览体现的男性中心主义所做的女性主义批评；以及对"白澳政策"②的多元文化批评。然而，该章关

---

① 参见我2015年和2017年的文章中概括的我所知的几条主要批评以及我的回应。

② "白澳政策"是澳大利亚联邦在1901年至1973年间实行的反亚洲移民的种族主义政策的通称，主要针对亚洲人和太平洋岛屿的有色人种，维持欧洲人在澳大利亚社会的绝对优势。1901年，澳大利亚联邦成立，首届澳大利亚保守党政府将"白澳政策"正式确立为基本国策，只许白人移民流入。1973年，澳大利亚工党政府正式取消了"白澳政策"。

于澳大利亚原住民对澳大利亚博物馆的批评方面着墨太少,特别是在 1988 年澳大利亚建国两百周年庆典的背景下,这些辩论变得越来越声势浩大之时。这一问题在我对两百周年庆典中原住民批评的关注,和"塑造未来之物:1988 年世博会"这一章中对作为庆典一部分的在布里斯班举办的原住民文化博览会的竞争性观点的关注中,得到了一定程度的修正。然后,当然很快可以清楚地看到,原住民的批评提出了更为根本性的问题,挑战的不只是博物馆实践中的这一个或那一个特殊方面,而是原有的博物馆这一形式的整个历史,赤裸裸地批判了其根深蒂固的种族主义和殖民主义历史。而且不只是在澳大利亚,在加拿大(Phillips,2011)、新西兰(McCarthy,2007)以及美国(Lonetree,Cobb,2008),原住民的批评都使当今批评界认识到,博物馆系统的运作从一开始就被其与大都会权力和殖民地之间的复杂关系所塑造,而且在殖民地区域,也被其与殖民力量的关系、对原住民的掠夺和其从属的多种形式的僵化治理所塑造。

这些都是我在后来的著作《超越记忆的过去:进化、博物馆、殖民主义》(简称《过去》)中研究的问题。该书在两个主要方面修正和补充了《诞生》中发展的视角。首先,它将博物馆规训中的地理学、考古学、人类学和艺术史在不同国家的进化处理方式差异化。聚焦于英国的背景,该书认为这些学科功能的发挥应当在更广阔的进化论对 19 世纪人的概念的影响关系中加以考量。由于自然史学、地理学和史前考古学等学科的一系列发展,人类历史和地球历史的远景被越推越远,替代了摩西纪年法较短的时间框架,创造了全新的深层时间,然后这一深层时间为管理人类与时间关系的设想和展示提供了新坐标。在英国,这与人的历史化紧密相关:每个人都被看作是由以前的一代代人的积累继承而形成的，导致了远古自我与现代自我的分割——前者是所有过去通过各种已知的继承机制积累下来的留存，后者是由当今的烙印塑造的（Collini，1991）。因此这一分割在人的建构中构成了全新的历史褶皱，进化博物馆的展览也以各种方式在这一褶皱上运作，例如抵消继承过去的限制性影响，或者用永无止境的进化连续统一体的形式投射过去、现在和未来，从而与当代的进步观念产生共鸣。

如果认为这一概念在历史上显著地建构了人的观念，那么它主要指涉的是欧洲和美洲的自由主体。他们被认为拥有自我发展的能力，因此可以从远古过去中解放自我，这些主体与被种族化的他者迥然不同，后者仍然深陷于"超越记忆的过去"，并且被解读为过去的可视化留存。这一差异在殖民地和大都会情境下博物馆功能的辨识中发挥了关键性作用。讨论大都会情境需要转变分析所关注的焦点，不能仅关注与展览综合体相关的概念。因为这对于博物馆在展览实践中体现的真理-权力关系有着首要的意义，仅关注与展览综合体相关的概念则几乎没有留意到其他情境下从博物馆知识中生成的其他真理-权力效应。由于博物馆把关注点局限于通过展览实践改变行为举止的方式，不管是直接针对参观者，还是通过展品表征传播对广大公众的间接改变，都忽视了博物馆通过其他网络进行文化治理的相关实践。

在殖民地情境下，这种考量是显而易见的。原住民可能从来没有听说过或者参观过博物馆，博物馆也不是他们通常活动于其中的公共领域的一部分，但他们却受到了博物馆对事物和人的排序及其背后逻辑的深刻影响，因为殖民地政府的行政项目也是如此组织和实施的。这些问题关注的不再是博物馆和其他同时代的公共领域机构如何培养大众参观者的特殊倾向问题，而是其对被种族化团体施加权力的形式。这需要不同的分析视角，把博物馆放在与展览综合体概念不同的机构系列中。不再将博物馆和其他的展览场所——如百货商场——放在一起考量，而关注博物馆与其他收集种族化信息的手段之间的联系，这样才能辨别这些收集所遵循的分类序列和框架如何塑造、影响对被殖民人口的不同形式的治理。博物馆作为19世纪末20世纪初人类学主要的组织场所，被授权使用一系列收集被殖民人口数据——如肤色、颅骨尺寸和认知能力——的人类学技术，因此助长了"原始"的概念，在殖民统治的种族歧视形式中扮演了重要角色。这就是比起《诞生》，《过去》一书更为核心的关切，这些关切在我后来与人合著的《收集、排序、治理：人类学、博物馆和自由政府》一书中得到了更加全面的发展（Bennett et al., 2017）。

展览综合体的转型

然而，对于今天的展览综合体的组织和运作我们应如何看待呢？自19世纪展览综合体发展以来，不同类型的博物馆之间的关系有了何种转变？如今与展览综合体相关的权力形式有哪些？在展览综合体的不同部分发挥作用的社会逻辑是什么？这些问题对于这篇序来说过于宏大，我只能提纲挈领地提出三个切入点。①

第一，或许，与展览综合体相关的最为重要的真理形式的普遍转型是非等级化的文化差异观取代了人与文化关系的进化式排序。其中一部分原因是20世纪中后期人类学的发展及其提倡的文

---

① 接下来的讨论借鉴了本尼特（2013）的第二章以及本尼特（2019）。

化相对主义价值观，另一部分原因是进化式展览所诋毁的种族化群体在博物馆批评方面的进步。但我们应当如何看待这些发展呢？对这个问题的最好的回答方式来自一批在21世纪重新思考福柯的学者，他们把博物馆实践中的这一倾向放置在更广阔的背景中，将其解读为一种新的真理实践，形成了秩序化和治理公众的新方式。温迪·布朗（Wendy Brown）采用了这种路径，将此类实践解读为自由主义宽容新话语的一部分，认为其对主流和边缘文化关系的支配方式不会干扰两者之间权力的不平衡。她认为，这种话语的功能是自由主义平等观的一个补充，企图解决这一平等观无法减少、消除差异的问题。正如她所说，宽容的观念对边缘群体的管理方式是可以吸纳他们，同时不会干扰那些把他们边缘化的常规霸权（Brown，2006：36）。虽然这并不是故事的全部，原因我稍后再谈，但它为许多"重组"博物馆的建议提供了一个框架——从博物馆作为批评的世界主义工具的观念，到其作为"差异化机器"推动新的文化混杂性的新形式，或者用詹姆斯·克利福德（James Clifford）的术语，作为接触空间（Clifford，1997）——或许这些都是当代重构博物馆和自由主义形式治理术的不同表述方式。

第二，如今艺术品展览场所的范围大大增加了。很多艺术史学家已经就这一发展发表了看法，特里·史密斯（Terry Smith）的考察是影响最大、最系统的。在诠释自己的"当代视觉艺术展览综合体"的概念时，史密斯列举了构成此综合体的那些大规模扩展的艺术机构的类型，如现代艺术博物馆、国家美术馆、当代艺术博物馆、地区性美术馆、商业美术馆、双年展、艺术博览会、美术馆（kunsthallen）、特定时期博物馆、世界艺术史博物馆、另类艺术场所、原住民艺术中心、大众艺术和街头艺术——这些只是他提及的案例中的一部分（Smith，2020：21）。面对如此多样化的艺术机构，挑战并不在于寻找它们共同的政治逻辑，而是研究不同种类的当代视觉艺术展览综合体是如何运作的。比如，国际艺术展的场馆的社会覆盖面有了重大改变。在1851年伦敦世博会和1937年巴黎世博会之间，艺术是世博会的重要组成部分，艺术作品与工业、制造业和技术展一起展出（Jones，2016）。后来，随着双年展和艺术博览会的发展，全球艺术机构相对其他形式的展览场所变得愈加自主化。双年展运动的开创导致了艺术品展览场所与其他类型的博物馆的分离，这种分离如今仍在继续：国际艺术展和国际博览会如今基本分道扬镳。例如，双年展主要聚焦新的艺术实践，而国际博览会不再有大型的艺术展。

全球性的当代艺术的自主性发展导致其受众大幅减少，发展也更受局限。20世纪早期的国际博览会通常包括艺术展览，可以吸引大量民众，比如共有5 000万人参观了1900年的巴黎世博会，在新艺术运动的关键开创场所，共有3 100万人参观了1937年的巴黎世博会，当时毕加索的《格尔尼卡》就在西班牙馆展出。而双年展基金会的记录中参观人数最多的是2012年卡塞尔文献展，不过是90.5万人。还不只是参观人数的问题。由于双年展和艺术博览会在当今艺术市场运作中的重要性，大部分参观者的职业与艺术市场紧密相关，他们大多是艺术家、策展人、交易商、批评家和艺术理论家等。其社会覆盖面大幅减少。

第三，我要举的最后一个例子说明的是不同的观点，但是对我的福柯式基础的展览综合体观点却至关重要：作为不同形式的知识-权力关系组织和实践的场所，博物馆同时也是知识-权力关系斗争及新的知识-权力关系产生的场所。它关系到原住民知识在如今一系列不同类型的博物馆——艺术博物馆、历史博物馆以及考古和人类学展品中扮演的角色,不仅仅挑战早期的进化式展览给予原住民的地位,而且要在展览方式中引领从原住民角度对人种、文化与天性之间关系的理解,从而重新教育非原住民人群。这一案例充分证明了一个观点——知识-权力关系必须在其生产和使之变为可能的事物中被理解,在这种情况下,包含作为非殖民化实践动员起来的不同形式的原住民知识。

参考文献

Amy Lonetree and Amanda J. Cobb (eds.) (2008) *The National Museum of the American Indian: Critical Conversations*, Lincoln and London: University of Nebraska Press.

Bennett, Tony (1988) 'The exhibitionary complex', *New Formations*, no. 4, spring 1988, 74-102.

Bennett, Tony (2004) *Pasts Beyond Memory: Evolution, Museums, Colonialism*, London and New York: Routledge.

Bennett, Tony (2013) *Making Culture, Changing Society*, London and New York: Routledge.

Bennett, Tony (2015) 'Thinking (with) museums: from exhibitionary complex to governmental assemblage' in Andrea Witcomb and Kylie Message (eds.) *Museum Theory*, Chichester: Wiley Blackwell, 3-20.

Bennett, Tony (2017) 'Exhibition, truth, power' in Quinn Latimer and Adam Szymczyk (eds.) *The Documenta 14 Reader*, Munich:

Prestel Verlag, 339-352.

Bennett, Tony (2018) *Museums, Power, Knowledge*, London: Routledge.

Bennett, Tony (2019) 'Re-collecting, re-classifying, re-ordering: Indigenous art and the contemporary Australian art field' in Sunhee Jang (ed.) *What Do Museums Collect?* Korea: National Museum of Modern and Contemporary Art, 17-40.

Bourdieu, Pierre (1987) 'The historical genesis of the pure aesthetic', *Journal of Aesthetics and Art Criticism*, No. 46.

Brown, Wendy (2006) *Regulating Aversion: Tolerance in the Age of Identity and Empire*, Princeton, NJ: Princeton University Press.

Clifford, James (1997) 'Museums as contact zones' in *Travel and Translation in the Late Twentieth Century*, New Haven, CT: Harvard University Press.

Collini, Stefan (1991) *Public Moralists: Political Thought and Intellectual Life in Britain, 1850-1930*, Oxford: Clarendon Press.

Foucault, Michel (1970) *The Order of Things: An Archaeology of the Human Sciences,* London: Tavistock.

Foucault, Michel (1977) *Discipline and Punish: The Birth of the Prison,* London: Allen Lane.

Gaye Sculpthorpe, John Carty, Howard Morphy, Maria Nugent, Ian Cotes, Lissant Bolton and Jonathan Jones (2015) *Indigenous Australia Enduring Civilisation*, London and Canberra: The British Museum and the National Museum of Australia.

Goode, George Brown (1895) *The Principles of Museum Administration*, York: Coultas and Volans.

Jones, Caroline A. (2016) *The Global Work of Art: World's Fairs, Biennials, and the Aesthetics of Experience,* Chicago and London: University of Chicago Press.

Kriegel, Lara (2007) *Grand Designs: Labour, Empire, and the Museum in Victorian Culture,* Durham and London: Duke University Press.

McCarthy, Conal (2007) *Exhibiting Maori: A History of Colonial Cultures of Display,* Oxford: Berg.

Nietzsche, Friedrich (1974) *The Use and Abuse of History,* New York: Gordon Press.

Otter, Chris (2008) *The Victorian Eye: A Political History of Light and Vision in Britain, 1800–1910,* Chicago and London: University of Chicago Press.

McClellan, Andrew (1994) *Inventing the Louvre: Art, Politics, and the Origins of the Modern Museum in Eighteenth-Century Paris,* Cambridge: Cambridge University Press.

Phillips, Ruth (2011) *Toward the Indigenization of Canadian Museums,* Montreal and Kingston: McGill-Queen's University Press.

Smith, Terry (2020) 'The Australian art exhibitionary complex' in Tony Bennett, Deborah Stevenson, Fred Myers and Tamara Winikoff (eds.) *The Australian Art Field: Practices, Policies, Institutions,* New York: Routledge, 17–30.

Tony Bennett, Fiona Cameron, Nélia Dias, Ben Dibley, Rodney Harrison, Ira Jacknis and Conal McCarthy (2017) *Collecting, Ordering, Governing: Anthropology, Museums and Liberal Government,* Durham, NC and London: Duke University Press.

致　谢

此书得以完成，要感谢很多人的帮助。首先，我要感谢布朗温·哈蒙德多年专业而热情的研究协助，是她让我在事务繁多的情况下始终保持对此书完成的希望。布朗温素爱史海钩沉，这对我至关重要，倘没有她出手相助，很多资料我肯定无法找到。

詹妮弗·克雷克和伊恩·亨特在本书完成的最后阶段提供了极有裨益的编辑建议。我很感激他们字斟句酌的细致校对。诚然，本书无疑还有改进的空间，但我的论述幸有两位编辑的辛勤付出才变得更加简洁和明晰。

两位编辑针对特定章节论述内容的建议也使我获益良多。此外，还有很多人给了我有益的建议，特别是至交好友和多年同事科林·默瑟，还有大卫·桑德，我总能如愿地得到他尖锐和建设性的批评意见。我也很感谢派特·巴克瑞吉、大卫·卡特和约翰·哈金森对第八章提出的意见。

一如往常，我在各类研讨会上提出过本书的很多观点和论述，会议之后的批评意见和辩论让我学到了很多。我在格里菲斯大学文化和历史学院举办的一次研讨会上提出过第一章初稿的部分观点，韦恩·哈德森对此部分提出的意见尤为宝贵。相关观点我曾在昆士兰大学英文系的一次会议提出，会后讨论让我受益良多。

1989 年卡尔顿大学文学和社会研究中心举办了"文化研究和沟通研究：融汇与分歧"（Cultural Studies and Communication Studies：Convergences and Divergences）研讨会，我在会上首次讲到了第三章的内容。感谢会议组织者伊安·泰勒、约翰·谢波德和瓦尔达·布伦德尔的盛情相邀，并感谢他们对我渥太华之行的热情接待。

但是，对于收到的帮助，我最应该感谢的或许是参与我"知识和权力"（Knowledge and Power）及"澳大利亚的文化政策"（Australian Cultural Policies）两门课程的同事和学生，本书诸多论述是在上课期间形成的。在前一门课程中，我有幸与杰佛瑞·明森和伊恩·亨特共事而获益良多；在后一门课程中，我特别珍视马克·芬安和史蒂芬·加顿的建议。

若非格里菲斯大学延长了我的研究假期，我怀疑本书永远无法完稿，因此我非常感谢格里菲斯大学的慷慨和支持。我也很感激昆士兰大学英文系在此期间给我访学的机会，从而让我有幸与约翰·弗柔和格雷姆·特纳进行广泛讨论。两位的友谊和赐教让我获益匪浅。我同样很感激牛津大学圣彼得学院，在我去牛津博德莱安图书馆（Bodeleian Library）查找资料期间，他们的热情接待和鼎力相助让我不胜感激。

本书部分内容是我在格里菲斯大学担任人文学院院长期间写成的，彼时的副院长特丽莎·伊文斯卡对我帮助很大，让我可以抽身将有限的精力投入充满乐趣的研究中。

我对文化政策研究所的同事多年来的帮助和支持也充满感恩，他们的工作对本书贡献颇大。芭芭拉·约翰斯通在本研究的启动阶段提供了很多研究协助，莎朗·克利福德提供了专业的行政协调支持，格伦达·多纳文和贝芙·杰普逊在文本准备的各个阶段都对我给予了帮助。罗宾·普拉登和凯伦·雅罗同样如此。我在此对诸位深表谢意。

有些章节先前已经在刊物上发表。第二章首发于《新型构》(*New Formations*)（1988年第4期），第三章首发于《连续体》(*Continuum*)（1989年第3卷第1期），第四章收录于罗伯特·鲁姆利（Robert Lumley）主编的《博物馆时光机：展览文化》(*The Museum Time-Machine*)（劳特利奇出版社，1988年），第六章收录于乔迪·伯兰（Jody Berland）和威尔·斯特劳（Will Straw）编著的《理论统治》(*Theory Rules*)（多伦多大学出版社，1993年），第八章首发于《文化研究》(*Cultural Studies*)（1991年第5卷第1期），第九章首发于《快感的型构》(*Formations of Pleasure*)（劳特利奇出版社，1982年）。上述章节收录在本书中，未经大幅度修改。第五章是文化政策研究所临时约的一篇论文的删减版。第一章的部分内容曾以《博物馆、政府和文化》(Museums, government, culture) 为题发表于《场所》(*Sites*)（1992年第25期），但收入本书时已大幅度修改，并增加了内容。

感谢比米什露天博物馆（Beamish Museum）允许我在第四章中使用相关插图，也感谢布里斯班南方银行、西尔康和国际商业机器公司（IBM）澳大利亚有限公司允许我在第八章使用相关插图。感谢斯蒂夫·帕尔默和黑潭游乐海滩有限公司在我寻找第九章的插图期间给予的帮助。

不知为何，作为惯例，致谢中总是最后才提到作者的伴侣，虽然他们是贡献最大的。苏也不例外，所以我要再次感谢你对此书写作过程中不可胜数的帮助。

目 录

导　言 1

第一部分　历史与理论 17
  1. 博物馆的形成 19
  2. 展览综合体 72
  3. 博物馆的政治理性 108

第二部分　政策与政治 129
  4. 博物馆与"人民" 131
  5. 出于何种过去？ 156
  6. 艺术和理论：不可见的政治 209

第三部分　进步的技术 223
  7. 博物馆和进步：叙事、意识形态、表演 225

8. 塑造未来之物：1988年世博会..................269

9. 一千零一个烦恼：黑潭游乐海滩..................297

参考文献..................319

索引..................333

译后记..................351

导　言

在《论另类空间》(Of Other Spaces) 一文中，米歇尔·福柯认为存在着一类异托邦 (heterotopias)，文化中的其他真实之地均可被包含其中。这样的空间既是被表征出来的，又是被争辩出来的，同时还是被翻转而成的 (Foucault, 1986: 24)。因此，福柯认为，博物馆和图书馆——作为"无限累积的时间之异托邦"——恰恰体现了 19 世纪西方文化独有的特征：

> 累积一切，建立一种综合档案馆的想法，在一个地方存放所有时代、所有时间节点、所有形式、所有品味的意愿，在一个地方构建超越时间、坚不可摧的跨越所有时代的场所的想法，在固定的地方组织一种永久的、累积无限时间的工程，这整个构想都是极为现代的。
>
> （Foucault, 1986: 26）

福柯认为，与博物馆和图书馆相对的异托邦不是跟时间的累积相关的，而是"更为转瞬即逝的、短暂的和不确定的，更近似于节庆模式的"异托邦（ibid.：26）。作为此类空间的范例，福柯引用的是"流动集市（fairgrounds），在城郊空地上，一年出现一两次的摊位、展览、奇异之物、摔跤手、耍蛇女、算命术士等"（ibid.：26）。

这类对立情况较为常见。事实上，借由双重差异化这一过程，它们构成了 19 世纪博物馆形式的话语坐标的一部分。因为现代公共博物馆生产新的表征空间的过程同时也是建构和为此表征空间之合理性和科学性辩护的过程，证明其足以承载教化责任，而且区别于其他与之竞争的毫无秩序的展览形式。部分来讲，这是将博物馆与其前身区别开来的问题。因此，在 19 世纪晚期，早期博物馆历史学家，或者更准确地说，博物馆抒情诗人通常将博物馆取得的秩序和理性与其取代并超越的毫无秩序的、以猎奇为特征的展览相对照。托马斯·格林伍德（Thomas Greenwood）在 1888 年曾告诫参观英国小镇博物馆的人们做好找到"至高无上的灰尘和无序"的准备。情形也许更糟糕：

> 有着秩序观的博物馆专业的学生们都将为以下的场景感到震惊。中国贵妇的靴子被鲨鱼牙齿项链环绕，或者克伦威尔士兵的头盔与罗马遗物放在一起。另一个角落展示的也许是埃及木乃伊，却被放在中世纪的箱子里，而且，好奇的参观者可以不止一次吃惊地看到本郡最佳板球手赢得的奖杯，或者宠物哈巴狗的标本。
>
> （Greenwood，1888：4）

格林伍德断言，相对来说，在《博物馆法》(Museums Acts)或《公共图书馆法》(Public Library Acts)颁布之后建立的新博物馆，"会从混乱中建立秩序和系统"，而这主要归功于博物馆管理机构的民主限制了其"腐化和愚蠢的运作"。

事实上，这种把理性结果归因于全体公民的民主影响的说法是有些罕见的，特别是在英国的语境中。[1]因为人们通常把它归功于科学。的确，人们已经习惯听到这样的故事——博物馆从混乱发展到有序的过程同时也是科学从谬误走向真理的过程。因此，对大卫·莫瑞(David Murray)来说，现代博物馆最显著的特征就是秉持"专门和分类"原则：设立一系列专门博物馆类型（地理、自然史和艺术博物馆等），展品陈列方式应利于参观者科学地理解世界(Murray，1904：231)。莫瑞称，相对于教育目的，现代之前的博物馆更关心创造惊异或引起好奇。这意味着它聚焦于稀有和异常之物，感兴趣的是物品的特异性而非典型性，因而鼓励了以耸人听闻而不是理性和教育为目标效果的展览原则。对莫瑞来说，早期解剖学藏品里的教学用骨骼比例极不协调，它看起来确实惊悚，却也因此削弱了其教育潜能。

> 德累斯顿的解剖学藏品摆放得让人恍若置身游乐场。骨架和树枝交错成篱笆的形状，搭成了街道。既然解剖学藏品不易获取，那么一旦拥有，势必要物尽其用。在莱顿，驴的骨架上骑着杀死自己女儿的女人；骑在公牛背上的男人因为盗牛而被处死；年轻的小偷被绞死，他还是个新郎，新娘则站在绞刑架下。
>
> （Murray，1904：208）

类似的不协调延续至今——在以自然与人造奇观为主题的商业展览上，在动物巡展和马戏团里，特别是在流动集市上，不协调成了文化氛围的一部分，而这正是博物馆一直试图摆脱的。虽然流动集市只是在城郊短暂驻留，而博物馆永久屹立在城市中心，但福柯所说的流动集市与博物馆的差别不只是时间跨度不同，也不只是空间占有的方式不同，流动集市作为尚存的"非理性的"和"混乱的"无序的象征，挑战并且冒犯了博物馆，这种无序是博物馆前身的特征。可以说，是博物馆的前身阴魂不散。

维多利亚国家博物馆（National Museum of Victoria）在其建造年代（即19世纪50年代）曾不安地强调，它的目标除了展览"引人注目的物品"，还要展览"小而丑的物品"，即藏品的展示价值在于其教育价值，而非新奇古怪和精美好看。这种不安不仅源于它需要有别于同时代的大众展览，也源于它努力超越珍奇屋（cabinet of curiosities）式的展览。维多利亚国家博物馆的开馆时间与墨尔本收购该市第一家永久性动物园的时间很接近，这家动物园位于一座商业游乐场内，它和游乐场成了专门收容令人难以置信和不可思议之物的场所。动物园强调动物的异域特色，而游乐场则充斥着各种具备奇能异禀、口音古怪之人："胡安·费尔南德斯每晚表演头入狮口，矮小肥胖的女人长着胡子，还有埃塞俄比亚人和巫师，游乐项目有撞球、射击、《潘趣和朱迪》木偶戏和保龄球。"（Goodman，1900：28）如果维多利亚国家博物馆如古德曼所言在公众面前扮演好"擅长分类之地"的角色，强调科学和教育的特质，就是在宣布它不苟同于马戏团或者流动集市，同时也强调了它与以往珍奇屋的不同。

然而，不管博物馆和流动集市在观念和功能上如何相反，福柯对两者的对立性或许都言之过甚，其历史真实性也有所不足。将19世纪早期的博物馆和流动集市看作一对相反的关系，福柯对这种关系的历史新奇性是保持了充分的警觉的。但是福柯没有意识到二者后来的历史演变过程逐渐削弱了这种对立性。19世纪晚期出现了另外一个"另类空间"（other space）——固定游乐场，鉴于它占据了福柯所说的博物馆和流动集市之间的相反价值的中间点，因此，固定游乐场的出现在这方面就特别重要。

它的形成与发展是美国式的。19世纪90年代中期起，康尼岛（Coney Island）先后出现多个游乐场，可以被视作这种新的"异托邦"的原型。固定游乐场保留了流动集市的一些元素，也混合了来自公共博物馆项目的一些元素。在嘉年华方面，通过提供休闲放松和反转日常行为准则的机会，游乐场保留了"节庆模式时光"的传统。虽然它一开始容忍了流动集市的传统杂耍——福柯所说的摔跤手、耍蛇女、算命术士，但这种容忍总是选择性的，而且，随着固定形式的发展，游乐场越来越严格地以大众公园为目标来塑造自己，势必要与任何破坏健康家庭娱乐氛围的活动划清界限。

不仅如此，这些杂耍与游乐场的现代气质越来越格格不入，像博物馆一样，游乐场也开始看重时间的累积，看重进步理念所带来的不可抵挡的推动力，但与博物馆不同，游乐场的特有形式是"欢迎"（突出"最新"和"最近"）和"娱乐"形式（机械游乐设施），代表并促进大众欢娱。当然，从时代进步的整个过程来看，游乐场的地位是变化的，正如反映时代特点的游玩路线设定方式也不尽相同。然而，到了19世纪末，游乐场和博物馆都参与了诠释和传播（虽然两者少有相同点）相关的时间概念。这样的趋势也与流动游乐场的变化有关。流动游乐场也开始在摔跤手、耍蛇女和算命术士的旁边引入新的机械游乐设施——它容纳了不同时间的冲突，而不是只接受与现代性的时间累积相对抗的单一和流逝的时间。

固定游乐场不像流动集市，它象征特定的现代性，发挥功能的方式也更正规、更有序。从18世纪末到19世纪初，流动集市是所有大众场所无序形态的最佳象征。相对而言，早期社会学对游乐场文化意义的评价是，游乐场在更大程度上成功安抚了人潮的行为，其作用大于公共和慈善机构进行的休闲改良和娱乐理性引导。[2]

博物馆和流动集市被看作对立的时空秩序的象征，而到了19世纪末，固定游乐场的出现弱化了这两种异托邦之间严格的二元对立。早在19世纪下半叶，这种弱化的趋势已经有所显露——国际博览会的早期发展为博物馆和游乐场提供了互动空间，它并未取消两者各自独立的身份，只是通过彼此连续不断和多层面的交流，间接削弱了二者看似固有的对立。康尼岛游乐场最直接的灵感来自1893年芝加哥世博会的娱乐场（即大众游乐场展区），而芝加哥娱乐场则受到了博物馆实践的影响。

奇观秀经常大受欢迎，这让标榜表征文明进步的科学人类学黯然失色，但在协调娱乐场的展览范围和主题的进步意识方面，博物馆人类学发挥了特别重大的作用。游乐场、博物馆和展览有很多其他的互通方式（尽管人们试图将它们分得一清二楚）：如今世界上诸多大都市的博物馆的很多重要藏品都来自国际博览会的馈赠；从展览发展出的观众控制术影响了游乐场的设计和布局；19世纪欧洲和北美的自然史博物馆很多标本来自动物收藏家，巴纳姆（P.T. Barnum）① 正是靠他们为自己的各式马戏团、动物园和简易

---

① 美国马戏团创始人。——译者注

博物馆（一角钱博物馆）提供活体动物。

本研究以博物馆为中心展开。的确，本书的目标或部分目标，是为现代公共博物馆提供一个聚焦政治的谱系学研究。我说的"谱系学"是指描述博物馆的形成和早期发展，从而有助于阐明博物馆政策和政治从过去到现在、直到将来的坐标关系。因此，希望本研究将增益我们共同进行的研究事业。目前已有的许多类似的历史研究立足于描述博物馆的过去，以更有益于今日博物馆之论争和实践，相较而言，此类研究直到 20 世纪 50 年代还发挥着主导作用，但它们是在辉格党统治时期基于编年史完成的。[3] 本研究不同于其他同类研究之处在于，它聚焦博物馆谱系学研究亟待解决的临界概念（diacritical conception）这一问题。比如，艾琳·胡珀-格林希尔（Eilean Hooper-Greenhill）认为，博物馆谱系学应主要关注博物馆内部分类和展览实践的演化以及由此导致的相关物品展位的改变（Hooper-Greenhill, 1988）。相较而言，我将联系一系列旁系文化机构的发展来论述考察博物馆的形成，包括一些表面上相异和无关的机构。

当然，流动集市和博览会并非这方面仅有的考察对象。如果博物馆被视为与流动集市截然不同甚至相反的存在，那它同其他大众聚集地（特别是酒吧）也应截然不同甚至相反。同样，博物馆无疑受到了相关文化机构的影响，例如与博物馆和国际博览会一样具有理性和进步导向的图书馆和公共公园。尽管如此，还是有些特征使得博物馆、国际博览会和现代流动集市成为各自独立的类别。这些机构从事的都是"展示和讲述"的实践：以深思熟虑的方式展出人工制品和／或人类，从而象征或传达具体的文化意义和价值。同时,作为向所有参观者开放的机构,它们的相似点包括关注如何规范参观者的行为,并在理想的情况下以让参观者感觉不被冒犯且自我延续的方式进行规范。最后,鉴于参观者是通过展区空间中的身体移动完成体验的,它们都关注对参观者行为方面的调节。通过将参观者看作"行走的大脑"(minds on legs),它们克服了头脑和身体的二元对立,用各自不同的方式"组织行走",从而(或多或少地)规定路线,传达其意欲传达的信息。

然而,尽管这些展览机构有其独特性,我们也需要通过其与相关文化机构更广泛的发展关系看待其内部实践的变化。我在描述"博物馆的诞生"时,同时聚焦于博物馆、流动集市和博览会,其目的是以之作为更广阔的历史论证的手段,而最终关注的是19世纪文化领域排序方式的转型。

这些是本书第一部分讨论的问题,其中三个问题最为关键。第一个问题是公共博物馆在哪些方面佐证了新型的文化"治理"关系的发展。高雅文化展品被当作工具,它们以新的方式陈列,以达成社会管理的新任务。这意味着要思考博物馆的文化"治理"方式,它为文化展品提供新环境,同时也充当允许文化展品被重新改造的技术环境,从而实现博物馆作为政府工程的新意图,即重塑社会行为的普遍规范。

作为"提高"公众文化水平的工具,19世纪博物馆还面临着另一个新问题:如何规范、调节参观者的行为。19世纪其他同样需要对大众开放的公共机构也面临着类似的问题,如铁路、博览会和百货商场。由之产生的行为管理问题吸引了各种建筑学和技术解决方案,它们虽然缘起于某些具体机构,却经常被移植到别处。由此,本书第一部分的第二条主线是博物馆、博览会和百货商场推出的行为管理技术如何被运用到游乐场中,以达到规范游乐场的目的。

第三个问题聚焦与公共博物馆相关的表征空间及其产生的政治性。在《词与物》中,福柯提到人文科学把人类当作"经验-先验的双重人"所带来的歧义:人既是人文科学研究的客体,同时也是生产这些知识的主体。福柯提出,人"表现出歧义,既是知识的客体又是知识的主体,是被奴役的君主,是被观察的旁观者"(Foucault,1970:321)。本书还将论述,通过组织知识主体－客体的关系,博物馆建构了男性(大家会看到,这个性别形式具有历史适切性)。不同类型的博物馆(地理学、考古学、人类学等)依据其学科特点组织陈列框架,由此建构的表征空间假定作为进化结果的人是知识的客体。同时,这种表征模式为参观者构建了已经进化完成且位于进化过程顶端的人类,参观者可以由此感知人类的发展及其延伸出来的次级进化系列。然而,表征空间中存在着张力,它存在于建构的知识主体和客体(人)的明显普遍性与这种普遍性在博物馆陈列中实现和体现的社会局部性和特殊性之间。我们将会表明,这种张力为当代博物馆政策和政治一直提供也会继续提供话语坐标,从而保证不同人群和文化在博物馆陈列中得到平等表征。

如果这一要求构成与博物馆相关的现代政治辩论的独特方面之一,那么其二在于它或多或少已成为当代的惯例要求(尽管其理论意义大于实际意义),即公共博物馆理应是全体居民无一例外可平等进入的。虽然这一要求部分地嵌入了现代博物馆作为公共博物馆的概念中,但其地位从过去到现在仍然存在着相当矛盾的不确定性。我们可以展望并断言,为了整个国家和社会的利益,博物馆的益处和进步应当惠及全体居民,或者说,这应当是一个国家的全体居民享有的不可侵犯的文化权利。这两个概念的张力从博物馆参观者的历史数据可见一斑。参观者数据最早可以追溯到19世纪30年代，但这些数据只是为了计算参观者总数及每人每周或每年的参观次数。这些数据的早期政治用途是证明参观次数在晚上和公共假期有所增加，当博物馆周日对外开放之后，周日访客也随之增加。这些数据被改革者们用来证明博物馆在提高工人阶级文化水平方面的作用，例如弗朗西斯·普雷斯（Francis Place）和后来的托马斯·格林伍德。以公民教化作用来衡量博物馆的价值与以文化权利为由提高博物馆使用率，二者既相关又不同。首先，后者很晚才出现，对博物馆参观者的人口学统计研究显示了不同社会阶层使用模式的差异。其次，如果考虑到相近领域的发展，或许是强大的意识形态因素妨碍了此类信息的获得。爱德华·爱德华兹（Edward Edwards），英国公共图书馆运动的主要人物之一，严厉斥责当地公共图书馆索取读者职业信息的做法，认为这一方面没有获得读者授权，另一方面与图书馆功能毫不相干。[4]

对博物馆参观者历史的研究还不充分。然而，可以确定的是，博物馆应对全体居民开放，这一要求得到明确表述经历了一个过程，它与调查统计的发展密切相关，统计数据显示了公众访客的社会构成。此类数据最早出现于20世纪20年代，而且大部分是战后的。[5]尽管如此，文化权利原则目前对公共博物馆来说仍是神圣不可侵犯的，虽然其实施依赖于外部监督机构，但它明显得益于博物馆形式的内部驱力，即全体居民普遍和毫无区别地享有公共空间的权利。

以上是本书第一部分探讨的主要问题。虽然前三章每章都涉及了上述问题，但每章的着重点和理论路径的角度却各不相同。在第一章"博物馆的形成"中，主要的理论框架来自福柯自由政府概念。这一章概述了博物馆作为新治理策略,其目标是培养越来越多无须外部和高压管理就能对自身行为进行监督和调节的公民。第二章"展览综合体"强调的是福柯所理解的惩戒权在博物馆的应用,以及葛兰西霸权理论提到的权力修辞策略对福柯理论的有益调和。第一部分最后一章"博物馆的政治理性"仍然主要观照福柯,但参考他作品的另一个侧面。这一章以福柯的监狱研究为模板,讨论当代博物馆政策和政治的许多方面产生于支配博物馆形成的话语坐标。

如前文所述,现代博物馆催生了两种截然不同的政治需求:所有群体和文化在博物馆收集、展览和保护中平等表征的需求;所有社会群体的成员拥有理论上和实际上平等参观权的需求。这些政治需求产生的更多细节和具体问题的案例是本书第二部分的主题。如果说本书第一部分是追溯现代博物馆政策和政治出现和形成的条件,那么第二部分是从"政治合理性"角度讨论对特定当代政治和政策问题的具体理解。

然而,本书第二部分的关注点不再限于公共博物馆。第四章"博物馆与'人民'",我考虑在不同类型博物馆的陈列中,"人民"的不同表征和相互矛盾的方式。为了进行有效的对比,该章的讨论范围从通常与露天博物馆相关的"浪漫民粹主义"到支配很多当代澳大利亚博物馆陈列的"人民"的社会民主主义概念。我还评价了更为激进的社会主义和女性主义概念形式,其中对"人民"的最恰当的表征也许是考察格拉斯哥无与伦比的人民宫(People's Palace)。

第五章"出于何种过去?"扩大了讨论范围。这一章认为社区不同群体利益和价值需要不同的形式表征过去,这可以拓展到公共博物馆之外。这一需求既适用于遗产地，也适用于特定社会全部类型的博物馆和遗产地所呈现的关于过去的景象。第二部分最后一章的焦点又回到了公共博物馆，特别是公共美术馆。借用皮埃尔·布尔迪厄"艺术和理论：不可见的政治"来探索美术馆陈列与社会用途模式之间的关系。对公众而言，美术馆仍然是所有公共收藏机构中门槛最高的。这主要是由于美术馆始终坚持的陈列原则，即对缺乏适当文化背景的人而言，艺术品蕴含的展出次序是无法显形和无法理解的。这一根深蒂固的陈列原则如今越来越被认为是有意为之，因为机会和平等的观念已经渗透到文化的所有领域，并且这些领域的公共支出已经合理化。

在本书的最后一部分，我的关注点又回到博物馆、流动集市和博览会以及三者的关系。但是，这些问题在这一部分是从不同的角度提出的。我考虑的是博物馆、流动集市和博览会在19世纪末20世纪初的形成过程中发挥进步技术功能的方式。的确如此，当时经常看到博物馆被称为"进化的机器"（machines for progress），而我将会论证这一暗喻并非言过其实。作为文化技术，博物馆、流动集市和博览会的有效性在于它们精密结合了表征方式、路线设计和行为规范，它们在概念和功能层面上确实类似机器。但是，本论点的阐述涉及了角度的转换，它要求我们不仅要考虑这些机构如何表征进步（大家对这一话题其实较为熟知），而且要考虑这些表征如何以不同方式组织成行动资源，从而"编制"参观者的行为和认知视野。这将意味着把这些进步表征当作参观者可用于自我发展（即自我的进化练习）的特殊形式的道具，而不只是当作具有修辞或意识形态性质的文本政体（textual regimes）。

第七章"博物馆和进步：叙事、意识形态、表演"主要说明

19世纪自然史、民族和解剖学展品的不同布局设计方式，从而引导参观者回顾生命形式从简单到复杂的进化之路。论证运用的案例是，依据皮特·里弗斯类型学（Pitt-Rivers's typological system）展览"野蛮"人及人工制品，这样的"进化的机器"如何既推动进步，又限制和阻碍进步。然后，我们考虑19世纪博物馆进化叙事和路线在结构和自身催化的行动可能性方面的性别化问题。

第八章"塑造未来之物：1988年世博会"主要讨论国际博览会如何变化形式，从而为参观者提供一个使自我不断升级和现代化的机会。通过分析1988年布里斯班世博会，本章还将考察进步、国家、主办城市的修辞方式如何结合在一起，提供一个以多重社会功用为设计导向的开放而复杂的环境。最后，第九章"一千零一个烦恼：黑潭游乐海滩"的关注点是进步修辞遍布小镇的方式，其中最重要的案例是黑潭游乐海滩（Blackpool Pleasure Beach）（又译作"布莱克浦游乐海滩"），在这里，进步被编码到访客期待的玩乐项目中。但是，对现代游乐场进行详尽的案例分析，是为了生动说明当代游乐场的现代化和高效化快感以何种方式利用博物馆和博览会的现代化修辞和技术。

最后一章的内容也不妨在此处提前预告。本书主要关注的是存在于倡导者、设计师、馆长和管理者的规划和设想中的博物馆、流动集市和博览会。无论过去还是现在，这些规划和设想在多大程度上成功组织和构建了访客体验，或者相反，这些规划和设想的效果在多大程度上被忽略、回避或丝毫无人在意，这两个问题并不相同，虽然也很重要，但本书都并未触及。

我已提到在准备本研究时借鉴的一些理论来源。福柯作品的各种形态和诠释对我都很重要，葛兰西亦同样重要，虽然我已意识到

（而且不会视而不见）他们之间存在着尴尬和令人不安的张力。值得一提的是，随着研究的开展，本书在该领域更倾向于福柯范式，而非葛兰西范式。

在解释博物馆特别是美术馆对立的驱动力方面，皮埃尔·布尔迪厄的理论也极其重要。虽说美术馆在理论上是对所有人开放的公共机构，但它通常被统治精英占用，是他们作为行家（cognoscenti）通过行为"区别"于"大众"的关键象征性场所。哈贝马斯曾有一个颇为辩证的期待，即公共领域能够成为一个更为理想性的谈话机构。这一点至今未能实现。我将小心翼翼地避免这一论调，但是，哈贝马斯关于资产阶级公共领域形成的历史论证对我也很有帮助。同样重要的是女性主义对公共领域概念以及公私之分的重新思考，如琼·兰德斯（Joan Landes）、卡罗尔·佩特曼（Carole Pateman）和玛丽·莱恩（Mary Ryan）。最后，克里日托夫·波米恩（Krzysztof Pomian）的著作对我也有帮助，它说明了可见和不可见领域建立的不同类型契约导致藏品有哪些不同。

我对多种理论资源的使用以实用为导向，虽然我并未刻意否定或隐瞒上述理论与本研究相关的重要理论差异，但解决这些差异却并非本书的目标。大多数时候，我只是选择性地吸收这些理论传统与所讨论的具体问题最适合的方面。

尽管本书是在特定智识兴趣驱动之下完成的学术著作，但我怀疑如果没有对此主题的强烈个人兴趣，我很难完成写作。虽然个人生平通常最好不要提及，但我的个人志趣和前后的投入如何保住了我对本书议题的研究兴趣，在此处啰唆几句也无可厚非。在《神圣的小树林》（The Sacred Grove）中，迪伦·雷普利（Dillon Ripley）向读者提及他的博物馆哲学早在他十岁在巴黎过冬时就形成了：

孩提时代,去杜伊勒利花园玩耍的得意之处是随时坐旋转木马,跳着去够绳子上的手环。下一秒就漫步在两边种满栗子树和悬铃木的小径,四下寻找卖格子松饼的老婆婆,松饼薄得跟威化饼一样,模样像华夫饼,上面撒满糖霜。再下一秒钟,又看起了木偶戏《潘趣和朱迪》,它就像一面生活的镜子,一会儿喜,一会儿悲。下一刻又可以漫游到卢浮宫某个展厅……然后又回到花园,角落那儿有一堆沙子,堆沙子城堡之后又回到卢浮宫大画廊漫步。

(Ripley, 1978: 140)

这次经历让雷普利产生了以下想法:博物馆的学习环境与玩乐游戏的世界没有也不应有本质的不同;我们应该可以在两者之间自然转换。对一个中产阶级小男孩来说,在这种博物馆和贵族化游乐设施之间的自如转换无疑是可能的。我个人的经历(应该也是更典型的经历)则不同。对我来说,对流动集市的认识早于博物馆,而且远远早于。我去过各种各样的游乐场:在兰开夏郡小镇安营扎寨的流动集市,我度过了守夜周(wakes-week)的假期;在曼彻斯特的固定游乐场贝拉唯,父亲带着我坐令人亢奋紧张的摇摆车;还有我童年和青少年时期去了很多次的黑潭游乐海滩,后来再去,它已经成了研究对象。青年时代,我开始探索博物馆和美术馆的世界,但并没有雷普利描述的自如转换之感,相反,那是文化参观规定路线的一部分,一路走来颇有些不情愿,要享受宾至如归之感,非得熟悉了这一套之后方可。同样,正如前文提到的,对我来说,去流动集市和参观博物馆、博览会总是相关的活动。

写这本书是试图说明我在流动集市或博物馆得到了"不同而

又相似的"体验。然而，本书的目的是从文化形成的历史过程的角度，而非个人偏好的角度来解释这些不同和相似之处。

注释

[1] 除了短暂的革命时期，19世纪法国公共博物馆发展的动力通常来自国家或政府策略，而不是基于实践民主原则的目的本身。但是，这不会妨碍人们将公共博物馆发展和政治民主化的发展作为大体相关的现象进行回顾性解读。或许，类似解读中最充满激情的是T.R.亚当斯在1939年所做的。亚当斯认为，博物馆理想和政治民主化紧密联系，没有其中一个，几乎不能想象另一个的发展与繁荣。"中等城市博物馆的兴盛，"亚当斯说道，"可以看作全面民主的标志。"（Adams，1939：16）

[2] 此评估之细节见Kasson（1978）。

[3] 此类解读影响最大的见Wittlin（1949）。

[4] 爱德华兹的观点较为复杂，他反对问询图书馆读者的职业，部分原因是认为这种要求的形式可能会打消部分读者访问图书馆的念头。（Edwards，1869）

[5] 此结论基于Hudson（1975）关于参观者研究的参考书目，以及Erp and Loomis（1973）关于博物馆行为论文的注解书目。

第一部分
历史与理论

1. 博物馆的形成

1849 年，詹姆斯·希尔克·白金汉（James Silk Buckingham），英国一位杰出的社会改革家，公布了一项模范城市规划。为了自夸一下规划的优点，他突出强调规划中的城市可以为所有城市居民提供"更高级的生存状态，而不是像如今这样，泱泱数百万人无聊度日，反而比灭绝了的野蛮人更加缺乏照料，缺少幸福感"（Buckingham，1849：224）。但是，白金汉坚称，这一转型只有通过实施他的"实践补偿"才能实现。就这个问题，他与自己辩论了整整一大段，值得在此处完整引用：

不断有人主张人类进步不能仅仅依靠机械化的安排，重塑必须从内部开始。但是，没有理由不把两者都付诸实践。一个人如果吃饱穿暖，开心地做着自己喜欢的事情，住在开阔通风的小镇中，屋舍干净，断绝了如今城市和乡村的无节制、放纵和恶毒；如果他随时出入图书馆、讲座、美术馆和公共宗教活动场所，周围环绕着种种拥有美感的建筑，如喷泉、雕塑、柱廊，而不是触目皆是破衣烂衫、污泥浊水和酒鬼妓女，耳边充斥着亵渎神明、道德沦丧的污言秽语；那么他更可能道德高尚、慷慨热心，还有虔诚的宗教信仰和行为，而不是像如今这般，虽居大城市却委身于藏污纳垢的蜂巢般的小屋里。内心的重生会克服所有障碍，冲破所有藩篱，但这只是例外，而非定律；有责任心的父母无不正面影响自己子女的行为，让他们远离邪恶，置身于最崇高的道德楷模和道德激励之中。这足以证明一条全球公认的信念，即个人所处的环境、接受的训练和教育对性格养成有极大的影响，至少在物质上有助于头脑和心灵最高贵能力的发展。

（Buckingham，1849：224–225）

这一段回应了18世纪末19世纪初人们对政府职能的典型认识。福柯认为，政策科学在这一时期的形成过程中，一般把家庭作为政府形式的模板，在关心"每一位社会成员的财富和行为"时，渴望国家全体居民都服从"一种形式的监视和控制，如同一家之主对待家人和私产一样无微不至"（Foucault，1978：92）。如帕特里克·科洪（Patrick Colquhoun）所说，"人民之于立法者，就如儿女之于父母"（Colquhoun，1796：242–243）。同样精彩的是，白金汉坚持认为，这种监视和控制的实行，在运用于促进全体居民的道德健全和文化健康时，与运用于提高居民的身体健康的方式，在原则上不应有任何不同，两者都是做出适当"机械化安排"的问题。因此，图书馆、公共讲座和美术馆成为可以提高"人"的内在生命的工具，就像布局合理的空间可以提高居民的身体健康。如果文化以这种方式带入政府职能中，文化的设想在政府其他职能中也是同样的道理。对自我的改革，即内在生命的改革，同样依赖于恰当技术的供给，这不仅是为了个人，而且是为了实现其他领域社会管理的目标。

类似的方案、计划和提议不一而足。1876 年，本杰明·沃德·理查森（Benjamin Ward Richardson）在设计希格亚（Hygeia）健康城时，给自己定的使命是规划旨在"竭尽可能，兼顾最低居民死亡率与最高个人预期寿命"的卫生布局（Richardson，1876：11）。然而，他觉得有必要暂时不公布这些细节，而只是笼统告知模范城镇当然会"设施齐备，有浴室、室内游泳池、蒸汽浴室、运动场、健身房、图书馆、公立学校、美术学校、演讲厅和有益身心的休闲场所"（ibid.：39）。早期博物馆历史学家对博物馆在城市生活新规划中的地位也有类似认知。因此，如托马斯·格林伍德所言："博物馆和免费图书馆对居民心理健康和道德健康的重要性，与合格的卫生设施、供水设施和街灯对居民的身体健康和舒适度的作用是一样的。"（Greenwood，1888：389）确实，对格林伍德来说，这些设施必须一应俱全，可以作为指标去衡量不同城镇的市民责任感和自力更生程度。他说，因为不足为奇的是，"市民教育做得最多的城市，其教育方式不仅有开设公立学校、博物馆或者免费图书馆"，应当也有"拥有最明亮的街灯和最齐备的街道清洁设施"（ibid.：18）。

众所周知，公共博物馆的现代形式成形于 18 世纪末 19 世纪初。其过程如同前人描述的一样复杂，明显且直接的起因是早期收藏机构的运作转型和其他新机构职能的创新性转变——例如与博物馆同时发展起来的国际博览会和百货商场。但是，博物馆的形成，无论被理解为一个发展过程还是实现形式，如果不放在更普遍的发展中来考察，就都无法得到恰当的理解。在这些更普遍的发展中，文化开始被认为有利于治理，被塑造为行使新的权力形式的手段。

以治理为目的的文化手段包括哪些？文化引发的治理形态又如

何组织起来？[1] 一方面，文化，在指代下层阶级的习惯、道德、礼仪和信仰的范围内，被视为治理的对象，需要转型和管理。这在论及国家早期形成过程中的警察职能之时也能看到。在《论大都市警察》(*Treatise on the Police of the Metropolis*) 中，帕特里克·科洪表明：

> 警察学 (the science of Police) 鼓励、保护和控制无害的娱乐，保护公众的积极情绪，给予人民正确的偏见……因为娱乐休闲对文明社会是必需的，所有的公共展览都应当有助于道德进步，有助于向人民灌输对宪法之爱和对法律之敬畏和尊重……这比酒馆买醉的可憎行为、酝酿煽动和叛逆之举，或者追逐卑劣、破坏身心的放肆之举要高尚多少啊！
>
> （Colquhoun, 1806: 347-348）

然而，稍晚之后到了 19 世纪中后期，文化与治理的关系才通过高雅文化的作品、形式和机构教化全体居民的治理职能，被视作并且组织成为明确的现代方式。因此，詹姆斯·希尔克·白金汉第一个把文化功能的理解引入维多利亚早期英格兰政治改革行动的议程，是非常合时宜的。随着由他促成和领导的 1834 年酗酒问题专责委员会 (1834 Select Committee on Drunkenness) 发布的报告，白金汉向下议院提出了三项法案，建议授权地方委员会征税，以修建人行道、公路、运动场、礼堂、剧院、图书馆、博物馆和美术馆，从而"把民众注意力转移到无害的休闲和教育中，戒除饮酒习惯"(Buckingham, cited in Turner 1934: 305)。法案虽然没有通过，但其阐明的原则最终被立法者采纳，20年后，地方政府得到了建立市级博物馆和图书馆的授权。

但是，更为重要的归因是高雅文化改变了居民内在的生活，从而改变了他们的生活行为和行为方式。这也标志着，由白金汉阐明的新兴自由治理观念与早期治理概念有着明显区别。科洪所理解的提高居民道德和文明程度的方式完全不是这么一回事。科洪关注的是加强国家对法外之徒的集中监管：酒吧、互济会、男女有别的庇护所以及为刚出狱找不到工作的人提供就业。

对白金汉和其他"理性娱乐"的倡导者来说，通过文化促进内在转化的功能反映出了治理的不同问题域。它没有增加国家的正式监管权，而是旨在"远程作用"，通过个人内在的自我激发和自我监督能力达成目标。对科洪来说，酒吧是需要监管的人员密集场所；对白金汉来说，新的治理形式通过文化进行，虽说不排除此类监管，但它更进一步，意图创造出不想去酒馆买醉的人。

将高雅文化看作资源，通过赋予个人新的自我监控和自我管理能力来调节社会行为，因此文化和现代自由治理形式这两者之间有了最典型的关联。这就是乔治·布朗·古德（Gorge Brown Goode）在其影响深远的著作《博物馆管理的原则》（*Principles of Museum Administration*）中论述博物馆是"没有激情的改革家"这一观点时提到的"现代的博物馆观念"（Goode, 1895: 71）。虽然这种"观念"在19世纪末已传播到各国，古德仍将其归因于19世纪中叶的英国文化改革家，如亨利·科尔（Henry Cole）爵士和罗斯金（Ruskin）对博物馆功能的最初设想。[2]对科尔来说，赖床和买醉固然有诱惑力，但博物馆可以帮助劳作之人选择一种同样令人心醉的道德自律：

> 如果想征服酒瘾和恶魔，就要设法让上帝休息日对劳作之人来说是积极向上、令人升华的：不要让他先在床上找消遣，然后去酒馆找乐子；把他吸引去教会和礼拜堂，让他聆听虔诚真挚、充满力量却又克制含蓄的布道……给他提供可以共情共唱的音乐；给他看教堂墙上的优美画作；但是，我们不能整个星期天都生活在教堂里，所以还要给他提供可以散步的公园，户外也应播放着音乐；给他提供打板球的场地，这是殉教者拉蒂默的箴言；在教堂礼拜过后，开放所有的科学馆和艺术博物馆；让劳工重新焕发活力，让他与妻子儿女共度时光，而不是独自去酒馆买醉。博物馆必将引导他走向自由、温柔和天堂，而酒馆将使他残暴堕落。
>
> （Cole, 1884, vol.2: 368）

当然，如这一段所述，博物馆并非对民众进行文化治理的唯一手段。相反，博物馆是和为同一目的而设计的其他新文化手段一起发挥作用的。对古德来说，图书馆、公园和阅览室跟博物馆一样是"没有激情的改革家"。如果说高雅文化的形式和机构如今已然成为治理过程的一部分——有呼声让它们促进形塑居民的道德、精神和行为特征——那么就会出现目标的多重性，这取决于由谁来言说。博物馆可能有助于提升大众品位和设计水平；可以降低酒馆的吸引力，从而让大众更清醒，更勤劳；还可以帮助政府预防暴动和叛乱。[3]无论如何，高雅文化在制度和实践方面的介入都意味着它们自身的理念及文化与社会和政治权力关系的深刻变革。

这并不是说，在被引入以教化民众为目标的政府治理之前，此类机构不曾与权力组织和权力实施有紧密的联系。正如罗伊·斯特朗（Roy Strong）所言，到了 1600 年，"节日艺术被新兴现代国家作为统治手段加以利用"（Strong, 1984: 19）；而且，除节日外，宫廷化装舞会、芭蕾舞、剧院和音乐表演也同样被利用。到了 17 世纪后期，所有这些成为权力的精妙表演，如诺贝特·埃利亚斯（Norbert Elias, 1983）所指出的那样，而它首先关注的是在宫廷社交圈展示和赞美王权，其次才是面向民众的展示和赞美。如果文化被卷入了权力的象征化，对普罗大众来说，他们的主要角色就是充当外在于权力的旁观者，特别是世俗形式的权力。民众站在断头台前旁观惩罚大戏时所处的地位就是如此。从人民与各种高雅文化形式的关系来看，人民只是权力招摇过市的目击者。

在这些方面，高雅文化实践构成了权力机器的组成部分，其观念和功能是"法律-演绎"式的：正如福柯所定义的，它是权力的一种形式，发源于一个中心源头（即最高统治者），调动一系列法律和象征性资源，以要求民众的服从。[4] 相反，在 18 世纪末 19 世纪初，这些高雅文化实践为了权力实施而被书写成了新的形态，福柯在不同时期将这种权力描述为规训权力或政府权力。[5] 对本书的讨论主题来说，权力的这些形态中有两点特别值得关注。

第一，不同于法律-演绎形态的权力，规训权力或政府权力不专用于一种职能。在讨论马基雅弗利对治理术的理解时，福柯论到，君主构成一个至高无上的原则，给予国家和治理唯一且循环往复的职能，如此一来，所有的行动都致力于统治的实行——致力于君主权力的维护和扩张，这就是目的本身："统治的目的就是实行统治。"（Foucault, 1978: 95）相反，政府权力的特点是其目的的多重性，这些目的各有其授权方和合理性，而不是出于同一权力核心的某些利益，权力核心即统治者或现代表述中的国家。对统治者或国家的这些表述，其本身就是其终极目标，而政府权力以个人和全体居民的生活水平为对象，致力于追求差异化的目标，而授权源于服务法律－演绎式权力的政治考量之外。如福柯所言："政府的终极目标在于管理事务，在于追求完善和强化这些管理事务的过程。"（ibid.：95）19世纪改革家通常以高雅文化实践为手段实现多重目标：作为酗酒者的解酒药，作为暴乱的替代品，或是作为提升民众道德文明程度的工具。虽然高雅文化的这些用途往往与资产阶级的目的不可分割，但它们的多样性与早期高雅文化作为统治者展示和传播权力的唯一目的还是迥然不同的。

第二，或许更为重要的是，政府权力与以法律－演绎方式获得的权力，这两者的效力目标是不同的。后者通过法律、法令和公告的方式来行使，君主以各种可能的方式促成它们的实施，而政府权力通常通过精细计算和周全策略来实现，它体现于政府的具体技术项目中，旨在操控具体指向的行为。正如福柯所言，"治理手段""不再是法律，而是一系列的多形式的小策略"（Foucault, 1978：95），特别是以改变行为为目的的策略，有赖于国家治理与自我治理之间的紧密关系。这些影响文化领域的关键性发展是一个转变，当然这一转变是相对而言的而非绝对的。转变之前，文化服务于权力，其方式是体现、表演或表征权力，使权力宏大可观。转变之后，文化逐渐被视为项目资源，旨在带来可接受的行为规范和形式，并且在广泛传播自我管理机制的环境里，实现自我约束，从而巩固规范。

在这种意义上，与权力的新形态（例如博物馆和图书馆）联系最紧密的文化技术和惩罚权力，它们的目的与方法的平行重塑有很多相似之处。在《规训与惩罚》(1977) 中，福柯认为，18 世纪后期和 19 世纪早期，刑罚改革家谴责断头台，其考量多半不是出于人道主义，而是权力的经济性问题；因为断头台的效果是间歇性的，它旨在通过周期性表征统治者的惩罚权，达到恐吓民众、令其顺从的目的；因为缺乏逮捕违法者的有效机构工具；还因为浪费了可移做他用的尸体。他们主张监狱应作为首要的惩罚形式，认为这才是更高效的权力行使方式，因为监狱的设计理念是在特别构建的环境下通过有计划地操纵犯人行为来改造其行为。而且，不妨再回忆一下白金汉说过的话，即使是单单依靠机械化的安排，其目标也是内在转化，让犯人产生内嵌的、持续的调节能力，并最终抑制其犯错倾向。

运用高雅文化的制度和实践，既以治理为目的，又是为了生产更强大的文化权力经济。如上文所述，节日、迎驾剧、骑士比武、剧院表演都是权力在民众面前的周期性（因此也是间断的、不定时的）展示。民众的在场，事实上他们被强制在场，是因为权力的表征要求观众在场。改良民众的性格、举止、道德或天资丝毫不是这种文化与权力策略所考量的问题。相反，文化治理恰是使用文化资源达到更持久的效果，在其影响之下，民众会被引领着持续渐进地调整思想、感受和行为。

在文化形式和实践中嵌入新技术，而不是间歇性地招揽民众参与，其目的是产生长期的、发展的、定期的和重复的效果，因此出现了一种崭新的文化权力经济。这也为民众提供了更主动和差异化的角色，而不只是权力象征性展示的目击者（尽管这仍然重要，甚至比福柯所想的更为重要）。相对而言，在这种新逻辑中，文化包括一系列新做法，受其影响的人会转化为主动的承担者和践行者，他们追求主动自我提升能力，而这正是文化应包含的。现有的高雅文化的形式、实践和机构为了实现此目的，需要进行根本上的改造。19世纪文化改革家对此确信无疑。现有的文化仅靠自身难以实现改革。现存文化需要针对肩负的任务改头换面，从而在为达成以上目标而设计的新语境下发挥作用。

对于博物馆来说，有三个问题最为重要。一是博物馆作为社会空间的性质问题，以及它需要与早期私有的、限制性的和专享的社交形式分道扬镳。博物馆必须重塑，才可能发挥模仿空间的功能，在此民众可以学习文明行为，再通过这个社会机构进行广泛传播。二是博物馆作为表征空间的性质问题。博物馆的表征不只为悠闲的好奇者创造奇观和惊讶，还为了策划和展示自然物品和文化物品，目的是保证"利用展品来增长人民的知识、加强人民的文化和启蒙"（Goode，1895：3）。古德1889年在布鲁克林研究所做讲座时说，"旧式博物馆必须被弃用，要将其重建和转化成为鲜活思想的发源地"（cited in Key，1973：86）。三是关于博物馆的参观者而非展品问题。这涉及把博物馆看作观察和规范的空间，目的是牢牢吸引参观者的身体，并根据公共行为新规范的要求塑造他们的行为。

下面我将逐一讨论这三个问题。虽然不同国家和不同类型的博物馆处理这些问题的方式各不相同，但我将在很大程度上忽略这些，从而发现是哪些最明显的共同特征使公共博物馆区别于其前身。

博物馆和公共领域

博物馆社会空间的重组与博物馆在资产阶级公共领域形成中

担任新角色同时发生。构成公共领域的机构已经部分改变了高雅文化的形式和实践,使宫廷展览不再归属于其职能范围,而与新的社会和政治目的联系起来。如哈贝马斯所言,如果在封建君主治理体系之下,艺术和文化构成国王或君主的"代表型公共领域"(representative publicness)的一部分,那么,资产阶级公共领域的形成则与新机构和新实践的发展息息相关,新机构和新实践使得艺术和文化摆脱了这种职能,并让其成为社会批评与政治批评的对象(Habermas,1989)。这为后续观点打下了基础,即文化领域可以按照治理逻辑进行重组。

哈贝马斯描绘了18世纪欧洲不同社会和政治生活领域的关系及影响,他的描绘大体有以下特征:一方面是国家与宫廷的分离,另一方面是社会组织与新式夫妻家庭私密领域的分离。调节两方面关系的是各种各样的文学、艺术和文化的新机构,并从中形成了集会、辩论、批评和评论的新方式。在此过程中,文学艺术作品的创作是为了服务于国家法令的理性批评。这些机构一方面包括文学期刊、哲学社和辩论会(有时还附带上博物馆)以及咖啡馆,强调观念的形成要经过理性交流和辩论;另一方面也包括新的文化市场(学会、美术馆和沙龙),它们独立于宫廷和国家,使得尚在形成期的资产阶级人士有机会聚集,并通过努力增强其可见度而获得一定程度的社团自我意识。[6]

伴随这些机构变化而出现的重要话语事件是艺术和文学批评的早期成形,哈贝马斯将这一发展归因于文化的商品化。商品化意味着允许文化产品的普及,其途径是把这些产品与先前赋予它们意义的传统根据地相分离。因为文化作品的意义不再衍生自它们在君主(或教堂)权威传统中的地位,获取文化作品的意义和价值如今成为资产阶级消费者必须自己承担的任务，不管是个人完成，还是通过协作辩论完成。但是，消费者并非孤立无援。借助新兴的文化批评和评论形式，审美意义和审美判断等问题开始成为政治原型过程的一部分，国家行为也因此接受理性的辩论和批评。[7]

对哈贝马斯来说，把艺术与文化置于批评之下是一种理想——虽然实现得并不完美，但是此后低劣的大众文化公共领域的发展却失去了这类批评性的职能，因此，应当受到谴责。然而，理解这个问题还有其他的方式。在反思技术在文化生产中的作用时，本雅明认为大规模复制在艺术的政治化中扮演了极为重要的角色，当艺术作品失去了光晕，它就与其内在、传统的单一功能和身份相分离，艺术作品的意义可能成为政治争论的对象（Benjamin, 1936）。尽管把艺术从传统的掣肘中解放出来的或许是技术、市场和批评，或三者联袂在一起作用，但是这一观点亦是包括哈贝马斯在内的法兰克福学派所一贯坚持的。同理，同样的条件也使得高雅文化脱离了早期的法律-演绎式运作，从而被视为有效的治理手段。

但是，这要求资产阶级公共领域中调节文化社会布局的条件本身也发生转变。就博物馆来说，最关键的是两个转变。第一个是逆转资产阶级公共领域形成的早期的分化和社会阶层专属性的倾向。把这一问题置于更长久的历史中去考量可能更加有益。

诚然，在后文艺复兴时期，欧洲君主和王室的世俗收藏并没有在向大众阶层展示王权方面发挥重要作用。正如杰拉德·特纳（Gerard Turner）所说："保证自己的形象一直出现在举足轻重的人面前，是任何领袖行使和维护权力的一部分。"他继续说道：在过去，"这些重要的人并不是指民众，而是指统治者最亲密的支持者、朝臣和贵族，还有来自其他国家的敌人"（Turner, 1985：

214)。当然,18 世纪也存在例外,当皇家对公众开放展览部分藏品,使之成为公众教化的一部分,例外就越来越多。尽管如此,我们也不应将其误解为公共博物馆,因为其代表和行使的权力仍然是法律-演绎式的,而不是治理式的。然而在 1584 年,美第奇家族弗朗切斯科一世的收藏被转交给乌菲齐美术馆进行更为公开的展览,却是为了响应美第奇王朝政权合法化的需要。朱塞佩·奥尔米(Guiseppe Olmi)把这种需要描述为"意味着君主的荣耀、对君主行为的颂扬,以及家族权力永远摆在所有人眼前,铭刻在每个臣民的头脑中"(Olmi, 1985:10)。

但是,珍贵物品收藏基本上成为权力的文化附属品的一部分,争论的要点是统治阶级内部的权力组织和权力交接,而不是民众面前的权力展示。因此,只有极少数收藏品是对民众阶层开放的;而且,在某些情况下,能够一睹皇家收藏的人也很少,皇家收藏所能象征的不是权力如何有能力积累奇珍异宝,而是权力如何有能力独享奇珍异宝(see Seelig, 1985)。

在资产阶级公共领域相关机构的形成时期,博物馆仍然以类似的专属性为特征。因为,不管是公共领域附带的老式博物馆,还是跟文学、辩论、科学和哲学学会相关的新建博物馆,都只有特定社会阶层的人才能进入。[8] 在评论资产阶级公共领域机构的阶级和性别构成特点时,哈贝马斯提到了这些问题。他关心的主要是这些机构理论上的普惠承诺、话语上的平等对话原则和实际上的中产阶级男性局限三者间的冲突,他认为此类话语规范的实现需要更加理想的语言条件。

彼得·斯塔利布拉斯(Peter Stallybrass)和阿隆·怀特(Allon White)表明,如果只是聚焦在话语特性上,不可能恰当地理解资产阶级公共领域的社会逻辑。构成这些领域的机构在话语规则（言论自由、理性法则等）之外还要遵循其他规则，这与大众聚集地（流动集市、酒馆和旅店等）大相径庭。不许说脏话、不许随地吐痰、不许斗殴、不可饮食、鞋脏勿进、禁止赌博，规则或许略有变化，但它们都盛行于文学社和辩论会、博物馆和咖啡馆。如斯塔利布拉斯和怀特所言，这形成了"逐客令的普及，为礼貌和大都会式的话语扫清了障碍，其方法是把大众文化建构为'低级的他者'，是新兴的公共领域之外的肮脏和粗俗之物"（Stallybrass & White, 1986：87）。

换言之，公共领域在建构礼貌和理性话语时，需要建构负面的他者领域，即大众聚集地，以形成差异化。如果公共领域机构的成员可以聚集，并且认识到他们归属同一群体，这只是因为其规则排斥了身体外形和社会行为方面明显不同的人的参与。[9]

19世纪中期，作为全体民众参与的、用作治理手段的文化资源，博物馆的概念重构需要大幅度重估先前的文化策略。博物馆设定访问限制守则和禁令，区分资产阶级群体和行为粗鲁的普罗大众，并把后者排斥在外。相对而言，这是对博物馆作为公共教化手段的新认识，以其设想的开放性成为榜样空间，让粗鲁喧哗的行为变得文明，因为博物馆已然明确规定各种中产阶级行为，参观者可以学习。以启蒙的观念看，博物馆一直是树立典范的空间，且实质上亦如此。正如安东尼·维德勒（Anthony Vidler）所言，博物馆的教育功能意味着其藏品都被赋予了示范性地位（Vidler, 1987：165-167）。要成为治理的工具，公共博物馆藏品的教育示范功能就要与人的教育示范功能结合在一起，即让不同阶层的人有序混合，以便下层阶级可以模仿学习上层阶级所展示的得体着装和恰当举止。

至少理论上如此。但在实践中，博物馆，特别是美术馆，通常是被社会精英占用的场所，因此并未转变成改革家设想的阶层同质化机构，反而依旧在社会中区分了精英和大众阶层。或者，更准确地说，博物馆既不是简单的同质化的，也不是简单的差异化的机构：其社会功能是由这两种倾向的反作用力决定的。然而，无论在实践中如何不完善，把博物馆当作工人阶级（只要他们着装得体，克制不文明行为的倾向）接触中产阶级进步影响的场所，这对博物馆作为新型社会空间的建构仍至关重要。

社会空间的重塑还体现在性别层面。琼·兰德斯（1988）和丹尼斯·莱利（Denise Riley）（1988）分别研究了法国和英国的这一层面：从18世纪晚期到19世纪早期，女性参与公共生活和政治生活的程度大幅降低，这一变化影响深远，伴随而来的是女性自然化，即卢梭式的女性象征自然观念。[10] 莱利认为，女性自然化为接下来作为人口管理的社会的兴起奠定了基础，因为有许多社会问题源自家庭，在解决这些家庭问题（住房、卫生和道德等）时，女性自然化这一美德应当发挥关键作用。"这种新的'社会性'的生产"，莱利认为，"为改造'女性'提供了重大契机。其概念建立基础是女性化的；在细节上，它为一些女性提供机会去改造其他更加受损害的女性，让她们迎接新式的优雅氛围"（Riley，1988：48）。

文化领域中女性自然化的结果也类似。在重估哈贝马斯的公共领域概念时，琼·兰德斯头脑中参考的是法国的情况，她认为女性被排斥在公共领域之外是文化政治组织策略的一部分，此策略"承诺推翻全世界被时髦女性统治的被宠坏的文明，承诺把专制君主篡夺的统治权交给男性"（Landes，1992：56）。与这一过程同时进行的,是对女性的重新定义,女性与自然和家庭领域联系起来,她们的功能是生儿育女,从而为女性在文化领域中的重新定义做好了准备。女性不再是沙龙中颐指气使的主人,而是假扮成文化的温柔侍女。

同样重要的是,在对博物馆作为公共机构的新理解中,男女有同等的入内参观的权利。但事实并非总是如此,即使女性可以入内,她们的到来也未必总是受欢迎的。18世纪英国阿什莫林博物馆(Ashmolean Museum)的一位德国访客投诉道:"甚至女人花六便士也可以进入:她们跑来跑去,什么都碰,完全不听副馆长的劝阻。"(cited in MacGregor, 1983:62)到了19世纪早期,女性被允许,有时甚至被鼓励参观博物馆,但是当时的其他资产阶级公共领域,如咖啡馆、学院、文学社和辩论会仍只对男性开放。在这方面,如琳达·马胡德(Linda Mahood)所示,博物馆属于选择性公共环境(公园、购物街),不同于一般未经管制的男女混杂的地方,例如流动集市和其他大众聚集地,受尊敬的女性可以参观博物馆,但是需要由男性亲属或同伴陪同(Mahood, 1990)。

然而,女性找到的第一个为自己量身定制的、单性别的城市公共空间是商业空间,即百货商场(see Leach, 1984)。虽说商场由男性设计,但它以女性为服务对象,允许女性享受城市社交的舒适,远离街头的威胁(因为令人烦恼的街头往往是为男性愉快地游荡而设计的),也不会招来男人骚扰抛头露面的女人的危险。如朱迪斯·沃克维兹(Judith Walkowitz)所言,百货商场提供了一个"安全地把自己重新想象为游荡者的空间,可以观察,但不会被观察"(Walkowitz, 1992:48)。但并不只是如此。作为女性专属的空间,百货商场提供了一个飞地,女性"可以模拟城市交往艺术,而不必冒险闯入外面的世界"(Ryan,1990:76)。它也创造了一个先例,而公共权威争先效仿,在公共空间和机构为女性提供专属的区域:公共图书馆的女性阅览室、轮渡上的女性区域、市政厅和邮局的女性卫生间。结果是,通过提供这些场所,城市空间组织被"净化",受尊敬的女性可以在公共场所自我娱乐,而不必害怕她们的情感被攻击,或是行为被误读。这也反过来为文明策略铺平了道路,让男性的注意力离开粗俗的男性聚集地,欢迎他们进入"因女性在场而被净化的公共空间"(ibid.:79)。

我们要从这些更广泛的变化的角度考量性别在公共博物馆构建过程中扮演的角色。一旦被预设为文明举止的改革者,博物馆便允许跨阶级和跨性别的混合形式和复杂关系存在,这对理解它为达成期望的文明行为而诉诸的变革类型和实现方式非常重要。在此最有趣的发展是,把工人阶级女性组织起来,使之担任调节中介的角色,将中产阶级文化的进步性影响传递给顽固的工人阶级男性。

要说明以上观点,可以考量百货商场的阶级管理平行互补策略,还可以强调博物馆在这方面目标和实践的特殊性。博物馆与百货商场的共同之处经常受到关注。[11] 两者都是正式的、开放的空间,允许民众进入,两者的预期目标都是成为仿真和模拟行为的空间,进步的品位、价值和行为规范通过它们被广泛地传播到社会。迈克尔·米勒(Michael Miller)认为,巴黎的乐蓬马歇百货①提供了"资产阶级生活方式的一个版本,成为了群起仿效的模板"(Miller,1981:183)。他所说的是商品出售功能。乐蓬马歇百货提供了巴黎上层资产阶级的某种生活方式,它是中产阶级力所能及

---

① 乐蓬马歇,巴黎第一家百货公司,被称为"第一个圣诞橱窗展示的诞生地"。——译者注

的，也是上层工人阶级渴望获得的，它是达到衣着服饰和室内装潢两个层面社会同质化的重要手段。然而，百货商场的影响远不止于此，还有售货员提供的外表转化和行为转化的生动样板，渴望提升社会阶层的人可以据此塑造自我。

这是个微妙的问题，同时也是个性别化问题。因为不光售货员通常是女性，顾客也通常是女性。苏珊·波特·本森（Susan Porter Benson）考察了百货商场性别与权力的关系，有说服力地描述了售货员和顾客关系中阶级与性别的复杂辩证关系（see Benson，1979，1988）。像博物馆一样，百货商场也受制于自相矛盾的要求。一方面，它需要与粗野和俗气划清界限，为了保证资产阶级女性的光顾，百货商场必须是专属和特权的地带。另一方面，它需要触及更广泛的消费大众，这既是为了实现运营中适当的规模经济，又是为了不负影响大众品位、价值观和行为的使命。有很多方式处理这些紧张关系[12]，其中肉眼最可见的是售货员的装扮，售货员通常是本地人，有着工人阶级出身背景，必须把身上的不完善之处打磨好，才能"适合服务"资产阶级顾客。[13]然而，同样重要的是，装扮不能过度。如果衣着举止太过精致高雅，售货员就会混淆自己与资产阶级顾客的区别，而"区别"正是后者优越感的来源。同样，售货员需要与自己的阶级出身保持足够的距离，这样才能体现更高的标准，足以让有野心的工人阶级顾客模仿。

这些相互矛盾的要求得到平衡之后，售货员的身体和外表就成为严苛而详尽的规则之约束对象。设想一下，售货员既要成为工人阶级顾客的典范，又要通过观察上司和社会地位更高的顾客来学习新的行为方式。百货商场环境中这些"自然的"文明化效果往往通过积极的教化活动得到强化：听课学习卫生、礼仪和语法；参观博物馆和美术馆，从而获得品位原则；前往藏书丰富的阅览室。如此一来，接受了种种培训的售货员可以作为文化进步的鲜活见证，提升服务和发挥传播进步的品位与行为规范的作用。

如果说百货商场教化活动的对象主要是女性，那么确信无疑的是，在 19 世纪中期的英国，博物馆改革的主要对象是工人阶级男性。博物馆的倡导者认为，需要吸引工人阶级男性远离快乐却堕落的流动集市或酒馆，而这些改革策略需要招募的盟友，至少得是支持这项文化倡议的妻子。1858 年，维多利亚与艾尔伯特博物馆①（Victoria and Albert Museum）希普尚克斯画廊（Sheepshanks Gallery）开馆时，劳埃德（Lloyd）的一段回应可谓异想天开，但在那个时代却又非常典型：

> 焦虑的妻子再也不用去酒吧一间一间地苦苦寻找，把醉醺醺的丈夫拖回家。她会去最近的博物馆，费尽口舌地劝在拉斐尔作品前全神贯注沉思的丈夫回家。
>
> （Cited in Physik，1982：35）

然而，如果工人阶级女性被设想为文化改革力量的受益者，那么她们也被招募为同谋，成为文化机器中的齿轮。同百货商场一样，博物馆是一个学习的环境，其中资产阶级的女性特质和家庭观念可以传输给工人阶级女性，这也是博物馆功能的一部分。然而，同样重要的是，这些规范可以作为提高工人阶级女性品位的模板。在罗斯金和莫瑞斯的博物馆项目中，重建理想家居——资产阶级式

---

① 维多利亚与艾尔伯特博物馆，位于伦敦，是为纪念维多利亚女王和艾尔伯特亲王而命名的，通常缩写为 V&A，是世界上最大的装饰艺术和设计博物馆。——译者注

的内部装潢，但符合技工的经济水平——是引导工人阶级获得"更好的东西"的主要方式。

更为普遍的是，在一种举止文雅的要求之下，女性通过自身的在场被施以一种文明化的影响。这种理念并不局限于女性对博物馆的参与。彼得·贝利（Peter Bailey）认为，女性作为比喻，不断出现在英国理性娱乐运动的文献中，被设想为影响男性文明化的力量。罗伯特·斯莱恩（Robert Slane）在赞美公园时说过：

> 一个男人倘若陪家人散步，行走在不同阶层的左邻右舍当中，他自然想要衣着得体，他的妻子也应当如此；对这种欲望进行正确引导和控制，个人体验是促进文明和刺激工业的最有力影响。
>
> （Cited in Bailey，1987：53）

与之类似，在讨论美国早期公共图书馆运动时，迪·加里森（Dee Garrison）解释了为何女性被认为更适合在图书馆工作，因为在文化用于执行改革职能的地方，女性能"柔化氛围"（see Garrison，1976）。教书也是一样，特别是教英语（see Doyle，1989）。但是，不同的文化机器赋予女性的地位当然是不同的。在美国，博物馆并未像图书馆那样形成雇用女性的惯例，博物馆的权威声音仍然单一地属于男性。尽管如此，还是有共同规律的：自然性曾让女性困囿于家庭这个"分隔领域"，在欢迎女性走出去之前，女性被赋予一重身份，而家庭的诸多属性也作为文化的手段而不是对象成为改革的领域。

事物的重新排序

虽然被赋予了教化任务，女性在博物馆文明理念形成过程中的地位仍是模棱两可的。这涉及了与公共博物馆形成相关的文化资源和文化实践的第二个转变：塑造一个新的表征场所，为继承而来的历史收藏珍品提供新的展示环境，并允许这些藏品用于新的社会目的。哈贝马斯认为，在专制时代，所有大型的展示，包括与收藏相关的展示，目的都是为君主塑造表征的公众性，即通过公共领域的象征性放大来强化君权。在19世纪，博物馆的表征空间通过历史化的陈列原则被重新组合，它塑造的"人"的形象产生了公众表征式民主，尽管那是一种规划自我的等级性和排他性的民主。

这是什么类型的转变？福柯通过追溯认为，现代公共博物馆形成过程中出现的历史化陈列原则，是从古典知识到现代知识的更普遍转化的一部分。然而，博物馆对人工制品领域进行的符号学式的重新编码，是以新的方式、新的目的利用文化资源，使其服务于自由治理形式的发展并为之做出了贡献。从这个角度看，我认为，需要把博物馆对展品的重新排序看作知识和治理的双重事件。为了充分论证这一观点，我们需要关注博物馆新的表征领域以及符号学功能以何种方式提供了改造和练习新言行举止的表演环境。

我们照旧从哈贝马斯那里找到了最初的线索。在讨论中世纪后期和现代早期公共和私人空间的关系时，哈贝马斯发现，公共领域的用法与现在不同，当时提到的公共领域是不同于平民和普通人领域的，与身居高位的人关联，才值得被赋予表征的公共性。哈贝马斯引用了卡尔·施密特（Carl Schmitt）的一段话：

> 只要国王之人（person of the lord）出现于大庭广众之下，表征就可以假装让不可见的成为可见的……没有生命的、下等的、没有价值的或低劣的东西是不可表征的。它们缺少崇高的品质，不适合被提升到公共地位的高度，甚至不应存在。适合用卓越、崇高、威严、名誉、尊严和荣耀这样的词语形容其特质的事物才值得表征。
>
> （Habermas，1989：5）

路易十四专制时期，这一原则意味着所有与君主相关的事物都值得表征，因为它们具有公共意义。路易斯·马林（Louis Marin）曾生动破解了一份关于国王历史的提议，该提议表明既然国王的生活和行动是与国家同进同退的，国王的历史必须是完整的，"毫无保留……而且是完全可见和绝对可表征的空间"（Marin，1988：71）。不然的话，马林继续说道，就是"承认皇家生活居然有某些隐秘的角落，居然藏匿着国王某些不可表征、不可颂扬、不可赞美、不可言说的行为、言语或思想"（ibid.：71）。这就是认为专制主义不再专制，是不被允许的想法，国王的历史只能被想象为"历史的主人公兼故事的元叙述者"（ibid.：72）。作为专制主义同谋的历史必须把国王看作无所不在的、万物的推动力，历史故事必须以君主的角度来讲述、以君主作为事件的发起者来展开。因为这是所有光明的来源，它提供了展开历史的唯一可能被理解的角度。皇家历史学家必须在国王身边不间断地为国王书写：

> 站在国王的位置看历史事件，身处这个几乎至高无上的地位，就意味着目睹历史本身的到来，因为国王是历史

的独特主体。这个绝对统治者的凝视发出光，照亮视野，生产眼中所见，因此，陪伴在国王左右就是参与他的凝视，并用某种方式分享他的权力，即在未来的叙述中做他的证人和替身，让过去的在场不仅被证实，而且被允许和授权。

（Marin，1988：73）

同样的原则也应用在18世纪不同时期的皇家收藏中，这些展览对越来越多的平民群体开放，1776年搬到贝尔维第宫的维也纳皇家藏品和德累斯顿美术馆是其中最著名的例子。这些都不是现代意义上的公共博物馆，它们理论上对外开放，但通常受到很多实际条件的限制，其藏品仍然是皇家财产，而不是国家代表人民拥有。即便如此，在新的公共环境和准公共环境中开放皇家收藏，是其形成的可见领域和其引起的可见性关系的重大转变。

克里日托夫·波米恩关于收藏的现象学结构分析，对于诠释这些问题很有用。波米恩认为，所有收藏都涉及其建立的可见与不可见领域的交换（Pomian，1990）。陈列中的可见部分被视为有价值和有意义的，因为它提供了理解对本身不可见的意义领域的通道。可见的事物不是因为其本身有意义，而是因为它提供了瞥见自身之外事物的机会，如18世纪自然史收藏中的自然的秩序。[14]从这个角度来看，波米恩认为收藏可以依据藏品的分类、摆放以及摆放的背景等进行区分，其目的是指代不可见和缺席（如过去）的意义领域，并通过使其转喻地可见和在场来调节参观者或观看者进入该领域。

然而，必须补充的是，收藏品只有对掌握恰当的符合社会编码的观看方式的人，或某些情况下拥有观看权力的人，才能发挥作用，展品不仅要被看到，还要被看懂，才能与其召唤的不可见性建立相通性。因此，也可以用这种方式对藏品进行区分，取决于谁有机会和能力获得这种双重层次的眼力，有了眼力才能与可见和不可见建立契约。

皮埃尔·布尔迪厄对现代美术馆的评论就是一个案例。美术馆具有社会区隔的作用，只有具备恰当文化资本的观众才可以既看见展出的画作，又看懂它们，从而领会隐藏于某种摆放方式里的艺术秩序。然而，其他展览也存在类似过程。在最近对印度19世纪后期殖民博物馆的研究中，普拉卡什（Prakash）表明，印度精英阶层在与帝国权力进行特权关系协商的过程中，利用这些博物馆宣称自己的"后见之明"（second sight），从而将自己与目不识丁的农民区别开，因为后者无法看到展品背后蕴含的西方科学的组织原则（Prakash，1992）。

因此，描述博物馆的形成，必须包括与其不同发展阶段相关的可见性的不断变化的形式和社会关系。文艺复兴时期君主的私人密室（studioli）是专制政权皇家收藏的重要前身，这种双重层次的眼力因而是君主专属的。确实，可见性领域被分隔，其中一个层次拒绝审视，因而强调了此权力的意义。密室通常是皇宫中一个不为人知的没有窗户的小房间，陈列柜里的藏品象征了宇宙的秩序。这些柜子和上面的藏品围绕着一个中心观察点摆放，房间只有君主可以进入。正如朱塞佩·奥尔米所说，密室"试图以微缩模型重新调整和集合所有现实，构造一个君主身居中央、凌驾于整个自然和人造世界、宣示主权的地方"（Olmi，1985：5）。密室的真正独特之处在于摆放藏品的柜门是紧闭的。如艾琳·胡珀-格林希尔所言,"它们的在场和意义由柜门上的象征性图案来显示"(Hooper-Greehill,1992:106)。原则上,可见的领域(柜门上的图案)调节了君主的独享权,但事实上,君主对不可见的柜中内容以及对这些内容所代表的宇宙秩序仍然有独享权。这种双重调节独享宇宙秩序的程度体现了特殊的权力-知识关系,因为密室"不仅为君主保留了构成其至高权力的关于世界的知识,而且还保留了获取知识本身的可能性"(ibid.:106)。

皇家收藏在18世纪被转移到更为公共的领域,这意味着藏品承担了体现表征的公共性和体现王权的功能。皇家美术馆将以下变为可见:把参观者称为国王的臣民,把他们变为权力的符号技术的一部分,统治者的权力因为公共可见性而增强。然而,如卡罗尔·邓肯(Carol Duncan)和艾伦·瓦拉赫(Alan Wallach)所观察到的,皇家美术馆也是组织可见与不可见领域新型关系的场所。依据国家流派和艺术史阶段对画作进行分组展览,这一陈列原则的建立给予了国家和艺术史在新编码中的可见性。皇家美术馆在这方面为后来的形式改动打开了局面,只要做少许调整,就可以服务于平民市民。因此,在法国大革命期间,卢浮宫对肖像画的管理没有因这一目的做出根本性的改变。皇室肖像画策略性地被寓言式和去个性化的国家宣传画取代,促进了艺术作品的重新编码,艺术品所体现的国家再也不是"国王的土地",而是民族国家,一种理论上属于人民的抽象存在(Duncan & Wallach,1980:454)。

大多数权威在这一点上达成一致。对于艾琳·胡珀-格林希尔,卢浮宫仍然依赖早期君主制时期形成的统计学原则。它以公民为中心,后来又以皇帝为中心,"使人不禁回忆起以前代表世界的君主的表演,通过组织有意义的物品来达成自我中心"(Hooper-

Greehill, 1992：168）。更为重要的是，极少有证据甚至没有证据表明，在革命过程中，卢浮宫设定的项目与革命前提议的目标有很大偏离。

1747年，拉·丰特·德·圣耶纳（La Font de Saint Yenne）在《关于法国绘画现状诸原因的思考》（*Réflexions sur quelques causes de l'état présent de la peinture en France*）中提出了一个清晰的政治要求，即原来在卢浮宫后来被转移到凡尔赛宫的皇家收藏应归还卢浮宫，且应对公众开放。这一要求此后经常被提及，并且在1765年得到了"百科全书派"的支持。为了回应此要求及其他情况（法国外省多地修建了公共展览馆，如杜塞尔多夫和贝尔韦代雷美术馆），1778年法国成立了顾问委员会，处理卢浮宫大画廊作为公共博物馆重新开放的问题。爱德华·波米耶（Edouard Pommier）表明，当初卢浮宫的规划设计定位是致力于培养公民美德的博物馆，目的是促进民众热爱作为实体的国家和民族，国家和民族与国王无关，但比国王更伟大。他进一步主张——并持文件为证说明——在博物馆委员会及艺术专科学校的发展中，能够证明博物馆的目的和功能存在着新理念的证据寥寥。当博物馆开始为民众服务，这类机构也得以建立，职能是监管博物馆发展。确实，可能相反的才是正确的。波米耶认为，这些革命组织只是沿袭博物馆的早期理念，这些理念由1778年成立的委员会展现，这些组织作为向公众灌输公民美德的"典范的庇护所"，却没有关注博物馆学的细节事项（空间安排、画作分类）。细节到位才能实施规划并使之生效，但是革命只满足于"使大画廊填满作品，并对公众开放"（Pommier, 1989：27）。[15]

革命期间对卢浮宫规划进行的调整是早期趋势的发展，而不是它所宣称的与过去彻底决裂。即便如此，我们也不应当低估这些变化在渐进过程中累积的意义。在上文马林的讨论中，这些变化的结果是形成了一种叙事（"国家历史"）的组织，历史的主人公兼故事的元叙述者不是国王而是公民。如此一来，如多米尼克·普洛特（Dominique Poulot）所言，它成了国家公民通过赞美艺术与自我进行交流的手段，国家既是主体又是客体（Poulot，1983：20）。在这方面，卢浮宫转型为公共艺术博物馆，随之进行的肖像画调整为一种新形式提供了基础。邓肯和瓦拉赫称之为"普遍性博物馆"（universal survey museum），其目的是让公民在参观中发现新的国家理念，而途径是重新配置没收的皇家珍藏，将之置于民主公共背景下，从而赋予其民主公共表征性的新意义：

> 公共艺术收藏也意味着一系列新的社会关系。君主收藏品的参观者可以欣赏独立作品的美，但他与藏品的关系基本上是他与宫廷和贵族社会关系的延伸。君主的美术馆与君主相关、为君主服务。参观者要为君主的美德、品位和财富而赞叹。馆藏肖像画作和藏品的光彩都是为了证明君主及其统治的合法性。在此类博物馆，丰富的藏品仍然为了展示国家财富，为了引发赞叹。但如今国家这种抽象的存在替代了国王，成为历史叙事的主人。这一改变重新定义了参观者——他不再是君主或贵族的附属品，他现在被称为公民，因此是国家的股东。
>
> （Duncan & Wallach，1980：456）

皇家美术馆只是现代公共艺术博物馆的前身之一。我们只有考察了它与其他类型博物馆（地理、自然史、人类学、科学技术等）的关系，才能完全理解后者以及其中被重新编码的艺术品的符号学意义。其他类型的博物馆跟现代公共艺术博物馆类似，它们的前身也经历了同样重要的转型，按照新布局重新排列藏品，从而允许新概念和新现实获得可见度。从这个角度看，艺术馆中公民取代国王成为自我指涉的叙事主角和元叙述者，并成为当代更为宏大的叙事的一部分，这种叙事的认识范围更宽泛，其中"人类"是男性（因为仍是性别化叙事）自我发展故事的主角和元叙述者。

这种叙事之所以可能，是因为大范围的知识对象和程序发生了一系列复杂的转型。最重要的发展是时间的延伸，其产生源于地理学和考古学领域的发现以及人类学的重新定位，一旦历史时间走向了纵深，就可能把其他民族的历史进程称为"原始的"。[16]虽然19世纪各进化思想学派仍然存在着重大分歧，但是它们的主导倾向一致，认为不同时代的地理、生物、人类学和历史因彼此联系而构成全世界的时间。这种时间性把地球形成过程、地球生命发展、人类生命经历进化而从动物生命脱颖而出、人类从"原始"到"文明"的发展等相互联系起来，组成同一叙事，并断定现代男性［白种、男性、中产，如凯瑟琳·霍尔（Catherine Hall）（1992）所说］既是这些过程的结果，也是目的。

受福柯思想的影响，部分学者把这些改变解释为从古典到现代知识论的更普遍的转化的一部分，也是对这一转化带来的分裂效应的反应。对史蒂芬·巴恩（Stephen Bann）（1984）和艾琳·胡珀-格林希尔（1989）来说，博物馆的职能在于它是由碎片重组"人类"形象的场所。如果"人类"形象的碎片化表现为一系列相互隔绝的历史，那么"人类"之统一不可再被视为既有的，博物馆通过构建"人类"使得重构这种统一成为可能，而构建"人类"需要时间才能完成。像国王所有的马匹和国王所有的子民一样，博物馆好比"创可贴"，它要做的是持续不断地"拼贴"历史，从而把破损严重的人类主体重新组装起来。

虽然目前这种解释过于抽象，无法恰当描述公共博物馆的表征体制或其发挥作用的方式，但是我们有必要考虑与之相关的一种转化的结果，藏品根据表征性原则（principle of representativeness）而不是稀有性原则（principle of rarity）进行重新排列。这种改变既是表征的转变，同时也与功能转变有关，或者说促成了功能转变，因为藏品不再是激发少数人好奇心的工具，而是被重新理解为教化多数人的工具。

这些改变，连同根据进化历史主义的要求重新排列的博物馆陈列，以渐进而零碎的方式得以发展和最终实现，这是一段较漫长的时期，直到19世纪最后25年才完成。也有人发现，随着按照自由政府原则配置文化资源的社会的发展更快更均匀，这种改变的中心从法国转移到了英国，后来又到了美国。法国的这一过程被一系列王室和帝国复辟中断，艺术和文化周而复始地被权力征用为权力的象征。相对而言，19世纪50年代英国的南肯辛顿博物馆（South Kensington Museum）开发的一个项目（此项目后来证明在英语国家很有影响力）让艺术和文化不再承担吸引和治理公民的功能，而是通过提供资源和情境使公民进行自我教育和自我调节。

这种转变在自然史博物馆也许最为显著。克里日托夫·波米恩曾讨论好奇原则及这个原则如何在18世纪逐渐被自然历史藏品体现的新导向所蚕食。这些讨论为我们提供了绝好的思考原点。波米恩认为，正如16、17世纪收藏家们的珍奇屋所体现的，好奇原则构建了一个特殊的知识世界，填补了先前宗教对探究横加限制和后来科学理性的要求之间的空白。如波米恩所说，文艺复兴的艺术收藏室和珍奇屋（Wunderkammer）建构了：

> 一个充满奇怪动物和物品的世界，这里什么都可以发生，因此，提出来的任何问题都不足为奇。换言之，这个世界的好奇心的类型不再被神学控制，同时尚未被科学控制，某些问题因为亵渎神明或无关的原因而同时被这两个领域拒之门外，从而把好奇心归入某门学科，并加上某些限制。多亏了这个简短空白期的自由发挥，好奇心自发地固定在了所有最稀有、最罕见、最令人吃惊和最费解的事物上。
>
> （Pomian，1990：77-78）

在讨论皮埃尔·博雷尔（Pierre Borel）的收藏时，波米恩注意到对奇特、独一无二和例外的事物的重视反映了致力于自然之无限可能和多样性的前科学理性。[17] 他认为原因很明确："如果自然界无时无地不受到同一法则控制，那么逻辑上说，它应该反映在常见、重复和可复制的事物中；但如果自然界没有明显的法则，那么稀有事物本身就足以恰当地代表自然。"（Pomian，1990：47）对波米恩来说，好奇原则的主导作用导致了表征机制，也同时体现了知识欲望的一个特殊形式——意图以终极神秘和邪教的方式获得总体性知识。对珍奇屋来说，展柜里收集的独一无二的和古怪异常的物品之所以有价值，是因为它们代表着总体性的特殊关系，珍奇屋提供了获取总体性知识的一种方式以及与总体性的一种特别关系。

但这种知识的形式，如同这些展品一样，是非常少见的，只有孜孜以求的少数人才能获取。这些珍奇屋的设计和社会关系反映了它扮演的知识储存库角色，而且是稀有和专属知识的储存库，只有有闲暇、有兴趣和受过文化训练的人才能破解每件展品与整体的关系。

波米恩认为，对好奇原则的最初挑战来自自然史展览关注点的变化，整个18世纪，关注点越来越多地集中在普通、日常和唾手可得之物上，而忽略了异常和异域之物。用波米恩的话说，这种侧重点的改变既是认识论的，又是实用主义的。这是新的科学理性的产物，其中对规律的研究来自普通寻常且反复出现的思想认识，它战胜了对自然独特奇观的着迷。但这也带来了对知识的普遍可传达性的新的关切，通过有效的传播，来实现对自然更富有成效的探索。这种情形改变的不仅仅是支配展品排列的分类原则，它对参观者的引导也变得越来越有教育性，目标是在可理解原则的指导下让每个人都看懂展品，而不是像珍奇屋那样提供神秘和邪教般的知识。

这一问题最清楚地体现在藏品是否应分为为了研究目的和为了公共展示两部分的辩论中。作为当时大英博物馆自然史分馆的馆长以及后来搬离大英博物馆独立建馆的自然史博物馆的首任馆长，理查德·欧文（Richard Owen）坚决反对这一做法。欧文自始至终坚称，国家展馆需要完整性，需要尽空间所能展示自然的多样性（Owen，1862）。[18]尽管如此，欧文的下属爱德华·格雷（Edward Grey），当时大英博物馆动物展区负责人，仍第一个在1858年提出："需要建立一个与展览系列相区别的研究系列。"格雷认为，"最大类型的参观者，即公众，需要的是更有趣的展品，陈列方式应当让人在有限空间里一瞥就能尽可能多地获取信息"（cited in

Winson, 1991：121)。路易斯·阿加西（Louis Agassiz）1862年提出："自然史藏品占比虽大，但对研究无用，因为太宽泛"（Agassiz, 1862：415)。他是分类展览原则的第一位最有影响力的倡导者。虽然他一开始寻求的是研究功能和公众教育功能之间的调和，但1878年，他根据格雷建议的原则分列了哈佛比较动物学博物馆的藏品。欧文之后的自然史博物馆的继任者，威廉·亨利·弗劳尔（William Henry Flower）爵士1884年也进行了同样的操作。

根据弗劳尔阐述的自然史博物馆的陈列原则，物品的单一性即独特属性，再也不具有任何意义。他引用了乔治·布朗·古德对于博物馆优良陈列的定义——"藏品应带有指导标签，样本应精挑细选"。然后他接着描述了用于公共教育的博物馆的理想排列流程：

> 首先，正如我讲过的，必须要有馆长。他必须认真考虑博物馆的目标，以及将要受教育的人群的阶级和能力，还有达成目标可用的空间。然后，他会把需要说明的主题分组，考虑各组的相关比例，然后据此对空间进行布局。接下来为主要类目准备较大的标签，好比图书的章节，然后为各细分部分准备小一些的标签。确定亟须说明的命题，不论是结构、分类、地理分布、地质、位置、习惯还是相关科目的进化，都要被简化为明确简洁的语言。最后考虑说明性的样本，完成购买和准备后，放在合适的位置。
>
> （Flower, 1898：18）

这里需要注意的重点并不是展品放在最后考虑，而是通过这样做，彻底改变展品的功能和地位，使之变成对某些普遍法则和倾向的说明。弗劳尔也清晰阐明了这种新变化带来的影响，并进一步论证了降低样本陈列密度的必要性和可能性，这样参观者的注意力才不会因为展品增多而分散。但是，新的低密度陈列原则只有在展品能够代表同类其他展品的条件下才有可能实现。这与好奇原则有明显不同，在好奇原则之下，展品的价值取决于其独特性，没有替代的可能，因而展品可以无限增多，有不断扩散的可能性。

但同时，低密度原则也是易读原则，即公共易读性。如果说博物馆的展品是为了举例说明，那么在弗劳尔的机制下，就不存在意义模糊的空间。这一点在分配其地位的进化论叙事下已经得到了保证，在理想情况下，这种叙事同时支配博物馆环境的表演性（performative）和表征性两方面。因而，在概述他对自然史博物馆的完美计划时，弗劳尔设想出了一个既有表征性同时又有表演性的安排，或者说是通过表演性实现表征性的安排。他的计划是改编詹姆斯·博加德斯（James Bogardus）早先提出的世博会计划 (see Giedion, 1967: 199)，其中包括把一系列展馆按照圆圈形式排列，外圈套内圈，并且设置大量彼此相通的空间。

> 每个圈代表世界历史的一个纪元，从中心开始，在最外围即我们如今生活的时代结束。每个自然组的历史可以沿着辐射线追踪，从圆心到圆周，世界历史每个时期的发展条件都能研究。
>
> （Flower, 1898: 49）

此类博物馆的参观者不是静态地被放置在事物的秩序之前，不是站着不动地思考就能揭示展品蕴含的理性。相反，参观者需要移动，按照顺序移动位置，只有跟随以事物秩序形式呈现的参观路线，亦步亦趋地追溯其进化发展，才能揭示这种理性。

类似的表征原则在多大程度上体现于19世纪发展起来的各种专门博物馆还存在争议，但它对人类学展品的影响是比较清晰的。皮特·里弗斯（Pitt Rivers）（当时也被称为福克斯上校）清楚地表述了他展示藏品的类型学方法，以及支配此方法的表征性、稀有性和公共教育原则之间的关系。他的藏品于1874年首次在贝斯纳绿地（Bethnal Green）做公共展出，在概括其分类原则时，他说道：

> 展品不包含任何前20年收集起来的数量相当大的独特样本，因为（本次展出）不是为了让人震惊于展品的美或价值，而仅仅为了教育。为了这个目的，选择普通和典型的样本，而不是稀有的物品，并按照次序排列，从而尽可能地追溯其观念的传承，即原始文化条件下人类大脑的进化，从简单向复杂、从同质向异质。
>
> （Lane-Fox，1875：293-294）

这种趋势有例外，其中提到比较多的是艺术博物馆。对史蒂芬·格林布拉特（Stephen Greenbaltt）（1991）来说，现代艺术博物馆仍然被惊奇原则（principle of wonder）所主导，强调传达艺术品的独特感，有时甚至到了将参观者拒之门外的程度。相对于其他现代藏品的共鸣原则，即参观者的注意力从藏品本身转移到它构成的隐含关系制度中，格林布拉特认为现代艺术博物馆应致力于展示伟大作品独一无二的特性。这需要参观者心无旁骛地观展，其他一切都被屏蔽在注意力之外。芭芭拉·柯舍布拉特-金布利特（Barbara Kirshenblatt-Gimblett）持类似的观点。他们都同意，在科学领域，19世纪博物馆的分类已经"使得独特性从特定物品转移到了特定分类学下某一类别"（Kirshenblatt-Gimblett，1991：392），但艺术品的展示仍然基于每一件单品的独特性及其令人炫目的魔力。

因此，仍有一个影响广泛的思想派别认为艺术博物馆的表征制度是自成一派的，与其他类别公共博物馆的制度并行不悖。然而，这一观点受到了菲利普·费舍（Philip Fisher）的有力挑战，他认为现代艺术博物馆像其他类型博物馆一样，也是由他提出的"系列技术"主导，其中原因如出一辙。艺术可以被设想为一种政府项目的资源，可用以丰富全体国民的文化生活，因此其展示原则被彻底改变。感官价值曾经主导艺术品的展示，绘画、镜子、织锦等摆放的位置关系是为了产生令人愉悦的和谐，但公共艺术博物馆发展出了新的展示形式，这"涉及了历史和文化、时代和派别的说明，其次序和组合都以教育为目的"（Fisher，1991：7）。费舍认为，从中引发的系列技术与"杰作逻辑"在本质上是相悖的。杰作是"典型的完整和完成了的物品"（ibid.：174），是一个存在于时间秩序之外的自给自足的珍品，而艺术博物馆的说明书使之从属于这个系列作品包含的技术，这样的后果是剥夺了其地位——艺术品被逐个放置在历史化的顺序环中。此技术仅仅是现代艺术史系统的一个组成部分，"现代艺术史系统为作品排序，并为作品提供本身之外的来源（祖先）和去处（后代）"，把油画挂成一排，意味着"作品前有宗，后有从"（ibid.：97）。

借助这一技术形成的教化并不只是让表征性通过影响参观者的意识起作用，这一技术也浸透在参观路线中——走完既定路线，参观者也必然走完艺术的进化之旅。费舍总结，博物馆把展厅转化为有始有终的路径和空间，意图是反驳博物馆教我们"追随"艺术的说法：

> 我们穿行在博物馆，在走过艺术品的行动中总览艺术史，体会它的永不停滞、向前发展，体会它联结八方的力量。快速掠过博物馆，远不是展示公众对艺术本身的无知，而是与艺术本质深度和谐化的行动，即关注艺术史和博物馆本身（而不是被博物馆深深地隐藏在历史中的单个作品）。
>
> （Fisher，1991：9）

系列技术的执行效果在其缺席时反而最清楚可见。蓬皮杜艺术中心现代艺术博物馆或许是保存最好的案例。这里没有艺术史要执行。此博物馆以无方向性的指示方式取代了历史藏品叙事性的路线，迫使参观者无目地漫游其中。对习惯于系列技术执行要求的传统参观者，这种去历史化的艺术展示情境提出的新要求让人感觉完全迷失了方向（see Heinich，1988）。

总结一下，尽管公共博物馆的形成是塑造新话语空间的重要部分，其中"人"充当了人类自身发展故事的主演和元叙事者，但如果我们只将其视为在人类主体废墟上构造的补偿性的总体，我们就不能真正理解这一空间的功能和组织。如果仅关注其表征性的方面，也不能理解。这是后结构主义博物馆批评的关键缺陷，它们关注的是其表征的充分性，因而不可避免地会发现这些看法有欠缺之处。

对尤金尼奥·多纳托（Eugenio Donato）来说，19世纪的博物馆雄心勃勃，试图"通过展示精心挑选的人工制品来表征人类现实和历史"，这取决于"碎片对总体、标签对物品、一系列标签对一系列物品的转喻性替代仍然可以创造一种充分的非语言宇宙的表征"的假设（Donato，1979：221-223）。多纳托认为，一旦这些假设受到质疑，博物馆的价值就会坍塌，成为毫无意义的小摆设。这一批评虽然完全正确，但却没有抓住重点，博物馆的具体效果并不取决于这种充分性或它与指涉性的物自体的关系。事实上，博物馆的效果，即运作模式，并不来源于它恰好包含的表征结构。如此假设是把博物馆视为装置，认为相对其包含的表征物，它只有完全偶然的意义。

诚然，博物馆以最明显和最可感知的方式把"人"建构为一套交织的进化序列，这与现存社会等级相关。克里斯蒂娜·克罗斯比（Christina Crosby）指出，把历史视为"人类真相"的观点一定会引出很多其他地位被排除在历史之外的问题——如女性和"原始人"的地位问题——与此相关可以定义它的具体细节。她认为，"'人'（men）这一普遍性的、通用的类别将每个人典型化，实际上是通过暴力的等级差异而建构的。'女人'对历史和人类都是彻底的他者；'原始人'几乎不是人，只是潜在地而非实际地具有历史性"（Crosby，1991：2）。而且，博物馆话语空间的理论普遍性与实际现存社会等级的关联，以前是且以后也是博物馆政治化的燃料，因为它要被用来颠覆这些排他性和等级性效果。

但相比于其多种多样的前身，公共博物馆的重要特征就是它在以治理为首要导向的组织结构中分散排列表征体系，因此，其目标不只是用权力信息打动参观者，而是把参观者（不论男女）引入自我学习的新形式，最终创造新型的行为和自我形塑。从这个角度看，人类进化发展的新型话语空间的意义，也包括直接或间接为博物馆相关的新功能提供新的话语和角色。我认为有两种可能性。

第一，博物馆或许可被视为与社会驯化新机构相关的强化体制，由福柯所称的进化时间所控制。把时间划分为一系列由线性进化路径组成的时期，把这些时期设为参观者追溯的路线，把未来投射为无限发展的进程：博物馆通过所有这些方式反映并与这些新的规训和培训体制产生共鸣，通过展示人类在不同阶段成功掌握的技巧而进入下一个时期，个人被鼓励联系自身，将自身看作需要持续进步发展的生物。约瑟夫·兰卡斯特（Joseph Lancaster）对导生制学校（monitorial school）的逻辑的概括可以帮我说明自己的观点：

> 由于学生的进步，学校有些班级不时会消失。如果字母班全体学生都有进步，可以升到第二个阶段，字母班就必须消失，除非招收新学生。
>
> （Lancaster, 1838：12）

19世纪的博物馆是一个用多种方式展示灭绝可能的空间，途径之一是自然史博物馆对地球生命的描绘，当然，还有民族志展示的对被殖民地民族的未来不复存在的描绘。这些表征的作用在于充分记录了殖民主义的威权实践。然而，博物馆的进化空间曾经有更为本地化的关联。它提供了一个语境，让身处其中的参观者重复和概括由提供日常生活新网络的规训和制度机构推动的社会生活秩序。这种关系还有别的展现形式与博物馆相关的等级排序经常成为其他社会机构的模板。在概述不同阶段的教育应当如何时,赫伯特·斯宾塞(Herbert Spencer)复制了国际博览会种类安排的等级逻辑,他提出合理的教育项目应该直接或间接始于"帮助自我保护"的活动,继之以"旨在培养和训导后代"的活动。高等阶段的教育应当包括"维持适当的社会和政治关系的相关活动"的教导,而最高等的教育是指导"充实度过人生休闲时光,满足各类追求和情感的活动"(Spencer, cited in Humes, 1983:31)。

从这个角度看,博物馆可被视为制造"进步主体"的机构。它的常规操作是引导参观者与自我达成不断进步的关系。在理想的情况下,这会培养出自我训练的公民以及根据社会驯化新形式的要求进行自动调适的公民,这些驯化的运作为博物馆提供了外部参考和联系的明显起点。

第二,博物馆本身的表演性语境或许可被认为具有更直接的"进步效应"。因为博物馆空间也是模仿性的,它被设想为工人阶级可以通过模仿而获得更多文明习惯的场所。此外,博物馆也被视为对人类文明的进步未来至关重要的所在,前提是中产阶级的谨慎克制可以通过作为一家之主的男性在工人阶级中传播。这是非常必要的,只有这样文明才不会输给自然,进步也不会因人口过多而超载坍塌。如此一来,便可以这样理解:博物馆把自觉文明的提示牌和机会摆在了参观者面前,参观者把展览当作社会表现的工具,实现等级上升,保证踏入进步的正轨。

在这些方面,博物馆为参观者提供了一整套资源,他们可以通过塑造自己而为历史做贡献,从而主动把自己代入一种特定的历史视野中。但在其他方面,博物馆继承了早期乌托邦理念。在这种理念中强调社会于自身而言最好是透明的,因此,其也是能够自我调节的。

透明度和社会管理

除了博物馆、图书馆、美术馆,被詹姆斯·希尔克·白金汉称作维多利亚模范城市的居民还可以享受安东尼·维德勒所说的"道德回廊"(Vidler,1978:63)。回廊主要由垫高的步行区组成,它们穿越城市所有主要通道和公共空间,可以呈现城市生活的方方面面,把浪荡子转化成市民警察——或者更准确地说,是在维持治安的客体和主体两重身份之间交替,即交替成为他者凝视的对象和凝视的主体。这些回廊和鸟瞰全城的中心塔楼美术馆一起,预期起到驱逐所有滋生邪恶的黑暗和秘密地带的作用(见图1.1)。白金汉如此概括他的用意:

> 完全没有小巷、短街、死路和死胡同,众目睽睽之下,没有神秘和不为人知,没有肮脏与道德败坏,也没有这些地方的居民容易产生的对公共礼仪孤僻反抗的嗜好。
>
> (Buckingham,1849:193)

类似的做法在这一时期大量存在。确实,正如维德勒所示,白金汉规划中的很多细节借鉴了罗伯特·欧文(Robert Owen)早期的和谐社区计划——"新和谐公社"(the Parallelogram)。同样,他设想的回廊是对傅立叶(Fourier)的法兰斯特(Phalanstery)设计的回应,后者也设计了监视公共空间的走廊。在对19世纪乌托邦和宗教社区的讨论中,多洛雷斯·海登(Dolores Hayden)表明建筑对空间和视野关系的操纵对渴望道德自我调节的社区十分重要,因为在这样的社区每个人都要接受同伴的监控性凝视(Hayden,

1976)。

这种将建筑视作道德科学的乌托邦式迷恋并不新鲜。维德勒曾研究克劳德-尼古拉斯·勒杜（Claude-Nicolas Ledoux），后者认为建筑提供了"把艺术和政府利益合二为一"的机会（cited in Vidler, 1990: 75），维德勒借此说明建筑生产的透明关系在多大程度上对启蒙运动改革是核心性的。勒杜认为建筑促进塑造人类行为的各种方式，在对盐场、共济会、剧院、教育机构和运动场的设计中，等级或相互可见的关系组织在勒杜的这一观念中起着至关重要的作用。

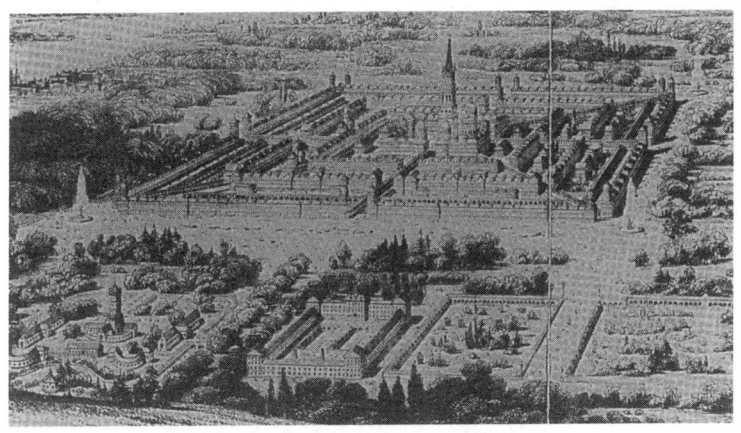

图 1.1　维多利亚城的透视图

资料来源：Buckingham（1849）。

然而，使社会将自身透明作为一种自我调节方式的愿望在起源和出处上并不局限于建筑领域。法国大革命对节日实践的重塑，是这一愿望第一次最彻底的达成，不论是理论层面还是实践层面，且得到了多种多样的尝试，使之成为市民民主自我意识的工具。如莫纳·奥祖夫（Mona Ozouf）在对革命的政治设想中提出的，节日被认为提供了"市民欢聚一处的景观，他们雀跃于彼此相见，心灵完美契合"(Ozouf, 1988：54)。奥祖夫更进一步地阐发观点，认为节日庆祝是个人"作为市民重新受洗"的场合（ibid.：9），是一种允许社会成员彼此在视觉上共同在场、团结一致继而使"新的社会纽带更明显、更恒久、更不可触碰"的形式（ibid.：9）。

主要出于这一原因，竞技场成为节日庆祝最受青睐的建筑场所，它允许观众和参与者在理论上以最完美的交互关系看见彼此。奥祖夫指出，"因此，革命节日最理想的场所是能够提供毫无遮挡的视野的地方，每个动作都是即时可见的，每个人可以一眼看出组织者的意图"（Ozouf, 1988：129）。但是，如果"畅通无阻的视线和节日精神"是密不可分的，那么节日的"即兴性"变得愈来愈有组织性和强制性也是真实的。在一定程度上，官方要实现节日形式的理想，必须通过积极排除所有的管理不善、暴乱集会和狂欢颠倒等与传统民间节日相关的因素。作为实现社会美德的场所，革命节日构成了一个被过度限定（overdetermined）的情境，其中"人民相互接触，这本身就是公民教育"，因此，在公民服务功能方面，节日被认为是"与暴乱集会或者水泄不通迥异"的形式（ibid.：200）。换言之，视觉交互性既是社会规训的工具，又是庆祝公民共同在场和团结一致的方式。

将这一观念体现得最明显的建筑遗产是工人之家（Familistere）或称社会宫（Social Palace）的庭院设计（见图1.2），它以傅立叶的社群原则为模型，于1859年在吉斯（Guise）建造。劳动节时，社区人民聚集在此共同庆祝，自我肯定的同时也自我监督。这一场景最令人惊叹的是其与19世纪发展起来的展览建筑新形式之相似程度。在拱廊商店街（见图1.3）、百货商场（见图1.4）以及为新公共功能而专门设计建造的博物馆中（见图1.5、图1.6），同样的建筑原则一再出现。空间与视线关系的组织不只是让参观者可以清楚地看到展品,而且允许参观者成为彼此审视的对象——这些场景,即便不是公民性的,也无疑是自我对自我的公共展示,在特定建筑环境中积极庆祝自己的秩序性,而这种秩序性由这些建筑保障且创造。[19]

图 1.2　1872 年劳动节的工人之家

资料来源：Hayden（1981）。

图 1.3　克利夫兰拱廊商店街，1888—1990

资料来源：Pevsner（1976）。

图 1.4 玻马舍百货商场

资料来源：Miller（1981）。

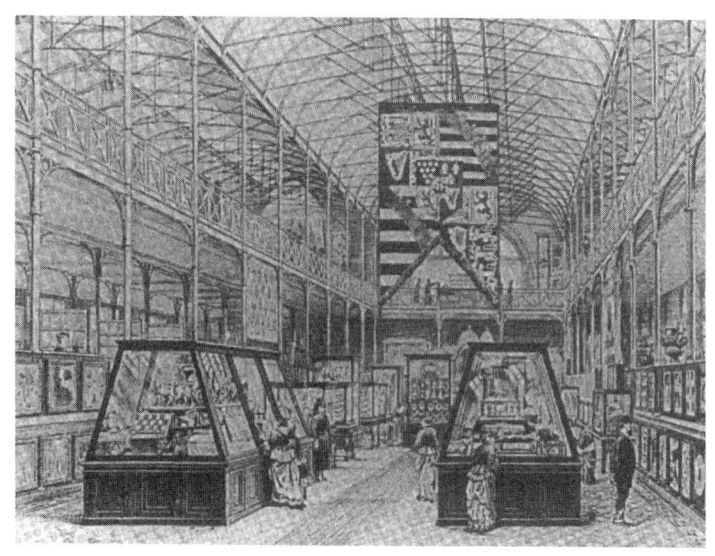

图 1.5 贝斯纳尔·格林博物馆，1876

资料来源：Physik（1982）。

图 1.6 伯明翰工业展览馆

资料来源：S.Tait, Palaces of Discovery, Quiller Press, 1989。

这完全是一种有意为之的调节技术，从这些新展览建筑对早期建筑形式的批评并从中发展的事实便清晰可见。很有意义的是，这方面最典型的并不是博物馆最直接的前身。专属皇室观赏的藏品或是仅限特权阶层欣赏的珍奇屋，通常一次只接待十几位观众，可以定制个性化路线，并不需要为了参观者进行建筑调节。约翰·索恩（John Soane）爵士博物馆兔子窝似的布局没有提供任何对参观者行为的抑制机制（见图1.7）。

图 1.7 约翰·索恩爵士博物馆剖面图，1827

资料来源：S.Tait, Palaces of Discovery, Quiller Press, 1989。

53　1841年，下议院国家遗迹与艺术品特别委员会（House of Commons Select Committee on National Monuments and Works of Art）考量了公共建筑或同类建筑的布局，不论是哪一类建筑，倘若在监管参观者方面需要投入大量人力，往往在调节能力方面都被评估为效率不高。伦敦塔继续由看守导览游客、监督游客，暴露出陈旧过时的问题。对艺术家威廉·巴斯（William Buss）来说，军械库的导引式游览降低了其潜在价值：

> 当时，这对我来说很不完美。游客编成组，人数20到30不等，他们被催来催去，没有一点时间细看任何东西。事实上，游客们必须紧盯着看守，即使口袋里有展品目录，可能也没机会拿出来。如果想阅读对刚看到的展品的介绍，势必就会落在后面，然后看守就会说："不可以这样，展品目录等你回家再看。你必须跟着我，不然会错过很多！"我听了特别震惊，认为这种国家文物展览方式很奇怪。
>
> （Report，1841，Minute 2805）

55　如上面的报告所示，人们反对这种参观者调节形式，主要在于它没能对公共空间做出进一步规范，让个体不是大规模涌入，而是建立在逐一进入的基础上。正如在艺术博物馆中，必须允许个人长时间注视展品，从而使观者接受展品的美和提振精神。导引式游览催促参观者成群结队，时间不自由，紧贴着一群陌生人，听看守喋喋不休的陈词滥调，这种做法与游览目标并不一致。更佳的是规定流线型路线的游客管理方式（单向系统，不允许游客走回头路），以及非个人化的监控形式（每个房间两个守卫，如同英国国家美术馆）。但是该报告最独特之处是显示出对将参观者作为自我管理资源的兴趣。大英博物馆馆长亨利·埃利斯（Henry Ellis）很清楚，"如果整个馆里只有少数几人，很大的概率是，博物馆总有一天会被盗窃。馆里空间很大，但只有少数人散布其中，员工不能看好他们；但如果参观者多起来，在某种程度上，一个可以看住另一个"（Report，1841，Minute 2944）。

从这个角度看，最有趣的对比是当时的新公共展览机构与大教堂。正如保守派因担心暴徒对艺术品的破坏和亵渎而反对向公众开放博物馆，大教堂如不限制信徒入内做礼拜也会冒破坏其自身灵性的风险。圣保罗大教堂主教史密斯曾书面建议道："即使是进入权受限的现在，我们也仍会看到与宗教庄严性不和谐的种种场面：讨钱的，挑担子的男人，织毛衣的女人，午餐聚会，狗，大笑的、叽叽喳喳的、玩耍的小孩"（Report，1841，Minute 23）。在提出问题的同时，大教堂也许诺了解决方案。现有的证据表明，不设限制、允许大家进入，会形成自我监督能力，这可以提供比看守监督游客更有效的行为管理方式。当代教堂专家查尔斯·史密斯（Charles Smith）被问到"蜂拥而至的游客能否成为监督和制止犯错者的群体见证人"时，他表示能，"游客虽拥挤，但人数还没有多到可以彼此藏身的程度"（Report，1841，Minute 1582）。当然，藏匿犯错者正是白金汉道德回廊想要防范的。其提供的升高的有利地势阻止了人群变成乌合之众；它通过自我监控把人群分散化、个体化。尽管人数众多，但人群的自我透明度阻止其变成乌合之众。

如果这是博物馆的一项成就，游乐场的建筑进化可与它比肩。露娜公园高架人行道（见图 1.8）呼应了白金汉道德回廊，公园游泳池区域的瞭望塔提供了类似于白金汉的中央塔楼的全景式监控

（见图1.9）。虽然游乐场视觉制度在建筑方面的进步与展览机构有很多关联，但该制度背后的建筑发展却有所不同。确实，两者都明显受惠于城市规划的相关话语，其模板是奥斯曼（Haussmann）对巴黎的外科解剖，通过将街道进一步开放，服务于更为清洁的公共监督，达到管理市民道德的目的。奥斯曼对露娜公园的影响是间接的，通过理想的光之城——芝加哥白城实现（see Boyer, 1986），然而，其结果基本相同，即安装视觉装置，造成人群分流和个体化。这与1733年南华克博览会（Southwark Fair）的场景形成了鲜明对比（见图1.10），当时身着奇装异服的人汹涌而来，这种喧闹无序吓得保守派担心博物馆不堪重负。19世纪早期威廉·布洛克（William Bullock）对商业博物馆大众行为的描述表明了从一个场景到另一个的意义转换（见图1.11）。

图1.8 露娜公园高架人行道

资料来源：Kasson（1978）。

图 1.9　露娜公园瞭望塔

资料来源：Kasson（1978）。

图 1.10　南华克博览会，1733

资料来源：S. Rosenfeld, *The Theatre of London Fairs in the 18th Century*, Oxford University Press, 1960。

图 1.11　布洛克的自然奇珍博物馆

资料来源：Altick（1978）。

在这一事件中，此类担忧事后证明是毫无依据的——部分因为公共博物馆和相关机构改善了公共管理新技术，部分因为以上同步改善重组了公共休闲中社会与建筑的关系。正如乔治·布朗·古德所说，到20世纪末，博物馆已经变成"冷静的改革者"，有能力分流、隔离和管理进入其中的人们的行为。另外，博物馆周边的文化环境也不再产生喧闹的人潮。这并不是说博物馆参观者和游乐场游客毫无区别，恰恰相反，两者迥然不同，即使它们由同一批人组成。甚至身处其中的人也认为它们是不同的文化场合。但是二者之间的差别已经大大缩小，都形成了管理参与者行为的类似技巧。

注释

[1] 我在他处就此有更为详细的讨论。见 Bennett（1992）。

[2] 关于罗斯金和莫瑞斯将博物馆的发展作为大众品位改革工具等的讨论，见 MacDonald（1986）。

[3] 曼彻斯特的一个事件：当地警察局局长通过说服市长，"在工人阶级被紧急邀请参加宪章派会议的时段，向他们开放植物园、动物园、博物馆和城市其他机构"，阻止了一次宪章派会议变为"工人阶级的所谓示威"。查德威克称，这一计划成功地减少了宪章派会议的任务，导致其"彻底失败"。见 Richardson（1887，vol.2：128）。

[4] 对法律-演绎权力观的经典讨论，见福柯（1980b），特别是《两个讲座》和《真理与权力》两篇论文。

[5] 关于其对福柯训诫概念和政府权力关系的讨论，见 Gordon（1991）。

[6] 虽然哈贝马斯关于资产阶级公共空间形成的解释主要关注的是17、18世纪欧洲社会的共同趋势，他也指出了国家间的差异。法国和英格兰各自的情况，与构成资产阶级公共空间机构的性别组成极为相关：法国赋予沙龙以某种角色，允许女性在这方面发挥更多影响力；而在英国，作为关键机构的咖啡馆却不允许女性入内。因此女性从咖啡馆建立之初就对这项规定强烈反对。细节见 Ellis（1956）。

[7] 关于学会对年度展览的批评在国家政治文化批评的形成中起到的作用，见 Crow（1985）。

[8] 关于科技协会相关问题的讨论，见 Forgan（1986）。

[9] 值得注意的是，哈贝马斯后来表示他接受此类批评，概述巴赫金的理论促使他重估了平民文化对资产阶级公共空间的地位，见 Habermas（1992：427）。

[10] 杰夫·埃利（Geoff Eley）经常强调，政治空间对女性的主动排斥应当被看作一套新的性别关系，而不是古代男权结构的遗存，见 Eley（1992）。

[11] 关于这些相似点最具启发性的讨论，见 Harris（1978），还有很多有用的附带信息见 Ferry（1960）。

[12] 因此，苏珊·波特·本森注意到，美国百货商场为特殊的顾客类型保留专属区域，同时运用营销策略将"富裕阶级"和"普通阶层"差异化，并且尽可能地在商场中将两者分在不同区域。见 Benson（1988：83-89）。关于 19 世纪艺术博物馆中类似的张力及其化解方式，见 Sherman（1989）。

[13] 关于售货员的身体如何被调整以满足销售过程的要求，如何被改进从而融入世界商品中，见 Haug（1986）。法国背景下的相关讨论，见 McBride（1978）。

[14] 不可见的意义秩序既是可见空间事物安排的效果，又为控制可见领域的智识性提供了脉络。在这个方面，尽管所用术语字面意思相反，波米恩的不可见概念和福柯的可见概念仍有很多相同点：可视化系统在可见空间中控制着事物的分布，但其本身仍然是不可见的，不是因为隐藏，而是因为其提供了光线和阴影的分布，因而，事物都是通过特定的知识和权力关系情境被看到的。关于福柯这一理论更为详细的讨论，见 Rajchman（1988）。

[15] 对卢浮宫的这一讨论，我主要参考了 Pommier（1989）；并参考了 Poulot（1983），Quoniam and Guinamard（1988）。另一个很有价值的研究，包含保护委员会和博物馆委员会的会议记录和一份很有用的简介，解释了为何这些机构出于政治上谨慎的考量避开了有争议的博物馆学问题，见 Canteral-Besson（1981）。

[16] 关于现代人类学对象时间化策略最为真实的讨论，见 Fabian（1983）。

[17] 关于解剖学教室的跨知识性特征的平行讨论，见 Cavaille（1990）。

[18] 当欧文把关于自然史博物馆作为一种空间需求的预估提交给众议院时，他在这个问题上提出的公式极为精确。这个公式吸纳了已经收集到的样本数量，考量了近期新样本发现的速度，预计了发现速度的增长性。陈列原则使得参观者不仅可以看到同一纲目物种的多样性，还可以看到不同形式生命的历史演化，最后算出需要占地五英亩的两层楼房才可以恰好容纳这些表征性展品。

[19] 约翰·盖斯特（Johann Geist）通过追溯拱廊商店街、展览馆、博物馆和社会乌托邦建筑原则之间的关系网络，断言其中某一类建筑形式在历史上优先于其他类型毫无意义。他认为，它们反而应当被看作整体来理解，不同的要素一开始就互相影响。见 Geist（1983）。尽管如此，博物馆建筑仍通常是追随而不是引领其他领域的发展。部分原因是早期用来存放贵重物品的建筑类型（艺术寺庙、皇家宫殿等）抑制了专门为博物馆的大众教育新功能而设计的场馆建设。这导致改革者时常抱怨，他们渴望文化能在专门定制的环境中行使其改造劳动者的功能。"我们渴望知识"，詹姆斯·弗格森（James Fergusson）抱怨道，"但我们的建筑师除了石头，什么都没给我们"（Fergusson，1849：8）。20 年后的类似抱怨，见 Wallace（1869）。

2. 展览综合体

在考察了福柯对精神病院、诊所和监狱作为权力与知识关系的机构性表达之后，道格拉斯·科瑞普（Douglas Crimp）认为"福柯的术语还适于分析另一个监禁机构（institution of confinement）——博物馆，以及另一学科——艺术史"（Crimp, 1985：45）。科瑞普无疑是正确的，虽然他的观点所用的术语具有误导性，且过于局限。因为艺术博物馆是新学科（历史、生物、艺术史、人类学）发展和传播、新学科的话语构成（过去、进化、美学、人类）、新视觉技术发展的相关场所，它们的出现与其他一大批机构有密切关联——历史与自然科学博物馆、西洋镜（diorama）、鸟瞰塔、国家博览会以及后来的国际博览会、拱廊商店街和百货商场。此外，虽然这些组成了一整套交叉机构和学科关系，可以当作权力和知识的卓有成效的特殊结合，但将其理解为监禁机构却不免有些奇怪。这不啻说艺术品曾经在欧洲满大街乱窜，如同福柯《疯癫与文明》里面的愚人船；或是说地理和自然史标本是绞刑架上的示众罪犯，而不是藏在君主密室里秘而不宣，或存于贵族的珍奇屋里只展示给少数高层人士（见图2.1）。博物馆虽然是一个高墙围闭、展品纳藏的机构，但是在19世纪它向公众打开了大门——参观者的在场对权力展示的重要性与18世纪围观人群对惩戒景观的重要性是一样的。

图 2.1 珍奇屋，梵蒂冈，1719

资料来源：Impey and MacGregor (1985)。

因此，展览机构，而不是监禁机构，形成了复杂的学科和权力关系，其发展与福柯的监狱群岛的形成是相反的，而不是一致的。因为福柯在《规训与惩罚》里追溯了物品（绞刑架）和身体（罪犯遗体）的变化，它们过去是权力公共展示的一部分，但是因为惩罚越来越多地采用了监禁形式，它们退出了公众视野。罪犯身体不再进行戏剧化公开展示，之后它们开始陷入权力关系的内观网络，受制于无所不在的监视形式，权力信息被直接带入其中，使其驯服，身体不再发挥以君主之名施加的表面报复性符号系统的作用，权力的教训是写下来给人阅读的：

> 绞刑架是经受拷打的罪犯尸首示众之处，它仪式化地

彰显君权，是向社会永久开放惩罚表征的刑罚剧场，后来它被一个融入国家机器肌体的封闭、复杂和等级化的伟大结构所取代。

（Foucault，1977：115-116）

相比之下，构成"展览综合体"的各机构参与了把物品和身体从过去封闭和私人的领域转移到更开放和公共的场所的过程，过去它们也曾被展示，但只面对有限的公众，而后来它们不得不被完全呈现出来，成为通过社会铭记和传播（不同类型的）权力信息的工具。

这两套不同的机构，以及它们伴随的知识－权力关系及其历史，在这方面的沿革是向相反的方向发展的。但两者亦是平行的历史。展览综合体和监狱群岛大概是同一时期发展起来的，即18世纪晚期到19世纪中期，两者体现的新原则也用不到十年的光景达成了发展的接合。福柯认为1840年梅特莱（Mettray）新监狱的启用是监狱系统发展的关键节点。为什么是梅特莱？福柯认为："它是规训形式的极致，这一模式集中了过去修道院、监狱、学校或者军队的所有行为强制技术，可作为未来监狱机构发展的指引。"(Foucault，1977：293）英国1842年启用的本顿维尔模范监狱（Pentonville Model Prison）与之类似。1851年，万国工业博览会（见图2.2）在伦敦举办，此后不到十年，运用于博物馆、鸟瞰塔、机械学院展览、美术馆和拱廊商店街的展览科学和技术被集中起来。此番综合之后，这些都被转化为展览形式，同时为了公众审视而对展品进行排序，也借此对前来审视的公众进行排序，从而对未来博物馆、美术馆、博览会和百货商场的发展产生深远而持续的影响。

这些也不是完全分离的历史。在某些节点它们会重叠，意义和效果经常互相转换。为了理解其中的相互关系，我们在借鉴福柯的观点时，需要对他在考察知识－权力关系时提出的术语进行限定，因为与展览综合体发展相关的这一套关系阻止了福柯在考察监狱系统时得出的结论的泛用。尤其值得质疑的是，福柯认为监狱只是完善了个体化和规范化技术，这些技术与大量涌现的监视和规训机制相关，让社会充满了新的、无处不在的权力的政治经济学。这并不是说监视技术在展览综合体中无足轻重，而是说它与景观新形式错综复杂的关系创造了比福柯的解释更复杂微妙的一套关系，权力在其中通过和依靠大众得以行使和传达。

图 2.2　1851 年万国工业博览会：西方或英国，中殿东向
资料来源：Plate by H. Owen and M. Ferrier。

诚然，福柯关注的焦点是秩序问题。正如杰弗瑞·明逊（Jeffrey Minson）所说，他认为新的规训和监视形式的发展是"把不可治理的大众变为多层次而区别化的居民的尝试"，这是"旨在把高度破坏性的经济冲突和政治形式的无序转化为社会管理的准技术或道德问题"的一部分。明逊接下来说，这些体制认为"大众的社会和政治无序性及与其斗争手段的关键在于大众对秩序力量的'不透明度'"（Minson，1985：24）。展览综合体也是对秩序的转化，但还是有所不同，因为它要转化的是文化问题——赢得人心和精神以及规训和训练身体。因此，其构成机构颠倒了规训机构的方向，以求维系排序的力量和原则，并对大众清晰可见，从而把大众转化为人民和公民，而不是相反。为了通过使大众对权力可见来了解大众，他们试图不绘制社会体的地图。相反，通过提供身处于权力中的物品——为公共展览而控制和安排物品和身体的权力——他们试图允许人们聚合在一起而不是作为个体散落，允许人们去了解而不是被了解，允许人们成为知识的主体而不是客体。但是，在理想情形下，博物馆希望人们在被允许去了解之后可以自我管理；通过从权力角度观照自己的知识主体和客体双重身份，人们能够了解权力和权力所了解的东西，了解自己在权力视野中的（理想）形象，把凝视内化为自我监督的原则，然后再自我管理。

因此，我建议考察展览综合体的形成，正是将其作为一套组织自觉地让公民自我管理的文化技术。在考察时，我会借鉴葛兰西关于现代国家的道德和教育职能的视角，从而揭示展览综合体与资本主义民主政体发展的关系。虽然希望可以抵制福柯的不当概括的倾向，但我还是要借鉴福柯的作品，从而揭示体现在展览综合体建筑形式中受视觉技术影响的知识与权力的关系。

规训、监控、景观

在讨论18世纪晚期刑罚改革家的提议时,福柯认为,虽然惩罚是"一个清晰可辨的教训",与受害者的身体有关,但它被想象为"一所学校而不是一个节日,一本永远打开的图书而不是一个庆典"(Foucault,1977:111)。因此,在公共情境下使用罪犯劳动力的体制中,惩罚被视为罪犯对社会的双重赔偿:一是他提供的劳力,二是他产生的符号。对利润和指涉的双重聚焦是罪与罚相连的永不缺席的警示:

> 应该允许儿童参观实施刑罚的地方,在那里学习公民课程。成年人要定期重新学习法律。让我们把惩罚场所视为法律公园,每到星期天就全家同游。
>
> (Foucault,1977:111)

结果,随着监狱系统的发展,惩罚走上了不同的道路。在旧制度和18世纪晚期改革家的提议中,惩罚成为公共表征系统的一部分。两种制度都遵循了"秘密惩罚是浪费了一半的惩罚"的逻辑(Foucault,1977:111)。相比之下,随着监狱制度的发展,惩罚被移出了公众视线,惩罚在监狱封闭的高墙内实施,不再被视为社会符号的生产,而被视为对罪犯的改造。惩罚不再是公共效应的艺术,而是对罪犯行为有计划的转化。罪犯的身体不再是权力符号的传播介质,而被划为通过重复改变行为的规训技术的对象。

作为行为原则,身体和灵魂构成惩罚性干预的要素。

这种惩罚性干预不再依赖表征的艺术，而必须依赖精心安排的个体操纵……至于使用的工具，不再有强化和流通的表征复合体，只有适用和重复的强制形式和约束模式。是行为，而不是符号……

(Foucault, 1977: 128)

这段阐释本身并无问题，有问题的是福柯在此基础上的概括。在讨论"大量涌现的规训机制"时，福柯辩称由监狱系统发展而来的规训技术和观察形式——特别是全景敞视主义原则，让一切都在权力的视线之内——显示出"'去机构化'的倾向，它摆脱了以前的封闭堡垒的功能，在'自由'国度里传播"(Foucault, 1977: 211)。福柯认为，这些新的监视系统映射出社会机构对社会管理来说是可了解的、可管教的，这意味着"人们可以谈论规训性社会的构成……从封闭的规训、一种社会'隔离'到可以无限推广的'全景敞视主义'机制"(ibid.: 216)。福柯赞同地引述恺撒的话，社会"不是景观，而是监视"：

古物是景观的文明。"让数量众多的人有机会看到数量很少的物品"：这是寺庙、剧院和马戏团的建筑回应的问题……在一个主要元素已经不再是社区和公共生活的社会里，一边是私密的个人，另一边是国家，两者关系的调节只能采取景观的对立形式。为了应对现代，应对国家不断增长的影响力及其对社会生活的所有细节和所有关系愈加深刻的干预，国家有责任增加和完善其保障，途径是树立伟大目标，并朝着这一伟大目标引导建设和布局更多可以同时观察大量人群的建筑。

（Foucault, 1977: 216-217）

"一个规训的社会"，对现代社会权力形态特征的这一概括是福柯作品非常有影响力的一个方面。但这也是一个不够慎重的概括，它由特殊的注意力错置产生，因为它完全没有讲到如果惩罚不再是展现权力的景观、惩罚让每个人都看到之后会怎么样。[1]确实，如格雷姆·戴维森（Graeme Davison）所说，水晶宫（the Crystal Palace）可以作为一系列建筑的代表，与精神病院、学校和监狱并列，因为它不断地向众人展示物品：

> 水晶宫让众人的目光聚焦于五光十色的商品，其结果是颠倒了全景敞视主义原则。全景式监狱如此设计是让每个人都能被看到，而水晶宫如此设计是让每个人都能看到。
>
> （Davison, 1982/1983: 7）

这一反对不无夸大之处，水晶宫的建筑创新之一在于对公众和展品关系的安排，尽管每个人都能看到，但有些位置更有利于看到所有人，因此它是景观和监视功能的结合。尽管如此，侧重点的转移此刻还是值得保留的，特别是其影响力并不局限于万国工业博览会。粗略翻看理查德·阿尔蒂克（Richard Altick）《伦敦的展览》（the Shows of London），就可以证明19世纪前未曾见过的集中社会力量组织景观，其目的是应对来自各个阶层的大众参观者人数的增长（Altick, 1978）。这些发展有几个方面值得我们优先考虑。

第一，社会本身，不论其组成部分还是整体，都有被景观化的趋向。这在努力将城市整体变得可见可知这一方面特别清楚。在城市生活的深度被不断发展的监控网络渗透的同时，城市也不断开放给公众审视，秘密不仅被揭开给权力看，而且原则上给每个人看；迪恩·麦肯奈尔（Dean MacCannell）在世纪之交提到，巴黎观光客"可以参观下水道、停尸房、屠宰场、烟厂、政府印刷厂、挂毯厂、造币厂、股票交易所和正在庭审的最高法院"（MacCannell，1976：57）。无疑，这些参观只是提供了对城市的想象性主导，只是一种错觉而非实质性的控制性视野，正如丹娜·布兰德（Dana Brand）对早期鸟瞰塔的评价一样（Brand，1986）。然而，其体现的原则是真实的，通过展示城市的组织机构，城市得以被了解，这与以前的权力观总是"自下而上"是不可相提并论的。对整体景观主导的野心在国际博览会的设想中更为明显——在其全盛期，国际博览会试图让整个世界，不论过去还是现在，转喻地存在于展品和人潮的汇聚中，让它们在鸟瞰塔的控制性视野中一览无遗。

第二，国家在提供此类景观方面正在扮演愈加重要的角色。以英国为例，可能美国更甚，这种参与通常是间接的。[2] 尼古拉斯·皮尔森（Nicholas Pearson）提到，虽然19世纪后半叶文化领域日益处于政府规范之下，但是博物馆、美术馆、博览会管理的首选形式仍旧是董事会。通过董事会人事任命，国家保有对政策的实际指导，因此看似违反了康德"文化服从于实践要求"的规则（Pearson，1982：8-13，46-47），但国家不参与日常事务的管理。虽然国家最初是不太情愿地被督促参与此类活动的，但其最终的重要性是无可置疑的。博物馆、美术馆和不时举办的博览会在现代国家的形成中起着关键作用，对国家作为一整套教育和文明机构的设想也十分重要。自19世纪后期以来，它们在发达国家的资助名单中排名很高,也被证明是至关重要的文化技术,其重要性主要体现在公民的受吸引度和参与度上。

第三,展览综合体提供了权力-知识永久展示的情境。在讨论旧制度对权力的展示时,福柯强调了它的临时性。绞刑架景观形成了权力体系的一部分,这一体系"在持续监管缺席之下,寻求以单个显示的景观达成效果的更新,寻求以仪式化展示'超级权力'的真实性来强化权力",达成权力的更新(Foucault,1977:57)。这并不是说19世纪晚期完全放弃了通过过度展示来周期性地彰显权力的必要性,因为博览会充当了这一角色。但是,博览会是与提供永久权力展示机制的一系列机构共同发挥作用的。权力不再被简化为周期性效果,相反,它通过持续地展示自己指挥、命令和控制物品和身体(不论死活)的能力凸显自己。

福柯追踪考察了从绞刑架仪式到监狱规训的严酷性的转变,但有一个系列与此不同,它在社会司法机关的另一个局部有其回声或者说在某些方面成为典型:庭审。在现代初期,庭审和惩罚场景朝着相反的方向发展,互换了位置。惩罚退出了公众凝视,转移到监狱的封闭空间。除了英国,之前庭审和判决程序在多数国家是秘密进行的,"不仅对公众,对被告自己都是不透明的"(Foucault,1977:35),但它们现在要作为新的司法真相系统的一部分被公之于众,为了起到显明真相的作用,庭审和判决需要众人皆知。如果说这些变化前后的不对称性引人注目,那么庭审和博物馆从封闭和有限到公开和公众化这一变化前后的对称性则更引人注目。作为它们的社会功能深刻转型的一部分,公众最终不是目睹在大街上执行惩罚,也不是边沁设想的参观监狱,而是儿童及其父母被邀请去这些机构学习公民学的课程。

而且,这些课程的权力展示并不是为了恐吓,不是把人民作为潜在接受者定位为权力的对立面，而是试图把人民视为国家公民，放在权力的同一边，作为权力主体和受益者。让人民认同权力，认为权力即使不直接属于他们，至少也是间接的，这是一种通过社会统治阶层管理和引导但却是为了全体利益的权力：这就是体现在展览综合体的权力修辞——展示权力不是因为其引起痛苦的能力，而是因为其组织和协调事物秩序的能力，因为其为人民创造一个场所以与这种秩序产生关系的能力。对19世纪博览会的细致研究不断强调了博览会组织原则的意识形态经济性，把机器和工业流程、成品和艺术品转化为进步的物质能指——但进步是指资本作为伟大协调者的集体性的国家成就（Silverman，1977；Rydell，1984）。这种权力被谄媚克制，它在权力运作中赋予人民一个位置，人民因而与权力身处同一边；这种权力把人民放在自己身后，诱惑人民成为其共谋，而不是胁迫他们服从。这种权力不是在国家之内区分权力主体和权力客体，而是像帝国主义的很多修辞一样，区分的是国家和他者，即区分"不开化的"民族，国家权力的效果针对的是他者，其力度和戏剧性如同绞刑架所显示的那样。换言之，这是一种旨在通过表征他者而不是通过任何规训功能实现的修辞效果。

但是，不能仅仅从意识形态经济性的角度评估展览综合体。虽然博物馆和博览会的目标是赢得参观者的心和精神，但是参观者随之创造的建筑难题与监狱群岛的发展带来的问题一样棘手。福柯认为后者的诞生需要一种新的建筑学问题域：

> 建筑被造出来不只是被观看的（例如浮夸的宫殿），也不是用来观察外部空间的（较之堡垒的几何结构），而是要允许内部的、相关的和细致的控制——让里面的人们

清楚可见。更综合地说,它是一种用来转化个人的建筑:影响受其庇护的人,控制他们的行为,把权力的效果直接带给他们,使了解他们、改变他们成为可能。

(Foucault,1977:172)

戴维森指出,展览综合体的发展也提出了新要求:应当看到的不仅是壮观的浮夸的外墙,还有其内容。这也创造了一系列的建筑问题,但最终通过类似于监狱中身体、空间和时间关系的"细节的政治经济性"得到了解决。在英国、法国和德国,18世纪末到19世纪初出现了一连串国家赞助的博物馆建筑设计比赛,其重点渐渐地从为王公贵族私享而组织的展览空间转变为便于让博物馆发挥公共教化职能的空间和视觉形象(Seling,1967)。但是,正如前文所述,仅仅把展览综合体的建筑问题视为全景敞视主义原则的反面是有误导性的。福柯认为,这些原则的效果是不再把人群理解为"一个紧凑的群众集合,一个多元化交流的所在,一起出现的许多个体,一种集体效果",取而代之的是"单独个人的集合"(Foucault,1977:201)。然而,正如约翰·麦克阿瑟(John MacArthur)指出的,全景式监狱只是一种技术,它本身不是规训机制或其组成部分,像所有的技术一样,其潜在的效果不会被恰好使用其配置的任何系统穷尽(MacArthur,1983:192–193)。展览综合体的特殊性并不在于它颠倒了全景式监狱原则,而在于把这些原则的诸多方面结合起来,加上鸟瞰塔原则,形成一种视线技术,目的不是分裂和驱散人群,而是管理人群,通过自我可见达到目的,让人群自身成为终极景观。

1901年泛美博览会在"游客温馨提示"中嘱咐道:"请记住,

当你踏入门口,你就是展览的一部分"(cited in Harris, 1978:144)。像许多博览会的主展厅一样,博物馆和百货商场通常也有位置极其有利的走廊,以便观察整体布局和其他参观者的活动。[3] 但是,博览会通过建造可以鸟瞰整个展会的观景台,把这一特征发展到极致,例如 1889 年巴黎世博会的埃菲尔铁塔。看到也被看到,审视也被审视,人群成为不自知的控制性视线的对象:通过这些方式,微观世界不断地变得对自身可见,博览会遂实现了某些全景敞视主义的理想,把人群转化成被持续监视、自我监视和自我管理的对象,而且正如历史记录表明的,转化成一贯秩序化的公众——一个自我监控的社会。

在监狱的等级化监视系统中,每个级别的监视受制于更高一级的监控,犯人构成所有这些监视的终点,但他不能回望,也不能前往更高一层获得视野。相比之下,展览综合体完善了监视的自我监控系统,主体和客体的位置是可以互换的,通过内化权力控制视线(这一视线位置开放给所有人)中的理想的和有秩序的自我,人群跟自己交流,管理自己。通过权力之眼的民主化,博览会实现了边沁的愿望,即一个中央位置可以开放给公众随时使用的监视系统,这是公民学的样板课程,通过自我观察而自我管理的社会。但是,当然,自我观察是有特定角度的。正如曼弗雷多·塔夫里(Manfredo Tafuri)所言:

> 巴黎的拱廊商店街和百货商场,像世博会一样,注定是人群本身变为景观的场所,人群从资本的角度找到了自我教育的空间和视觉手段。
>
> (Tafuri, 1976:83)

但是，这不仅仅是建筑方面的成就，还必须将更多的力量纳入考虑当中。这些力量也形塑了展览综合体，并生成了其公共性和修辞性。

看见事物

革命来临之时，没有人会想到冲进大英博物馆。这句话可能一直是对的。但在博物馆发展的早期，对暴民报复的恐惧是真实存在的。在1780年戈登暴动（the Gordon Riots）中，曾有军队驻扎在花园和博物馆内；1848年，当宪章派游行队伍向议会提交《人民宪章》时，政府准备像保护监狱一样随时出动保护大英博物馆。博物馆员工被招募为特别治安官，博物馆周边建造了防御工事，博物馆员工、常规部队、切尔西退休军官团的退伍军人用火枪、矛、短剑武装起来驻扎在博物馆中，还准备了被围三天的补给，石头被扛上了屋顶，如果宪章派成功冲开外部防御，负责保护博物馆的人们就往下扔石头。[4]

恐惧人群过于庞大，此事在博物馆政策中被讨论了超过一个世纪。作为第一批公共博物馆之一，早期的大英博物馆对公众概念的理解十分有限。参观者必须以十五人为一组，入馆之前必须提交身份证明书备查，只有属于"非除外"范围的人员才准入（Wittlin, 1949：113）。有人提出政策改革意见时，博物馆的董事和馆长都反对，担心无法无天的暴民会破坏文化与知识的有序展出。大英博物馆刚成立不久，有人提议设立不设限入馆的公众日，这一提议马上被否决，正如一位董事所说，若参观者从街头遛弯过来，难免有"喝醉的"，并且"可能不守秩序"。如果设立了公众日，沃德博士（Dr. Ward）接着说：

董事会就有必要保证有委员在场，还要有至少两名治安法官、两名布鲁姆斯伯里分局警员……再加上一个类似剧院守卫的增援，即便如此，意外也一定会发生。

（Cited in Miller, 1974：62）

1835年也有人提出不设限入馆的建议，当时成立了博物馆管理特别调查委员会，建议复活节期间开放博物馆，以鼓励劳动阶层入馆参观。几十年后，这一问题才终于得到解决，改革者取得了胜利。国家对博物馆态度最重要的转变以1857年南肯辛顿博物馆的开放为标志（见图2.3）。该博物馆最终由教育委员会负责管理，正式宣告其广泛的无差别的公众服务宗旨，其开放时间和入馆要求都是为了使工人阶级参观者入场人数最大化而设计的。后来的事实证明它是十分成功的，1857年至1883年期间就吸引了超过1500万人次参观，超过650万人次的参观是在傍晚时分，这是工人阶级参观者最有可能保持清醒不醉的时间段。该博物馆的首任馆长亨利·科尔热情提倡博物馆在塑造理性的公众文化中的作用，他尖锐地反驳了暴民会无法无天这一观念，正因为许多人持这一观念，公开开放政策才遭到反对。1860年，他向下议院提交报告，提议只有一种人应当被拒之门外，那就是路都走不稳的人。他接着说，茶点室的酒要限量售卖，如阿尔蒂克总结的，"每人两滴半红酒、十四五滴白兰地、十滴半瓶装麦芽酒"（Altick，1978：500）。随着越来越多的证据表明新扩建的博物馆参观秩序良好，甚至大英博物馆也不再拒绝此事，并于1883年启动了一项电气化工程，以服务于夜间开放。

图 2.3　南肯辛顿博物馆（后更名为维多利亚与艾尔伯特博物馆）：南大厅内部，东侧南向，1876（约翰·沃特金斯画）

资料来源：Physik（1982）。

南肯辛顿博物馆的开放是英国博物馆政策发展的一个重要转折点，它清晰地宣布了现代博物馆作为公众教育工具的原则。它为19世纪后期伦敦博物馆综合体的发展提供了参考坐标，而且对主要城市和城镇博物馆的发展产生了巨大的影响。它们迅速地执行了1845年通过的《博物馆法》（之前用得较少），法案允许地方政府建造博物馆和美术馆，英国公共博物馆的数量从1860年的50个增加到1900年的200个（White, 1983）。但是，南肯辛顿博物馆开放的主要推动力来自世博会，它发展出了国家和人民之间新的教育关系，也使博物馆克服了对人群的恐惧。这种恐惧在对展览是否应当免费的讨论中又重新出现。不出所料，《泰晤士报》的一名记者辩称，一旦免费接待"暴民陛下"，礼节规则和财产权都会被破坏。1848年的革命动乱加剧了这些担忧，几个欧洲王室禁止公众参加开馆仪式（为庆祝当年的"五一"劳动节而计划的），这些王室担心会引发暴乱，进而导致更大范围的欧洲政变（Shorter，1966）。王室还担心如果劳动阶层被允许和上流阶层接触，就会产生社会传染。

如此一来，伦敦首届世博会应被视作一种过渡形式，它虽然对所有人开放，但对公众进行了分级，因为定了不同的门票价格，不同阶层的游客会选择不同的日期前往参观。尽管有如此严苛的限制，世博会仍然大大刺激了开放政策的改变。伦敦首届世博会吸引了超过600万人参观，也大大提升了伦敦其他主要历史景点和博物馆的参观者数量：大英博物馆的游客人次从1850年的720 643增加到1851年的2 230 242（Altick，1978：467）。也许更重要的是，公众井然有序，虽然额外预备了1 000名警察和10 000人的军队，但公众举止非常得体有礼，而且完全不涉政治。世博会把数量众多的"暴民"转化为有序的人群，其本身就是景观，令人欣慰。维多利亚女王在录音中谈到自己对开幕式的印象，特别谈及她目睹这么多人有序和平地聚集在一个地方是多么令人欢欣喜悦：

> 绿色公园和海德公园是人的海洋，人们如潮水涌来，心情愉悦，热情高涨。我从未见过这样的海德公园，目光所及之处全都是人群。
>
> （Cited in Gibbs-Smith，1981：18）

这并不完全在意料之外。世博会吸引了工人阶级参观者，但他们已经被更早的机械学院展览调教过举止了。机械学院展览致力于展出工业产品和流程，以低票价和延长开放时间鼓励工人阶级去参观，它们是参观改革的先锋，比官方博物馆采纳这些政策要早很多。这些展览还用心指导参观者的一言一行，以使其符合入场要求。小册子对工人阶级参观者如何展现自己提出建议，特别强调要换掉工装——一是不弄脏展品，二是不拉低整个景观的美感愉悦度；进而要真正地融入其中：

> 这是另一种参观者。机械工人决心让自己享受几个小时的假期和休闲：他离开"污秽的车间"，走下肮脏的操作台，换上自己周六晚上才穿的西装，出现在我们面前的是一位值得尊敬的高贵的人。
>
> （Kusamitsu，1980：77）

简而言之，伦敦世博会和紧随其后发展的公共博物馆所接待的公众，由一整套教化关系培养而成，最初在志愿性组织的带领下发展。这些组织今后将在社会机构中更彻底地铺开，紧紧追随国家的方向。

这不是监禁的历史，而是把对象开放给更多公众审查和开放至更大可见度的情境，这一变革趋向体现在展览综合体的形成中。这一变革同时促进了新公众的形成，并且植入了新的视觉关系。当然，欧洲其他国家并未亦步亦趋地追随此变革在英国的发展轨迹，但发展方向大致相同。虽然早期的展览（不论是科学展品、奇珍异宝还是艺术品）名目繁多（博物馆、私人密室、珍奇屋和宫廷艺收藏馆等），且功能多样（储存和传播知识、展示君主和贵族的权力、提升知名度和职业前景），但它们大部分有两个共同的原则：私人所有和限制进入。[5]展览综合体的形成同时打破了这两个原则，引发了大量私有的文化和科学财产公有化，然后被国家管理机构收藏，从而服务于多数人的公共利益。

从这个角度看，展览综合体形成的意义在于为工人阶级提供道德和文化的新的管理工具。通过借鉴19世纪早期展览形式的展览技术、修辞以及教化关系，博物馆和博览会提供了工人和中产阶级可以聚在一起的情境，工人在接受教育、学会了适宜某种场合的行为方式之后，可以置于中产阶级的进步影响之下。这书写了新的公众形成史以及权力和知识的新关系，但是这一历史也伴随着另一目标。其旨在摧毁大众展览及其隐含和催生的公众的早期传统。在英国，其特别突出的形式是对游乐场众口一词的抨击，因为它总是跟暴乱、狂欢相连，它的外围则充斥着畸形和古怪的表演，所以它不再得到精英的赞助，被认为阻碍了重组后的展览综合体发挥理性作用。

但是，在19世纪末期，游乐场作为公共秩序的辅助而非威胁其发展得到了积极的推动。这部分因为机械化的游乐场意味着娱乐与工业文明在价值观方面愈加一致，游乐场已然成为进步优越的证明[6]；同时这也是游客行为变化的结果。休·坎宁安（Hugh Cunningham）认为，到了19世纪末，"去游乐场已成为广为接受的常规休闲方式之一"，因为"游乐场不讨厌、安全，而且在适当的时候是怀念过往和恢复活力的场所"（Cunningham, 1982：163）。游乐场及公众行为转型的主要场所——虽然从未像坎宁安认为的那么彻底——是19世纪晚期博览会的游乐区。在这里，两种文化紧靠着彼此，游乐区成为官方文化和大众文化的缓冲区，而前者试图延伸并改变后者。起初，这些游乐区的建立是独立于官方展览及其组委会的，是马戏团老板和私营商人紧锣密鼓开发博览会催生的市场的产物。游乐区融各种内容于一炉，大众娱乐项目既有新式的（机械飞车）又有传统的，顺带着冷嘲热讽一下隔壁博览会的假正经。伯顿·本尼迪克特（Burton Benedict）这样总结19世纪末期美国博览会及其游乐区的关系：

> 游乐区的很多展示技巧似乎戏仿了作为主体的博览会。巨人症变成了巨大的玩具或荒诞的怪物。高大的建筑结构变成了摇晃或旋转的"飞车"。象征国家庄严的女性寓言人物（自由女神、不列颠尼亚）被滑稽的男性人物（山姆大叔、约翰牛）代替。在1893年芝加哥世博会上，荣誉展厅的镀金共和国女神像与游乐区的大型机械山姆大叔形成对比，大叔发表了四万次演讲，大赞哈珀·格尔鞋子的松紧带。世博会的正规制造商和政府的严肃宣传员让位于招揽观众和买卖的人。公众不再需要扮演留下深刻印象的观众角色，他们受邀成为轻佻的参与者。混乱代替了秩序，娱乐代替了教育。
>
> （Benedict, 1983: 53-54）

本尼迪克特接下来说道，非官方游乐区与官方博览会之间的张力导致"博览会组织者总想把游乐区转化为教育项目，或者至少调整展示秀的类型"。但他们从未成功过。到了20世纪，游乐区依然是不正经的（脱衣舞和卖淫）娱乐场所，这也是博览会自身想要淘汰的。1915年首届巴拿马太平洋万国博览会出现了"怪物贩子和售卖稀奇古怪玩意儿的人",它们扎眼的存在跟一个世纪前巴托罗缪游乐场和华兹华斯怪物集会没有什么不同(McCullough, 1966: 76)。尽管如此,由于同样受制于更加严格的控制和引导方式,这些游乐区也出现了意识形态经济的重组,博览会主办方可以让游乐区的主题与官方博览会的主题相匹配,从而也与其他展览综合体的主题相匹配。有证据表明,博物馆吸引的主要是中产阶级和有技能、受尊敬的工人阶级,博览会也是如此。然而,博览会及其相邻的游乐区为展览综合体、学科和塑造其修辞的知识开辟了一条路,并且取得了更为广阔和深远的社会影响。

展览规训

展览设置构成的表征空间是由一系列新兴学科之间的关系塑造的,包括历史、艺术史、考古、地理、生物和人类学。与监狱群岛相关的学科关心的是把聚众缩减为个人,使得后者的权力可见,服从控制,而对这些学科的导向——如展览综合体的陈列所示——最好的概括可能是"展示和讲述",它们的焦点也趋向归纳。每门学科在博物馆陈列的目标是公开展示一种类型的表征及其在发展次序中的位置。

这种分类和展览原则对18世纪的人来说是非常陌生的。在约翰·索恩爵士博物馆中,他展示的建筑风格是为了凸显风格的永久性,而不是它们的变化和发展(Davies, 1984: 54)。因此19世纪早期博物馆中出现的人工制品历史框架是一项重要创新。但它并不是孤立的。正如史蒂芬·巴恩所示,博物馆展品的"历史框架"与一系列学科和其他实践的发展（例如与历史小说和历史发展相关的历史写作被称为经验学科的新做法）同时发生，目标是栩栩如生地再造已得到证明的过去和再现导致现在的一系列阶段（Bann，1984）。在两者之间，这些构成了新的表征空间，意在描绘民族、国家和文明的漫长发展历程如何被理解为一个历经不同发展阶段的递进系列。

热尔曼·巴赞（Germaine Bazin）认为法国大革命开放了表征空间，因为它打破了王朝延续带来的桎梏，而王朝延续保证了时间流动和组织的一致性（Bazin，1967：218）。确实，博物馆展示的历史原则最先是在法国发展起来的。巴赞强调了法国古迹博物馆（the Musée des monuments français）重要的持续性作用，艺术品按各个时期分馆专展，参观者沿着从早期到晚期的路线，不仅看到每个时期特有的画家传统，还看到它们之间的历史传承。他认为克鲁尼酒店展出的亚历山大·杜·索墨拉德的收藏具有相似的意义，正如巴恩所示，其目的是"综合建构历史整体性"，通过展示按时期分类的人工制品展品的关键和有机联系，创造历史本来就是这样的印象（Bann，1984：85）。

巴恩认为，渐进式展馆和专门时期馆这两个原则时而分用，时而并举，这构成现代历史博物馆的独特诗学。还有很关键的一点，即这一诗学表现出了明显的民族化趋势。按照巴赞的观点，如果博物馆成为"现代国家最基本的机构之一"（Bazin，1967：169），那么现代国家愈加有民族国家倾向。博物馆的重要性表现在两个新的历史时期（民族的和世界的）的关系中，它们源自对历史事件的纵深了解，人类不仅了解越来越遥远的过去，而且越来越强调眼前的时代。随着法国和英国争夺中东主导权的斗争愈演愈烈，考古发掘也被推进到更远的古代，与之紧密相关的博物馆也把时间范围延伸到中世纪和古希腊、古罗马之前，包括古埃及文明和美索不达米亚文明。同时，由于新兴民族国家寻求证据保留和铭记其诞生，作为对未来发展很重要的人口"民族化"过程的一部分，刚刚过去的时期也被历史化了。作为渐进式展馆发展的结果，世界文明史的视角被人们接受，它在物质上的体现则是19世纪博物馆伟大的考古收藏，专门时期馆的发展导致这些世界史被合并到了民族史中，在每个国家博物馆综合体的修辞中，国家物质藏品是作为世界文明发展故事的成果和顶峰被呈现的。

19世纪公共博物馆的前身并未按照历史顺序排列自然或地理标本。18世纪大部分时间，科学分类遵守的是一种混合原则，由神权思想、理性主义思想和原进化论思想构成。科学分类转化为博物馆原则后，其结果是细化，而不是系列化，样本按照文化编码的外表相似／不相似性排列，而不是以承前／后续的关系按照时间顺序排列。对这些概念的关键挑战来自地理学和生物学的发展，尤其来自两类研究者重合的领域——化石地层学研究。[7] 但是，我们不必关注这些发展的细节。就对博物馆的影响而言，它们的主要意义是使得有机生命的形态变化以时间顺序被感知和表征，两者间的过渡也不再是外观冲击（如18世纪一样），而是铭刻在生命本身概念之内的内部驱动的结果。[8]

如果说历史学和考古学的发展允许了新分类和展示形式的出现，从而可以讲述国家故事，并且将国家故事与更久远的西方文明的发展相关联，那么19世纪地理学和生物学话语的形成则允许这些文化系列被嵌入更久远的地理和自然连续时间。作为国家和国际博览会进步修辞的继承者，科学技术博物馆再现了工业和制造业的历史，再现带来了工业资本主义当代胜利的一系列进步创新，从而完成了对进化图景的描绘。

但是，在 19 世纪后期帝国主义背景下，展览综合体对人类学的应用或许是对其意识形态功能最为核心的展现，因为它在把西方国家历史与其他民族文明联系在一起这方面起到了关键作用，但一旦它提供的是民族和种族次序连续性的中断，两者就会分离，即"原始民族"（primitive peoples）从历史中完全退出，占领自然和文化之间晦明难言的位置。在 19 世纪早期，这一功能是由具有解剖学特征的博物馆学展示实现的，这似乎肯定了人类起源的多元发生说。最著名的例子是萨尔特杰·巴尔特曼（Saartjie Baartman）——"霍屯督的维纳斯"。在巴黎和伦敦被裸体展出时，她突出的臀部被诠释为人与其他动物分别进化的标志，引发了一系列科学猜想。当她 1815 年去世时，尸体解剖揭示了她生殖器表现的特征类似于红毛猩猩，这被引用为例以证明所谓黑人是由单独的当然也是低等的、更原始、更野蛮的种系进化而来的观点。连居维叶（Cuvier）这样的权威学者也出版《巴尔特曼解剖报告》支持这一理论，并且在法兰西学院展示她的生殖器——"通过特定准备方式，可以看到她的阴唇"（Cuvier, cited in Gilman, 1985a：214-215），此后在法兰西学院安排下她在巴黎人种志博物馆（即现在的巴黎人类博物馆）展出。

达尔文对人类起源多元论的反驳需要找到构建和再现人种断裂统一的不同方式。总体来说，要做到这一点，需要把"原始民族"表征为发展停滞，而这是西方文明早已超越的人种早期发展阶段。的确，这些民族曾被表征为人类发展最早阶段静态生活的活生生的例子，是自然与文化、猿与人的过渡点，是解释动物和人类进化过渡缺失的必要一环。一旦被否认了自己的历史,"原始民族"的命运就被丢到了人类历史的底部,从而可以表征性地作为支撑——以反例来凸显进步修辞,表征人类历史始于自然但还未适当展开的某个时间点。

至于这类文化人工制品的博物馆学展示(见图 2.4),其结果是陈列和展览(例如皮特里弗斯博物馆)根据遗传学或类型学系统把所有性质类似的藏品划分在一起,以由简到繁的进化过程为顺序,而不按人种志学的分组方式(van Keuren, 1989)。然而,这些分类原则的后果在对人类遗骸的展示中表现得最为明显。在 18 世纪的博物馆,此类展示的重点是解剖学特征,主要是为了证明世界物种的丰富多样性。但是,到了 19 世纪晚期,人类遗骸主要展示为进化系列的一个部分,把尚存民族的人类遗骸放在最前

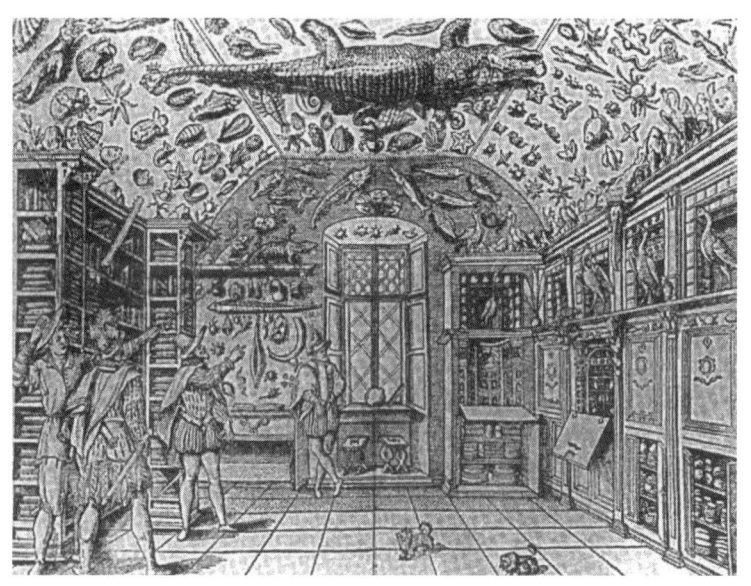

图 2.4 珍奇屋:弗兰特·伊佩拉脱博物馆,那不勒斯,1599
资料来源:Impey and MacGregor (1985)。

面。对澳大利亚原住民的遗骸尤其如此。澳大利亚殖民时期之初，殖民地博物馆很少甚至没有表现出对澳大利亚原住民遗骸的兴趣（Kohlstedt，1983）。进化论的胜利改变了这一情况，以英国、欧洲、美国以及澳大利亚为代表的各国博物馆纷纷掠夺原住民领地，目标很明显，就是为了寻找为进化论故事提供表征基础的自然史展区的材料。[9]

因此，运用于展览综合体的学科知识彼此相关，它们构成的表征空间允许以时间顺序排列展品和构建民族。另外，这一顺序是整体性的，转喻地包括与时间互动的所有事物和所有民族。这一顺序也使隐含的公众，即帝国主义国家的白种公民被组织为一个整体，通过建构作为进化过程实现者和受益者的"我们"，一个与被征服的"原始他者"完全对立的整体，在表征层面抹去身体政治内部的差异。这一做法也不完全是新的。如彼得·斯塔利布拉斯和阿隆·怀特指出的，18世纪晚期至19世纪早期的大众游乐区已有此例，它们通过将其投射到异国文化的表征中，把狂欢节传统的怪诞画面异域化。构建完全异己的他者，是为了达成规范化的功能；展示其他民族，起到的作用是"教育国家公民和肯定帝国至上"（Stallybrass & White，1986：42）。如果展览综合体在随后的发展中结合已有的表征空间，那么它就增加了历史的维度。

展览装置

展览规训构建的表征空间虽然赋予展览综合体一定程度的一致性，但展览综合体机构不同，占有方式多少有些不同，效果也不尽相同。即便博物馆给这些空间赋予了凝聚力和永恒性，也是以缺乏意识形态灵活性为代价来实现的。公共博物馆构建的是一种试图持久存在的事物秩序。因此，博物馆为现代国家提供了深刻和持续的意识形态背景，但是它要发挥作用的话，就不能为了响应短期的意识形态需求而调整自己。博览会满足了这一需求，它为展览综合体注入了新生命，使得意识形态配置更具可塑性，以满足不同的国家资本主义类型上具体的霸权主义战略。博览会让事物秩序更具动态，可以根据特定时期更紧急的意识形态和政治需求进行策略性的调动。

这在一定程度上也是与博览会相伴的次级话语所导致的结果。从开闭幕式广受报纸报道的国家盛典到蜂拥而至的名副其实的教育活动，不论组织者是宗教团体、慈善机构还是科学组织，利用博览会创造的公众，都经常形成进步的展览修辞和特定社会、政治力量的领导力宣言，二者产生非常直接和具体的联系。然而，博览会本身的独特影响包含它有力地连接了进步修辞、民族主义和帝国主义修辞，通过控制邻近的大众游乐区，为展览规训的设置创造更广阔的文化范围。

当然，博览会的基本表意包含在制造业流程和制造业产品的展览安排中。在伦敦首届世博会之前，进步性是由展品的排列方式承载的，正如戴维森所言，"一系列门类和子门类，从自然原生态产品，到各式各样的制造商品以及机械设备，再到'最高'形式的应用艺术和美术"（Davison, 1982/1983: 8）。同样，这一修辞的阶级表达也各有不同。机械学院展览比较强调劳动力对生产流程的核心作用，有时会表达得言过其实。《利兹时报》在报道1839年博览会时写道，"此处展览的是由使用锤子、戴纸帽的人创造的发财机，它们比世界上所有的权杖和王冠更令人尊敬"（cited in

Kusamitsu，1980：79）。伦敦首届世博会带来了两个改变，对这一形式的未来发展有决定性影响。

第一，强调的重点从生产流程变为产品，放弃了生产的痕迹，引入了象征生产和协调权力的资本和国家符号。在1851年后，世博会承担的工人阶级技术教育功能逐步减少，更多地转变为使其在自己劳动力物化产品前的自我麻醉，如本雅明所称，是"商品拜物教的朝圣之地"（Benjamin，1973：165）。

第二，早期以生产阶段为基础的进步主义分类法，虽然没有完全被抛弃，但沦为以帝国和种族为结构的国家和超国家为基础的分类原则主导的附属。这一原则体现为水晶宫（见图2.5）这类国别馆或展区，后来发展为每个参与国单独设立展馆。此外，如果去了解1876年庆祝美国独立百年费城世博会的创新始末，会发现这些国别馆被划分为不同种族区域——拉美、日耳曼、盎格鲁-撒克逊、北美和东方，这些是最常用的分类方式，而被征服地区的黑人和大洋洲原住民则没有自己的空间，它们只作为强大帝国展示中的附属物而存在。这些发展的结果是把进步修辞从生产阶段之间的关系变为种族与国家之间的关系，其途径是把与前者的联系附加在后者之上。在帝国展览的背景中，附属国的人民被当作文明最低级阶段制造者的代表。他们的文明被简化为"原始"手工艺品的展示，被表征为没有发展动力的文化，唯一的进步计划来自帝国主义权力的善意赠与。东方文明被分配到了中间位置，被表征为曾经有所发展但后来退化、停滞，或者代表那些按照自己轨迹发展的文明成就，总之按照欧洲的标准是低人一等的（Harris，1975）。简而言之，对商品和制造流程的进步主义分类学方法粉饰了粗暴的种族主义目的论的民族和种族关系观念，其高潮是大都会权力打造的光辉

图 2.5　水晶宫：动物标本和民族志学人物

资料来源：Plate by Delamotte。

成就，这通常最引人注目地展示在主办国展馆里。

于是，博览会把最理想的观众放在其构建的事物次序的顶点，并且把他们置于门口迎接更伟大的未来。伦敦首届世博会开了先河，资助了一项改善工人阶级住房条件的建筑工程展示。这一原则在后来的世博会上发展成改善健康、卫生、教育和福利领域社会条件的复杂工程，开出了进步引擎会使广大群众受益的期票。确实，博览会在整体上成为期票，体现了社会组织的乌托邦原则，即使只有一季——期票到了要兑现的时候，才最终被发现是永久期票。随着世博会愈加受到现代主义的影响，如罗伯特·赖德尔

(Robert Rydell)所言，进步修辞倾向于"被翻译成对未来的乌托邦陈述"，承诺了社会焦虑的即刻消散，只要进步能够让利益普遍化（Rydell，1984：4）。

伊恩·钱伯斯（Iain Chambers）认为，在19世纪晚期的英国，随着商业大众文化的发展超越了宗教和体面的道德经济性，工人和中产阶级文化变得迥然不同。因此，他辩称，"公众中的官方文化局限在城镇中心的历史遗迹修辞中：大学、博物馆、剧院和音乐厅，或者保留为维多利亚式居民的'私人'空间"（Chambers，1985：9）。虽然不是反驳这一观点的总体性，但他确实没有考虑到博览会为官方文化提供了进入新兴大众文化的有力的桥头堡。很明显，博览会的官方区域为部署展览规训提供了环境，从而比普通公共博物馆系统触及更多人。博物馆与博览会之间的人员与展品的交流是其关系中一个普遍和常见的方面，为新规训集合延伸化的社会布局提供了机构轴心。即使在博览会的官方区域，展览规训触及的公众数量都是任何商业形式的大众文化难以企及的：3 200万人参观了1889年巴黎世博会；2 750万人参观了1893年"纪念哥伦布发现美洲大陆四百周年"芝加哥世博会；近4 900万人参观了1933年至1934年"一个世纪的进步"芝加哥世博会；1 200万人前往1938年在格拉斯哥举办的大英帝国博览会；2 700万人参观了1924年至1925年在温布利举办的大英帝国博览会（MacKenzie，1984：101）。然而，博览会的意识形态影响通常更为深远，虽然大众游乐区刚开始受到了展览组织方的谴责，但它慢慢也受到了官方施加的影响，一定程度上接受临近官方展区的管理，有时还被纳入后者。通过这一关系网络，博物馆的官方公众文化触及了发展中的城市大众文化，通过把进步修辞植入大众娱乐的意识形态主题，塑造和引导了其发展。

把人类学的学科影响延伸到娱乐领域，是这方面最重要的发展，因为这一重要发展坚持将白色人种本身——不只是他们的遗迹或人工制品——转化为进化论的实物教学课。1889年巴黎世博会，通过对殖民城市的建构，巴黎在这方面捷足先登。亚洲和非洲人居住在模拟的"原住民"乡村中，殖民城市作为法国人类学的展品出现，同期举办的第十届国际史前人类学和考古学大会代表也受此影响，人类学的社会部署的未来模式也就此确定。国际上如此，而赖德尔对美国世博会的研究则提供了最为详细的案例，分析了博物馆人类学家在世博会游乐区转化为进化论活体展示中所起的积极作用，他们把非白人排入"人类进化滑尺"，从野蛮人到接近文明，从而以胜利成就的反例凸显展览的进步修辞。在此，知识与权力的关系持续影响了公共展览，将早期的畸人秀和怪物秀殖民化，从而把新的表征机制的真相人格化。

在相互关联中，博览会及其游乐区建构了物和人的次序，回溯到了遥远的史前时代，并且顾全了地球所有角落，使整个世界转喻性地在场，从属于白种、资产阶级以及男性（虽然男性是完全不同的一回事）的大都会权力之眼的凝视之下。然而，随着视觉技术的发展，从博览会塔俯瞰以及从博览会微缩理想城市的角度观看商品都成为可能，权力之眼因为人皆可得而民主化。过去构建城市视觉主导的方式都是军事化的——暗箱和全景画（panorama）——其成像技术通常都令人惊叹不已。此外，世博会从最初就显露了勃勃野心，以琳琅满目的商品作为表征，要让整个世界从属于观看者控制的视线之下。这在伦敦首届世博会上通过"怀尔德大地球仪"（Wylde's Great Globe）得到了提喻性表征，它是个砖砌的圆形建筑，游客可以进去看世界大陆和海洋的石膏模型。这些原则体现在1889年巴黎世博会的埃菲尔铁塔上，后来在无数博览会中重复。它们把这两个系列结合起来，使得视觉主导工程变得可行，只要提供一个制高点，足以看到表征整体性的微缩世界（见图2.6）。

罗兰·巴特恰当地总结了埃菲尔铁塔体现的视觉技术效果。他认为铁塔克服了"看和被看的习惯性分裂"，通过两种视觉功能的交互循环获得了特殊的权力：

> 我们看它是个客体，当我们登塔时它就转而变成了瞭望台，巴黎刚刚还在看着它，转眼变成了在它之下被同时延伸和收集的客体。
>
> （Barthes, 1979: 4）

作为景观的铁塔变为了观景的场所，变为一个看和被看的地方，个人占据俯瞰整个城市及其居民的主导视野，在客体和主体位置之间进行转换。对于其保持距离效果，巴特认为，"埃菲尔铁塔使整个城市变为一种大自然。它构建了人们蜂拥进入风景的景象，它为通常冷酷的城市神话添加了一个浪漫的维度、一种和谐和一种缓冲"，提供"一种对自然化人类的即刻消费，简单一瞥即把人类转化为空间"（Barthes, 1979: 8）。巴特接下来说，由于它带来的主导视野，对游客来说，"埃菲尔铁塔是第一个必游之处，是一个门户，标志着向一类知识的过渡"（ibid.: 14），而且这个门户通向与知识相关的权力：一种把物和人聚集到即将被认识的世界，并且作为整体被囊括在视野之内的权力。

在《序曲》(*The Prelude*)中，华兹华斯寻找一个可以平息

图 2.6　1893 年"纪念哥伦布发现美洲大陆四百周年"芝加哥世博会：
从美术馆屋顶望去的景观

资料来源：Reid（1979）。

城市骚乱的有利位置，邀请读者随他一起攀升，"越过人群的拥挤和危险／登上表演者的平台"。他把圣巴塞洛缪游乐场事件（St. Bartholomew's Fair）比作暴民暴动，把绞刑比作城市居民爆发的激情，毫无拘束地表达出来。但是有利位置并未提供控制：

> 天下所有能移动的奇绝
> 都汇集在此——白化病人、彩绘的印第安人
> 侏儒、识数的马、智慧的猪
> 吞下火焰的人
> 巨人、口技演员、隐身少女

> 会说话的转动着眼睛的半身像
>
> 蜡像、上发条的人物
>
> 各种当代魔法的绝技，野兽、木偶戏
>
> 各种稀奇古怪、难以置信的病态之物
>
> 畸形的人，及所有普罗米修斯式的奇想
>
> ——人类的愚笨与疯狂，以及
>
> 愚笨与疯狂的业绩
>
> ——构成这怪物的议会。①

斯塔利布拉斯和怀特认为，华兹华斯的观点对19世纪早期受过教育的公众来说是非常典型的，即退出对大众游乐场的参与，通过文学生产位于高处的有利观察位置，制造与游乐场的距离，并寻求对它的意识形态控制。到了19世纪末，借助表演高台的城市想象主导已经转化为了一种坚固的现实。游乐场也不再是混乱的象征，而是秩序化的整体终极景观。用观察替代参与，也是向所有人开放的可能性。景观的原则——如福柯所概括的，让较少数量的物体可供较多数量的人观看——在19世纪并未中止：它被视觉技术的发展超越，让众人自己观看自己。

结论

在本章，我试图对福柯与葛兰西对国家看法的细微差别进行区分，并未抹杀两者的差别而使其混为一谈。当然也没有综合两者的

---

① 译文参考了丁宏为译本（华兹华斯．序曲或一位诗人心灵的成长．北京：中国对外翻译出版公司，1997：193．）．——译者注

必要。国家的概念只是一系列政府机构的便利缩写——葛兰西是首先提出要区分国家强制机器和组织共识机构的学者之一——在功能或体现的权力形态上都不需要被看作是统一的。

尽管如此,我的观点主要是支持(而不是反对)福柯的。在上文提到的研究中,皮尔森区别了19世纪国家在推动艺术和文化方面使用的"硬性"和"软性"两套手段。前者包括"一个以系统方式向特定观众发布知识和技巧的系统机构"。这些机构由学校机构组成,对其成员实行强制控制或限制措施,在监狱系统中发展而来的自我监视技术无疑移植到了学校。比较而言,"软性"手段的有效性在于它"借助范例而不是教育,借助娱乐而不是规训的学校教育,借助微妙细节和鼓励"(Pearson, 1982: 35),其应用领域是那些公众自愿参加的机构。

似乎没有理由否认这两种相反的手段体现出了不同的知识-权力关系,也没有理由用某些共同原则来寻求二者的调和,因为二者回应的需求不同。"大量的规训机制"要解决的问题是治理广大民众。但是,资本主义民主政治的发展需要的不仅是可治理的民众,而且是同意被治理的民众,因此要创造一种需求,一种民众积极支持国家所崇尚的价值观和目标的需求。福柯非常了解监狱的象征权力:

> 高墙不再是包围和保护之墙,不再象征权力和财富,而是一丝不苟封闭的墙,每一个方向都不可逾越,围住了如今神秘的惩罚方式,这高墙将会变得近在咫尺,有时甚至处在19世纪城市正中央,这样一个单调乏味的形象既物质化又象征化地代表着惩罚的权力。
>
> (Foucault, 1977: 116)

博物馆通常坐落在城市中心地带，既是物质又是象征，是"展示和陈述"的权力体现，这一权力被安置在新构建的开放式公众空间里，谋求修辞性地将人民纳入国家发展的进程。如果博物馆和监狱代表的是权力的两面，两者之间依然——至少象征性地——会存在经济结果。对那些没有在大众学校教育推动下与自我达成保护关系的人，或者那些心灵和精神不倾向于开放的博物馆所象征的国家和民族的新教化关系的人，监狱封闭的高墙对权力有着更大的威胁。在教育和修辞的失败之处，惩罚就开始了。

注释

[1] 这是麦克阿瑟提出的精彩观点，他认为福柯的这一观点意味着"把剧院和景观置于过去的历史割裂之中"，有悖于他理论的整体精神（MacArther, 1983: 192）。

[2] 关于美国政府在博物馆和博览会方面作用的讨论，分别见 Meyer（1979）和 Reid（1979）。

[3] 关于把百货商场的圆形大厅和廊台做此用途的细节，见 Ferry（1960）。

[4] 更多细节，见 Miller（1974）。

[5] 关于这些早期形式的综合性介绍，见 Impey and MacGregor（1985），以及 Bazin（1967）。

[6] 我在他处谈及过这些问题，见 Benett（1983）（1986）。

[7] 关于这些互动的细节，见 Rudwick（1985）。

[8] 此处借鉴 Foucault（1970）。

[9] 最透彻的论述，见 Mulvaney（1958: 30–31）。

3. 博物馆的政治理性

在论文《规训社会中的博物馆》(The Museum in the Disciplinary Society) 中，艾琳·胡珀-格林希尔认为，法国大革命带来的破坏"创造了新'真理'出现的条件，带来一种新的合理性，从而使新机构即公共博物馆产生了新功能"(Hooper-Greenhill, 1989: 63)。作为一种分享过去私有物品和公开曾经被隐藏之物的手段，公共博物馆"暴露了旧的控制形式，即旧制度的堕落和专制，以及新共和国的民主和效用"(ibid.: 68)。大革命以人民的名义占用皇家、贵族和教堂的收藏，摧毁那些与皇家和封建制度相关、威胁共和国的物品，剩下的物品以理性主义分类原则安排展出，大革命完成了对博物馆的转型，使其从霸权象征变成了为国家集体利益进行公民教育的手段。

但是，艾琳·胡珀-格林希尔认为，公共博物馆从一开始就被塑造成一个具有深刻的两种矛盾的功能的组织："艺术的精英殿堂和民族教育的实用主义工具。"(Hooper-Greenhill, 1989) 她认为，随着博物馆被塑造成规训社会的工具，它又增加了第三种功能。通过知识生产者和消费者的分离机制——分离的建筑形式体现为博物馆区分了隐蔽空间和公共空间，前者是秘密生产和组织知识的地方，后者则是知识用于被动消费的地方——博物馆成了身体在持续监视中被驯化的场所。

我借鉴这些观点的目的是阐释博物馆的诞生,从而说明其"政治理性",这是一个借自福柯的术语。福柯认为,政府的现代形态的发展,可以在涌现出的管理个人和居民行为的新技术中找到痕迹——例如监狱、医院和精神病院。福柯同样认为,这些技术都有自己具体的理性特征:它们构成了权力执行的特点和具体形态,产生自己特殊领域的政治问题和关系,而不是构成一般形式的权力执行案例。福柯还认为,管理这些技术的目标修辞看似经常与其真实发挥职能的模式中体现的政治理性不匹配。出现这些不匹配现象的空间为改革话语提供了调节的可能,而且被证明是无休止的,因为对象的本质搞错了。福柯认为,不断有呼吁要求对监狱进行改革,以满足改造修辞的要求。但是,不管这些改革如何无效,监狱的存在基本上都极少受到质疑。为什么?福柯称,因为监狱的政治理性在别处——与其说是真正改造行为的能力,不如说是把可管理的犯人群体与其他居民隔离开的能力。

当然,也经常有人呼吁对博物馆进行改革。虽然由于有着特定的政治成分,这种改革所产生的特定影响随时空而不同,这些政治成分被卷入这些改革的主张当中,但是催生这些呼吁的改革话语在20世纪一直没变,主要关乎两个原则:一是公共权力的原则,支持博物馆应当对所有人平等开放;二是表征的恰当性原则,即要求博物馆恰当地代表不同阶层的大众文化和价值观。虽然很容易将这些要求看作是通过外部政治环境强加给博物馆的,但我会证明这些要求其实源自博物馆形式本身并由其产生,而且只有跟其内在动力相关联才有意义。或者更准确地说,我会试着证明,这些要求是由于不匹配而激发出来的,一方面是治理博物馆既定目标的修辞,另一方面体现为其真实运行模式中的政治理性。两者的不匹配保证了它产生的要求不可满足。

因此，我在此提前概述自己的观点，公共权利需求是由两者之间的不协调所产生和维持的：一方面是支配着公共博物馆作为大众教育手段设想的民主修辞；另一方面是博物馆作为公共行为改造工具的实际功能。前者要求博物馆应当强调一个无差别性的公众概念，它由自由和形式平等所组成；后者导致了针对大众聚集时的行为举止的管理和筛选技术，这意味着博物馆要发挥将居民差异化的强大作用。同样，表征恰当性原则由声称讲述人类故事的事实来生产和支撑，因此表征空间随着公共博物馆的形成而塑造，体现了人类世界的普遍原则，以性别、种族、阶级或社会模式为由，排斥其他或偏于一类的任何博物馆展示都可被认为是不恰当的，并且需要补全。

但是，认为以上改革话语是贪得无厌的，这种观点不是为了反驳过去、现在或者可预见的未来将会继续施加在博物馆上的政治需求。相反，我的目的是，通过论述这些需求的某些方面，抛弃博物馆矛盾的政治理性，如果想更有成效地探究博物馆政治的问题，就要把它置于这些文化动态和博物馆必须考虑和协商的特殊关系中。在这方面，除了在福柯著作中寻求方法论指导，我也会借鉴他的政治思想，说明博物馆特有的"真相政治"考量比其他角度更加聚焦于政治形式的发展。

在此先提及另一种选择。博物馆诞生的问题当然可以从葛兰西的角度来考查，作为一系列新的国家与人民教育关系的一部分，葛兰西认为国家"必须被看作一个'教育者'"，特别是国家倾向于创造一种新的文明水平（Gramsci, 1971：247）。这样的解释并非毫无道理。确实，葛兰西的角度对博物馆与资本主义民主政治关系的恰当理论化非常重要。理解博物馆修辞性地把人民纳入权力过程的方面，可作为——我后面会列出具体方式——只用福柯规训工具的棱镜单眼聚焦结果的有效解药。但是，在此，我想把方向调转一下。也就是，在葛兰西的范式下，博物馆被视为统治阶级霸权的工具，因此要服从文化政治的一般形式——在批评主导博物馆展览主题的霸权意识形态表达时，需要形成一种能够组织起反霸权的新表达。新表达的难点在于，博物馆作为一种特定机构，其性质构成了独特的政治关系领域，但它们缺少对此的考量。换言之，葛兰西政治学在原理上与福柯的角度是不同的，后者通常可以调和与限定前者。

博物馆的诞生

鉴于这些考量，我们现在来看一下公共博物馆的起源和早期历史，作为一种机构，它的显著特征在19世纪上半叶成形。我首先提出凸显公共博物馆特征的三个原则：第一是博物馆与它促成组织和建构的公众的关系，第二是其内部组织，第三是博物馆与同类机构和最具平行性的（包括古代和现代的）机构之间的关系。

道格拉斯·科瑞普对现代艺术博物馆的诞生的理解，能够为解答第一组问题提供指导性路径（Crimp, 1987）。科瑞普认为柏林博物馆旧馆是早期艺术博物馆的范例，是现代艺术观念的第一个机构性表达，这一观点的产生归功于黑格尔（G. W. F. Hegel）。该博物馆是黑格尔的密友卡尔·奥格斯特·申克尔（Karl August Schinkel）于1823年至1829年建成的，当时黑格尔正在柏林大学教授美学课程。科瑞普认为，柏林博物馆旧馆的理念为黑格尔艺观所支配，即艺术已经把绝对知识（knowledge of the absolute）的最高模式地位让给了哲学，艺术仅仅是哲学沉思的客体。他接着分析，博物馆空间因此变得非政治化，因为艺术被抽离了真实生活的背景。总之，博物馆构建了具体的艺术围场，以科瑞普的后现代角度来看，艺术必须突破封闭才能重新具备社会和政治价值。

这一观点并不新鲜。科瑞普对黑格尔式艺术博物馆谱系的强调令人想起阿多诺（Theodor Wiesengrund Adorno）的博物馆观，即"恍若艺术品的家族墓地"（Adorno, 1967：175），科瑞普的后现代信条则回应了马尔罗（Marlraux）"没有墙的博物馆"（Marlraux, 1967）的论调。作为政治争论，这虽然有道理，但从艺术品被展示的替代性情境角度来看，科瑞普把艺术博物馆视为封闭机构，提出了"以福柯对精神病院、医院和监狱分析为模板的博物馆考古学"，因为博物馆像它们一样，"同样是排斥和禁闭的空间"（Crimp, 1987：62），这一观点纯属误入歧途。我们很难看出，为何艺术品一旦被放入博物馆中就像监狱中的囚犯，毕竟囚犯要接受正常化的行为改造；而且我们也不明白，为何他会认为博物馆提供的艺术展出环境封闭之极，甚至比文艺复兴到启蒙运动时期艺术品与其他珍品一起被束之高阁更加封闭。

这显然是不对的。虽然这些藏品（不论是艺术品、古玩还是科学标本）曾经保存在很多场所（博物馆、私人密室、珍奇屋和宫廷艺术收藏馆），并发挥了多种功能（展示皇权、象征贵族、显示商业地位和作为学习工具），但它们属于社会封闭空间，只有少数人可以进入，甚至在很多极端情况下，只有君主才可以进入。当追踪从18世纪晚期到19世纪早期藏品的分散以及在公共博物馆的重构时，我们看到的都是艺术品和其他收藏品比以前更加开放了。博物馆封闭的高墙不应阻止我们看到它们渐渐向所有居民免费打开大门的事实。这些发展的时机各有不同：在法国，这一转变由于大革命进程而变得暴力和突然，在其他地方更多的是渐进式和碎片式的历史改革的产物。大概到19世纪中叶，这一新形式的原则在各处都很明显：博物馆欢迎每个人，至少理论上如此。通过调查德国的相关情况，大卫·布莱克本（David Blackbourn）和杰夫·埃利强调，倡议建立博物馆以及体现类似原则的兄弟机构（如公园和动物园）的前提都是对早期专制主义展示形式（如皇家动物园）的资产阶级批判。如此一来，他们对比了两种形成原则：面向"形式平等之人组成的一般公众"，以及旧制度的差异化的交际形式和教化形式（Blackbourn & Eley，1984：198）。

博物馆的发展轨迹与同时代监狱、精神病院和医院的发展轨迹相反。后者的作用是在穷人和其他人群之间施行隔离和机构化禁闭，后几个场所过去混杂在一起，彼此界限比较容易渗透，就像是在惩罚场景或"愚人船"上，共同形成复杂的公众表演的一部分；而博物馆是把过去隐藏在公众视线之外的藏品放在开放和公共的背景中。而且，虽然博物馆与监狱机构同时诞生，但它的目标——至少在理念上，如果不是在其实践的所有方面——不是对居民的隔离，而是对公众的聚合，无论精英还是平民，二者过去是各自聚集的。

这些论述不仅是为了反驳科瑞普，而且强调公共博物馆占据文化空间的层面，这些层面与它各类前身占据的空间完全不同，功能也不同。这反过来会突出以线性历史讲述博物馆从早期收藏机构发展而来的方法论局限，因为我们并不清楚，这是否为博物馆作为独特的权力展示工具的理论化提供了合适的历史坐标。在不同时期和不同国家，起到这个作用的有很多可能的形式——进入王宫、宫廷化装舞会、比赛、宫廷芭蕾，当然还有公共博物馆本身的各类前身。然而，虽然在文艺复兴早期，它们当中有许多成为向公众展示皇权的工具，但从 16 世纪开始，随着专制制度的出现及宫廷社会的再封建化，它们不再发挥这一作用，而主要成为宫廷节庆或者向有限贵族圈子展示王权的机构。

到了 18 世纪，权力对普罗大众的公开展示的形式逐渐表现为惩罚场景的公开表演。但是，如果博物馆接管了这一功能，它就改变了此项功能，体现了新的权力修辞，把围观的公众从客体变成了主体。这一转化逻辑最明显的体现是 19 世纪早期博物馆和监狱的交叉发展——但是历史总是往反方向发展，而不是科瑞普所认为的平行发展。因此，如果监狱在 18 世纪是个相对可渗透的机构，犯人不是完全禁闭的，那么它在 19 世纪的发展中则以与社会越来越彻底的隔离作为惩罚，既然现在不用发挥权力的公共展示功能，那么惩罚就改在监狱封闭的高墙内秘密进行。相反，博物馆的发展进程越来越具有可渗透性，随着各种入馆限制的取消（如果可以进入的话），例如必须穿干净鞋子、坐马车、出示身份证明备查，到了 19 世纪中期，博物馆已经从隐秘和排他的领域转化为公共领域。

建筑史中有两个机构可以凸显这两条反转对称的轨迹。罗宾·埃文斯（Robin Evans）证明，虽然 1750 年之前没有独具特色的监狱建筑，但 19 世纪却有一大批类似的建筑创意，目标就是建造作为封闭空间和持续监视行为场所的监狱，这类建筑更重视在内部空间组织权力关系，而不是体现权力的外部展示（Evans，1982）。相对而言，博物馆建筑在同期的创意是多种多样的，当时举办了很多博物馆建筑设计比赛，其重点已经渐渐从规划封闭的展览空间（满足君主、贵族或学者的私人乐趣）转向规划空间和视线（允许博物馆发挥公共教育工具的作用）(Seling, 1967)。

博物馆和监狱并不像夜晚面对面驶过的两艘船一样对彼此毫无察觉。当1817年启用米尔班克监狱（Millbank Penitentiary）时，其中一个布满锁链、鞭子和刑具的房间被指定作为博物馆。同时期的伦敦也新建了很多展览机构，1835年杜莎夫人蜡像馆设立了一个永久性展厅即恐怖屋（Chamber of Horrors）作为主要景点，里面展示了很多旧时野蛮的惩罚和折磨人的手段，并且细节栩栩如生。在19世纪，老城堡地牢也开放给公众参观，通常作为所在博物馆的中心。简而言之，虽然被提到的不多，但对古老惩罚机制的展示，在过去和现在都是一种重要的博物馆学借代。[1]虽然此类展览的功能与辉格党的监狱史记录有着十分清晰的关系，但这一借代的作用还在于，博物馆公开批判与旧制度相关的权力展示形式，同时也宣布了自己的民主地位。因此，如果说博物馆取代了惩罚场景，承担了向公众展示权力的功能，其展示权力的修辞经济性也有了重大改变。博物馆不再体现权力使人臣服的陌生性和强制性原则，而是把人民称为公众、公民，把他们作为表征的主人翁放在权力的这一边，诱使普罗大众与权力合谋。

事物和人的次序

此事不仅仅关乎国家代表公众宣布对文化财产的所有权或者博物馆打开大门。这是一系列新的组织原则带来的结果。这些原则控制着博物馆展览中对事物的排序，也控制着由博物馆催生和强调的、自由且形式平等的新公众的主体位置。在艾琳·胡珀-格林希尔的解释中，文艺复兴时君主收藏的功能是"把世界创造为围绕君主中心位置的微缩景观，因此君主可以模仿现实，宣称对世界的统治权"（Hooper-Greenhill 1989：64）。基于福柯对文艺复兴知识型的阐释逻辑，即应阅读隐藏在事物表面下的东西，去发现含义与意义之间的隐含联系，这些（收藏）"以展示全世界的古代等级关系和联系世间万物之相似性为组织原则"（ibid.；64）。用福柯的话说，在18世纪，支配着古典知识型的分类原则削弱了文艺复兴知识型的力量，博物馆展示也按照新的方案进行管理。由于运用了新的科学分类原则，管理重点放在了事物的外部差异上，而不是其隐藏的相似性上。常见及普通的物品因为被给予了表征功能，甚至比异域或不常见的物品更优先展示；展品的摆放依据其所属系列，而不是依据其独特性。

然而，我们感到奇怪的是，艾琳·胡珀-格林希尔的解释止步于此。因为对博物馆来说，最关键的知识型转变并非从文艺复兴到古典知识型，而是从古典到现代知识型。福柯所追溯的现代人类科学的出现描述了这一转变的结果，事物的序列不再作为分类学表格的一部分，而是被插入了时间流，按照在进化系列中的位置而区别对待。我认为，这一转变是对公共博物馆话语空间的最好解释。博物馆诞生的时间与一系列新知识——地理学、生物学、考古学、人类学、历史学和艺术史——的出现是一致的，而且为它们提供了基本的机构条件，每门知识在博物馆学的部署中都把物品列为进化序列的一部分（地球、生命、人类和文明的历史），并且通过相互作用，形成了彻底历史化的总体性事物和人的次序。

当然，使之成为可能的概念转化并不是均匀地或同时地发生在所有这些知识中。在历史学和艺术史中，史蒂芬·巴恩

(Bann，1984) 把统领现代历史博物馆（渐进式展馆和专门时期馆）诗学发展的两大原则归于法国古迹博物馆（1795）和克鲁尼酒店展出的亚历山大·杜·索墨拉德的收藏（1832），佩夫斯纳（Pevsner，1976）则将之归于1755年杜塞尔多夫美术馆的克里斯蒂安·冯·米歇尔展览。至于人类学，虽然皇家图书馆（Bibliotheque Royale）馆长乔马德（Jomard）早在19世纪20年代就提出应当建设一个说明"文明程度只是稍有进步的民族"的民族志博物馆（cited in Williams，1985：140），但直到皮特·里弗斯发展出他的类型系统后，才设定了适合这类博物馆目标的展览原则。这些原则的广泛传播要等到19世纪晚期，很大程度上得益于史密森机构（Smithsonian）奥蒂斯·梅森的影响。此外，达尔文主义的理论胜利对英国博物馆的影响此时尚且不大，这种状况一直持续到世纪末居维叶物种固定原则的支持者理查德·欧文被继任者威廉·亨利·弗劳尔取代后。[2]

出现地理标本、艺术品、奇物和解剖遗骸等人工制品后，这些人工制品在博物馆前身挤挤挨挨地展示着，从而体现了宇宙生物链上的丰富种类，或者后来按照分类原则将其摆放在桌子上，到19世纪中期，干脆将这些人工制品清理出表征空间，这是一个迎新的过程，引入的是由一门门知识组织起来的表征进化系列关系建构的新空间。如其前身一样，博物馆在这些方面生产了与总体性事物和人的次序的微观世界重构有关的权力与知识的地位。但是，作为真正的新原则，这些权力-知识关系在结构上是民主的，达到了构建公众对象的程度——由博物馆的开放性产生的新形成的、无差别的公众——既是摆在眼前的进化系列的顶点，又是这些系列发展方向的顶点，以现代人作为进化的成就，是显而易见的。如同在专制王权的宫廷节庆中，理想和秩序化的世界是在君主特权和控制性角度展开并发散的，在博物馆，理想和秩序化的世界是在知识和视线的控制性位置前展开并发散的；这一世界已经被民主化，至少原则上如此，这一位置（特指人类）是开放的、自由的、所有人都可以占领。

然而，关键的问题围绕着"至少原则上如此"这个短语。因为在实践中，公共博物馆塑造的表征原则被各种特殊的社会意识形态劫持：它性别化的排斥特征其实是一种性别歧视；把被征服地区的原住民放在人类进化的最底部，则是一种种族歧视；进步的资本主义修辞表达是显而易见的资本主义。虽然这一事物和人的次序接纳来自内部的批评，为了讲好人类的故事，它吸收了普遍性原则，然而每一个专门的博物馆展览都可以被认为是不公平、不完整或不恰当的。相比过去的专制主义和神权政治的表征空间——以人或神的单一控制性为参考点而构建的空间，不宣称自己代表了普遍性——博物馆的表征空间依靠的是所谓普遍人类世界的原则，这也使其固有地缺乏稳定性，暴露于持续的改革修辞中，以前被排斥的部分寻求这一空间的接纳，而且是平等条件下的接纳。

之后，我会对这些考量进行论述。那么，让我们先回到监狱与博物馆的关系问题，从而阐明在19世纪社会的权力-知识关系中两者各自的位置。通过对与监狱群岛有关的新社会规训形成的考察，以及更普遍的现代治理形式发展的考察，福柯强调了这些知识的某些方面，即通过映射身体的个体化和特殊化凝视，使得人民对权力可见，因此对规则也可见。虽然与博物馆的兴起相关的各类展览知识同样也构成了权力-知识关系的一部分，但在组织和功能上，这与福柯所讲的问题还是不同的。如果说监狱的目标是规训与惩罚，从而达到行为改造的目的，博物馆的目标则是通过展示和陈述让人民观看和学习。设立博物馆的目的不再是了解大众，而是让人民作为知识的主体而非管理的客体去了解；不是让大众对权力可见，而是让权力对大众可见，同时表征给大众看——权力是他们自己的。

通过修辞性地把无差别化的公民吸收到来自自我的权力-知识关系中的表征方式，博物馆成为资本主义民主社会自我规训的重要工具。确实如此，如果在福柯的诠释中，监狱象征一组新关系，大众通过这些关系被建构为政府规则的客体，那么博物馆也许是同等重要的一组新关系的象征——葛兰西的道德国家理念是最好的概括——通过这些关系，民主公民被修辞性地吸收并进入国家流程。既然如此，有必要回顾一下葛兰西的观点，他认为这是现代资本主义国家的显著特征，而不是其定义属性。但是，他认为，以前的统治阶级"并无意于构筑一条吸纳其他阶级成员的有机通道，即'技术性地'和'意识形态地'扩大他们的阶级范围"，而资产阶级"假装自己是持续变动的有机物，具有吸收整个社会，将之同化到自己的文化和道德水平中的能力"（Gramsci，1971：260）。在这方面，他认为，随着国家变为教育者，整个国家的功能都转变了。权力展示从公共的惩罚场景和封闭的宫廷节庆转变为公共博物馆，因此它在这一转变中起着重要作用，结果是博物馆对空间的塑造合并了两种不同的功能——向大众展示权力和在统治阶级内部展示权力。

博物馆和公共礼仪

但故事才讲了一半。精英和大众以前是各自聚集、彼此隔离的，无论博物馆如何努力推动两者的混合，即公众的混合，它依旧是将公众差异化的工具。在差异化公众的过程中，博物馆也形成了福柯所关心的新兴的规范和自我规范技巧的一部分，其结果是大量人群的行为受到了新社会管理形式的管制。为了理解这些方面，必须考虑到出现的新行为管理技术，它使得博物馆有可能提供技术方案，解决过去困扰着旧的权力展示形式的无序化风险问题。对这些问题的考查也会表明，尽管博物馆在形式上要面对无差异化的公众，在实践层面仍会制造分裂，有些人受其吸引，有些人则顽固坚持酒馆和游乐场行为模式。

福柯形象地描绘了与惩罚场景相关的无序化风险："在死刑执行日，工作没人管，酒馆却满座，人们大骂权威，朝着刽子手、守卫和士兵发泄不满、扔石头；围观者试图抓住犯人，也不知是想救他还是想杀他；有人动手打架，绞刑架旁一群一群的好事者是小偷最好下手的猎物。"（Foucault，1977：63）。大卫·库珀（David Cooper）同样关注公开执行死刑时游乐场般的气氛，描绘了18世纪末英格兰相似的画面，游乐场已然变成公众无序化的象征：例如，在1817年，圣巴塞洛缪游乐场被怀疑是暴乱的策源地，于是官方派了四个骑兵团镇压。[3] 如果此问题带来的结果是监狱的诞生，把惩罚移出公众场景，那么博物馆的诞生则提供了补充。博物馆拥有控制和排列展品的权力，因而避免了权力被无序展示的风险，也提供了把人群转化为有序的、理想化的、自我规范的公众的机制。

并不是说博物馆诞生伊始就是如此。相反，在英国，公共博物馆的倡议经历了旷日持久的论争，反对者害怕一旦博物馆对公众开放，就会遭受无序人群的破坏。保守主义者认为，政治暴徒、游乐场的无序人群，或者酒馆醉汉和放荡暴民如鬼魅一般来无影去无踪，开放博物馆只会导致展品的破坏，这些人的不当举止会招来对文化和知识氛围的亵渎。从关于理性娱乐的文献中我们可以很好地了解到，为了改变反对者的观念，博物馆被设想为一种方式，能将工人阶级置于中产阶级文化的进步性精神影响之下。但是，我在这里想强调的方面是，作为规范大众行为方式的良方，博物馆被认为是能够引入公共礼仪改革的工具——在不依赖任何内部精神和文化转型的条件下，改变外部和可见形式的行为。[4]

也就是说，博物馆明确地把大众的身体作为改革对象，通过多种多样的常规和技术，转变身体行为规范。这能够达成，最显然的是依靠直接禁止与大众集中场所相关的某些行为方式，例如禁止饮食、禁止触摸展品，经常指定或至少建议应该穿什么、不能穿什么。虽然形式上是自由和开放的，但博物馆通过这一方式达到了潜藏的歧视和排斥目的。然而，最明显的是，博物馆与公园和其他同类场所一道，被建构为工人阶级的仿效空间，通过允许工人阶级和中产阶级同时聚集在正式的、无差别化的空间，使前者以后者为榜样，学会新的行为方式。利兹机械学院展览的支持者将教化意义比作公共人行道，同时代者称其优势是促进"一种文雅和精致的克制"，从而"约束享乐，要快乐而不逾矩；传授优雅，要愉悦而不粗俗；遵守规则，要运动而非暴力"（cited in Arscott, 1988：154）。通过提供"监管下的一致性"方式，博物馆提供了一种新语境，新行为方式在内化过程中变成自觉义务。[5]

在这些方面，博物馆建构的不仅是文化差异化空间，而且是文化差异化实践的场所，从而过滤掉与公众聚集场所相关的公众行为模式。发展规范景观功能的新建筑方式，也获得了同样的结果。在论文《权力之眼》（The Eye of Power）中，福柯认为，随着建筑不再关心权力的展示，它开始通过空间与视线的新组织方式达到规范行为的目的——例如单向、等级化组织的监狱监视系统或者公立学校里学生目光朝向老师的集中方式（Foucault, 1980b）。虽然19世纪博物馆通过壮观的外墙保留了标志性建筑的功能，但其内部建筑的改变构建了空间与视线的新关系，公众不仅可以从中看到为供人参观而陈列的展品，同时也可以看见和被看见，因此对任何可能萌发的喧闹倾向进行了建筑设计上的抑制。

为了突出这一观点，19世纪30年代英国开展了古迹管理的调查。调查是为了揭示威斯敏斯特教堂这一公共建筑缺乏有效监控，有太多隐匿角落经常被用作公共小便池。[6]博物馆的前身虽然只允许精心挑选的公众入内，也被发现有同样的问题。它们一般由很多塞满展品的小展厅组成，在设计之初，不承担接待大批未经筛选的公众的任务。多种多样的建筑因素促成了19世纪展览机构的发展：拱廊商店街、火车站、音乐学院、交易大厅和百货商场，此处仅举几例。[7]然而，我们可以发现三个普遍原则，而所有原则的第一次集合是在水晶宫，这对后来展览建筑的发展起到了决定性影响：第一，新材料的使用（铸铁和平板玻璃）使大空间的封闭和照明成为可能；第二，展品集中在四周和中间展区，为公众出入腾出通道，并且把公众从有待疏散的人群转变为有秩序的流动体；第三，提供展馆形式制高点，允许公众自己组织自己，在博物馆建筑中引入了自我监视的原则，随之而来的是自我规范。因此，公众成为监控之眼的主体和客体，博物馆实现了边沁所说的全景敞视主义的主要目标——被自己的控制性凝视变得透明的社会民主抱负。[8]

当然，这并不是否认艾琳·胡珀-格林希尔认为的博物馆作为规训工具的功能，也不是否认博物馆不论过去还是现在都更明显地是一个被监控的空间,公众行为受到了安保人员和视频的监控。但是这些只形成了博物馆空间和视线关系组织的一个方面,给予公众自我审视的地位,允许公众凭借自己的力量直接地发挥功能,从而成为建立和监督公众行为规范的代理人。而这方面也最能恰当地解密博物馆推动的特殊霸权形式,而不是依靠意识形态影响。巴瑞·斯玛特(Barry Smart)更倾向于福柯而不是葛兰西的霸权理念。他认为,对福柯来说,霸权是一种社会凝聚力,它源自不同方式的行为规划,而不是葛兰西所假设的同意机制。正是通过自己塑造的差异化和一致化的大众新形式,作为行为管理技术的博物馆成为组织新型社会凝聚力的工具。看待博物馆这方面的功能,需要用比较的眼光,从而理解其特有的经济性。如前文所述,监狱通过将可管理的罪犯群体与其他民众隔离开来,以达到罪行非政治化的目的,博物馆则通过灌输新的公共行为准则以区分端正和粗鲁,为其提供了补充。

在讨论18世纪监狱改革计划时,福柯注意到某些方面,其中惩罚被看作"家庭周日游玩的法律公园",意在为公民道德提供教育活动(Foucault,1977:111)。在这种情况下,既然惩罚已经退出公共场景,博物馆就愈加被视为公民教育的首要工具。正因如此,其功能是规范性的。这部分因为博物馆展示和讲述的内容构建了新的人类规范——白种、资产阶级、男性——其规范性作用通过展示各种偏离规范的方式得到加强:例如皮特里弗斯博物馆展示的原住民"不发达"的头盖骨,或者其他地方展示的罪犯的特殊的头盖骨。但是博物馆同时也利用了行为规范工具的影响,对参观者进行直接规范。因此,当亨利·科尔赞美博物馆的教育潜力时,值得注意的是他认为博物馆的主要功用是什么。他写道:"它将教会幼儿尊重财产、行为文雅。"(Cole,1884：356)现在与过去一样，进博物馆不仅仅是看和学，也是公民学的操练，恰恰因为博物馆是看和被看的场所。

博物馆的政治-话语空间

博物馆话语空间在19世纪的形成过程中非常复杂，主要由两个矛盾所塑造，它们产生和刺激了博物馆形式所特有的政治关系和政治需求领域。在仔细考察这些矛盾时，我希望最终可以推进博物馆政治的概念，通过自觉将这些矛盾相关联，而不是仅仅墨守成规，并且希望可以通过构建博物馆、展品及公众的新关联来分解博物馆空间，使博物馆可以更适应它作为民主和多元主义社会自我展示工具的作用。

第一个矛盾刺激了基于表征恰当性原则的政治需求，它包含在两方面的不一致中：一方面是博物馆的普遍性野心，体现为博物馆宣称其所塑造的事物和人的次序是普遍代表整个人类的；另一方面是任何博物馆展览相对于这一目标都可被认为是存在偏见、有选择性的和不恰当的。保罗·格林哈尔希（Paul Greenhalgh）指出了我要陈述的观点，但他是为了解释为何19世纪晚期女性主义者如此重视对世博会的分析，"世博会既然宣称百科全书式地覆盖了全世界文化，就不能像其他机构一样随意排斥女性"（Greenhalgh，1988：174）。也就是说，博物馆对普遍人类共性原则的体现，提供了对女性和女性文化排斥或边缘化的潜在意义，因此成为一个政治问题。当然，代表其他政治群体施加给博物馆的一系列要求也是如此，博物馆的空间一直受制于持续的政治化过程，它被呼吁扩大表征范围（例如要吸纳与边缘化社会群体生活方式相关的人工制品），以及／或者要求它用新的情境而不是主流文化的背景展出熟悉的展品（我脑中浮现的例子是原住民的批评，他们批评自然史博物馆中原住民遗骸和人工制品展览所流露的进化假设）。这些要求来自博物馆内部动力，并得到它的持续支撑，这种关联性是18世纪珍奇屋所没有的，也是不可能有的，即便是它的当代升级版也没有，如"雷普利信不信由你博物馆"（Ripley Believe It Or Not Museum）。

虽然指责博物馆作茧自缚有其重要性，但是众口一词的批判声能取得的成就也明显有限。确实，许多对博物馆相互矛盾的政治要求是造成后果的原因之一，但博物馆标榜的完成博物馆围墙之外世界事物次序的微观重构，却从内部摧毁了它。因此，我们不应再呼吁博物馆按照表征恰当性的原则完成任务——因为该目标是无法实现的，所以其形成的政治性是无法满足的——我们的政治努力应当更好地致力于转化博物馆展品、展品组织者和展品参观者的关系。这就是说，除了关注博物馆展出什么展品，我们也应当关注展出的过程，谁参与这些过程以及这些过程对建立的博物馆及参观者产生的后果。

此刻不妨回想艾琳·胡珀-格林希尔的观点，博物馆隐蔽了知识被生产和组织出来的空间，博物馆公共空间提供知识用于被动消费，两者的分裂创造了博物馆权威文化声音主导的单向话语。为了分解这一话语，博物馆策展人的角色必须转变，之前是专业知识来源，其职能是规划表征、宣布知识的地位，现在是技术能力的拥有者，其职能是帮助博物馆的外部组织使用其资源，从而做出权威声明。博物馆功能的重构可以在少数澳大利亚博物馆中找到，它们把重新设计原住民展品陈列的权力还给了原住民，让他们按照自己的主张做出自己的叙述。如果博物馆空间想要变成完全对话性的空间，如果这些叙述想要不被束缚在博物馆官方的声音框架中，并且尽可能被复原，那么就需要概括这些实验体现的原则，从而使博物馆可以成为多元叙述和差异化叙述的倡导者，使之发挥公共辩论工具的功能。

我认为，影响博物馆的第二个矛盾是，虽然博物馆组织和面对的是形式上平等的公众，但它也会通过复合的文化标识发挥大众差异化的功能，使之成为与大众聚集场所明显不同的文化地带，其规范技术也是以改变参观者的行为为目标的。当然，很多最初支持博物馆开放的论点是基于把大众暴露在进步性影响之下的优势评估，而不是基于公共权利原则。然而，我们很容易看到，为何博物馆会因为自己的民主修辞而变成基于此原则的政治对象。虽然，如前文所述，博物馆面前人人平等的要求来自其内部动力，但就博物馆按照其建立的行为规范对民众进行差异化区分的问题来说，同样的动力又为这一目标的实现设置了障碍。对博物馆参观者的研究证明，不仅博物馆的参观人数跟一些变量直接相关，如阶级、收入、职业以及最值得关注的受教育程度，而且对缺席者来说，参与的障碍主要是文化上的。[9] 几乎不去博物馆的群体明显感觉博物馆构建的文化空间与自己格格不入——而且，正如我们看到的，也不无原因。

然而，第二个矛盾带来的政治问题非常复杂、自相矛盾。随着博物馆的资金压力越来越大，有足够证据表明19世纪博物馆明显的差异化机制正在被迅猛逆转。为了吸引足够的参观者来证明其继续使用公共资金的合理性，博物馆经常试图模仿而不是区别于大众聚集的场所：例如与游戏厅竞争的互动性电脑展示、可触摸的展品、把大众聚集场所改建为博物馆展区（例如酒吧和电影院）、模仿景区商店来改造博物馆商店。虽然这些将博物馆气质民主化的努力是受欢迎的，但是它们是否有能力从实质上改变博物馆参观者的结构，这是很难评估的。确实，只要教育系统送到博物馆门口的是文化差异化的人群，其社会偏态参与模式就很难改变。

我脑海中更加有趣的政治问题是关于理由的，不仅是为了公共资源更公平的分配，而且是为了进入和使用博物馆的更公平模式的政治可欲性。博物馆从业人员目前面临的选择是平民主义和国家主义的两极化立场——前者把博物馆的未来设想为休闲产业的一部分，要求给予人民他们想要的；后者依然认为博物馆是教化工具，应当继续起到提升大众文化和智识水平的作用。两种立场都没有提供足够理由证明，如果参与的形式始终是被动的，那么博物馆参观的大众化水平是否一定具有积极的政治价值。至于基于表征恰当性原则的政治要求，这些要求是基于公共权利原则施加给博物馆的，需要重新思考它们与有效利用博物馆资源的权利的关联，而不是与应该享有的娱乐或教育权利的关联。

注释

[1] 但我以澳大利亚为例谈及了这一问题，见 Bennett (1988b) 和本书第五章。

[2] 关于居维叶主义和达尔文主义在自然史博物馆多变命运的细节，见 Stearn (1981)。

[3] 第一点见 Cooper (1974)，第二点见 Stallybrass and White (1986)。

[4] 理性休闲运动的这一方面被 Bailey（1987）生动地强调过。

[5] "监管下的一致性"这一短语是为了突出博物馆和伊恩·亨特（Ian Hunter）所描述学校操场的"监督下的自由"的对比，见 Hnnter（1988）。后者鼓励在老师监督下儿童文化的自由表达，从而监控和纠正街头价值观，而博物馆鼓励的是外表遵守行为准则。

[6] 更多细节，见 Altick（1978）。

[7] 关于19世纪博物馆建筑来源的更多信息，见 Giedion（1967）。

[8] 为了提醒我们边沁全景敞视主义愿景的这一方面，福柯提到它附和了法国大革命中影响较大的卢梭主义梦想，即自我透明的社会。见 Foucault（1980b）。在这方面，更多的博物馆建筑体系可以通过追踪革命时期法国提出的种种建筑设计来探讨，如在政治集会场所设计中加入公共监督原则。更多细节，见 Hunt（1984）。

[9] 例如 Mann（1986）、Heinich（1988）和 Dixon（1974）等。

第二部分

政策与政治

4. 博物馆与"人民"

> 可以说,到目前为止,民俗学主要是作为"如画"(picturesque)元素来研究的。……民俗应该被视为一种"世界和生活的概念"来研究,这种概念在很大程度上隐含在(时间和空间)确定的社会阶层中,并且与"官方"的世界概念(大部分也是隐含的、机械的和客观的)相对立。
>
> (Gramsci, 1985: 189)

葛兰西在此处所指出的问题——如何研究和表征附属阶层的文化,这一问题是有着政治严肃性的——对近期英国的博物馆政策新动向有着尤其明显的重要性。跟斯堪的纳维亚国家以及北美相比,英国已经有些落后,但在战后一段时间内我们看到了一批新的博物馆骤然出现——民俗博物馆、露天博物馆(open-air museum)、活态历史农场(living history farms)。这些博物馆致力于收藏、保护和展示与非精英社会阶层的日常生活、习俗、仪式和传统等相关的人工物品。

19世纪,博物馆通过立法改革和行政改革,基本上从受限于统治和专业阶层的半私人机构转变成国家教化和熏陶大众的主要喉舌,现在这一新发展的重要性完全可与当年匹敌。[1] 这些变革的结果就是，到了19世纪末，博物馆成为实现国家对全体人民进行教育和道德说教的主要工具。到了19世纪晚期，博物馆主要就是为了人民而设，但从展示任何关于当代工人阶级或前工业社会劳动阶级的生活、爱好和习俗方面的兴趣来看，它肯定不属于人民。如果博物馆主要是为了用展品进行实物教学，那它们的核心信息就是物化统治阶层的权力（例如，展示维多利亚和阿尔伯特博物馆借由帝国主义掠夺而获得的藏品），意在推动一种对统治阶层文化权威的普遍认可。

因此，在战后阶段博物馆社会范围的拓展成为新的起点。然而，在相对意义上，这是受欢迎的，其结果就是葛兰西常说到的，呈现社会从属阶层的文化，但失去了它们真正的复杂性，把它们当作"如画"的要素。结果便是，用来表达这些阶级的生活方式的词语常常深度受制于主流文化，所谓"人民"，通常表现为极度理想化和极度倒退的形式，接近中产阶级的想象。当然，也有例外，我会就其中一部分简单说明。但首先，我要先讨论一个例子，讲一讲博物馆在刻画"人民"时感伤化（sentimentalize）人民的过程。

心灵的田园：比米什

比米什露天博物馆坐落于达勒姆郡中心比米什，人们若前往参观游览，他们被引至的第一站往往是访客中心。导览手册告知游客，本馆旨在"介绍东北地区和东北地区人民，以及解释说明比米什的方方面面"（《比米什：大北方的经验》）。解释说明采取录像带放映的方式，提供了该地区起源的两种解释。第一条叙事线以地质时间为线索，将该地区的生命基础追溯至火山时期形成的矿藏。第二条叙事线则主要关于该地区原住民的生活，讲述了坚韧不拔的人民的故事——通过卡通小品回顾区域状况，比如描绘铁器时代的布帽居民（cloth-capped），尽管受到屡次入侵（包括罗马人、维京人和约克人的入侵），却在年深日久中基本保持不变，体现着纯粹和不变的区域精神。这两条 19 世纪的叙事线汇聚起来，有力地支持了英国东北部独特历史的描述，它是区域特性的产物，得益于该地区的丰富矿藏以及坚忍顽强、富于创新的人民对自然资源的善加利用。

　　神话故事表面看无关痛痒，犯不着认真对待。但是，神话故事的意义既在于故事内容，也在于故事的讲述方式。博物馆在展览的第一部分和结束部分都设定了整个地区史讲述的情境，并对相关术语进行限制定义，而语音旁白的声音则"不带感情色彩"，口音不明显，语调经过了精心控制，要么是乡音使然要么是 BBC（英国广播公司）式的。但是，当讲述到关键时刻，讲到 19 世纪东北矿产资源发展时，地区人民和地区矿物资源两条叙事线就合二为一，叙述声音被另外一个声音取代，一个虚构矿工［且称他为琼蒂（Jonti）］接过了话头，他操着低沉的乔迪（Geordie）①口音，继续讲述"我和我的伙伴们"如何齐心协力发展地区产业的故事。这种切换是电视纪录片里常用的手段，主流文化的声音常常被赋予某种权威性，而区域性声音（常被降格为某些地方怪异的或者奇特的符号）则处于明显的从属地位。此处即为一例。主导叙述的是南方的声音，其权威性不仅源于我们所熟悉的 BBC，而且源于其匿名性以及其所扮演的角色在讲述关于地质时代的残酷真理。简而言之，这是主流文化的声音，也是一种非人的真理的声音。相比之下，琼

---

① 乔迪是对英格兰东北部泰恩赛德（Tyneside）地区民众的昵称。——译者注

蒂的声音表达的是地方经验。它体现着人民性，但这是主流文化想象中的人民，而作为当地人的代表，琼蒂成日乐呵呵的，脾气好，有干劲，够勤劳。琼蒂的乔迪口音听起来又莽撞又活泼，是从主流文化"说"出来的当地人的声音，就像大众媒体说出来的"普通人"的声音一样。

从这一点来说，录像带-幻灯片放映确实为参观者进入博物馆做好了准备，他们可以通过主流文化破裂的窥视镜看到东北地区的"人民"，也看到他们自己。《比米什导览手册》中写道："一个世纪前，东北地区曾是英国工业发展的前沿"，而博物馆旨在介绍"该地区人民的生活和工作如何受到了诸多因素的影响"（《比米什：大北方的经验》）。像这样，博物馆由一系列相互关联的场景组成（见图4.1），时间跨度从（大约）18世纪90年代到20世纪30年代，但重中之重是维多利亚和爱德华时代晚期。有一个18世纪末的农场模型，但农场修复得更近似19世纪中叶的布局和作业条件；有一个煤矿，旨在代表第一次世界大战前夕的采矿技术和工作条件；有一排矿坑平房，其内部设计和布置展示了19世纪90年代至1938年期间矿工家庭生活品位和生活方式的变化。博物馆还重建了小镇集市中心，有鹅卵石铺成的街道、一个合作社、酒吧和室外乐队演奏台，仿佛19世纪30年代到20世纪20年代的城市历史切片，但紧邻着它的是一个复原的1910年乡村铁路车站。古老的交通工具（马车、马匹、电车）将这些场景彼此相连，博物馆工作人员穿着各异，在这个建构出来的昔日情境里扮演不同角色，展示传统工业和家政技艺。

毫无疑问，"比米什经验"（the Beamish experience）的意义在于它包含了什么以及排除了什么。当然，没有哪个博物可以囊

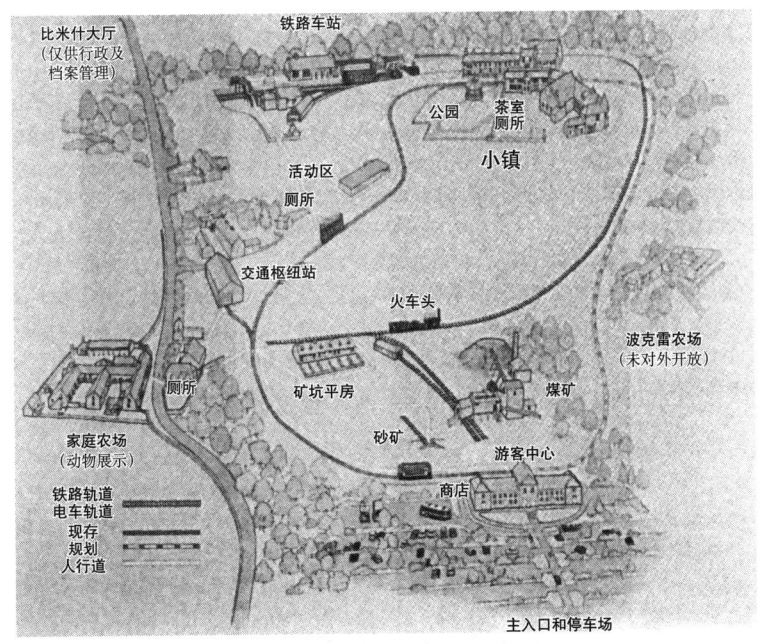

图 4.1 比米什露天博物馆

资料来源：Beamish, Beamish Museum。

括一切，但是，比米什的排除模式显示了博物馆体现（甚至可以说是致力于此）了一种体制化的健忘症模式。比如，很难发现任何地区劳工和工会运动史的材料，东北女性在争取选举权和女权运动中的活动则完全未被提及。简而言之，经过比米什复原的当地人很像是没有政治观念的人民。但这些也不完全是被博物馆排除了。实际上，许多人造物的展出方式都很可能暗示了它们与大众政治运动有关。然而，大致倾向是切断这种联系，使展品沦为怀念感伤过去的工具。以馆内市镇中心主要展品之一的安菲尔德平原工业合作社（the Anfield Plain Industrial Co-operative Society）房舍为例，它的展示令参观者回想起旧的定价系统（十进制前的）、服务技术（培根切片机）和广告（弗莱男孩餐车），但它绝口不提合作社运动的历史、目标和原则,也不提它与其他社会主义组织的关系。同样地,那排矿坑平房虽然展示了室内装饰和家政技艺的变化,但这些只是品位的变化,无法建立与家庭内部不断变化的社会关系的联系——例如,新的家政技艺或采矿业结构变化带来的性别分工变化。

尽管有如此这般的缺失和遗漏,但是很重要的是对"比米什经验"的评估最终必须根据它做了什么而不是它没有说什么。从这个角度来看,最重要的意义在于博物馆如何将地区历史具体化,它如何将英国东北各地的不同建筑和人造物汇聚一堂。比如,火车站由东北铁路公司时期多个废弃车站的组件重新组合而成,而市中心除了安菲尔德平原工业合作社外,还包括了一个室外乐队演奏台,一排来自盖茨黑德(Gateshead)的乔治时期风格的中产阶级房屋。不止于此,还有来自博物馆毗邻区域的煤矿建筑和大量矿坑机械,而那排矿坑平房是从桑德兰附近的赫顿利霍尔(Hetton Le-Hole)运过来的。只有将这些建筑从其特定的本地历史中分离出来并集中在同一地点,比米什才能让人理解东北地区和地区人民的独特之处,博物馆才能声称它实现了地区史和人民史的交融。

也许更重要的是,这些不同的建筑和它们所包含的人造物也被想象成属于同一个重要的、统一的时代。尽管博物馆的时间跨度是从18世纪90年代到20世纪30年代,所有主要展品都标记了明确的年代,但是给参观者留下更强烈印象的,不是这一时期内部的时代差异,而是博物馆环境所暗示的时代雷同感。在比米什,所有的东西——无论它有多古老——都被冻结在同一个时间点上:从农业社会向工业社会的过渡期。无论小镇的某些部分可追溯到19世纪30年代还是20世纪20年代,也不管矿坑平房的内部设计是否跨越了从19世纪90年代到20世纪30年代这一时期，只要是在乡村中心复原这些早期工业技术以及相关社会组织形式，就都会让参观者置身于过去的乡村和现在的工业化之间。在比米什，工业化进程的规模非常人性化，可管可控，形成了一座座工业化和城市化的小岛，四周乡野环拥，观之十分和谐。

乡野也不是随意挑的。博物馆坐落在比米什大厅的原址，此处是沙夫托家族（the Shafto family）在1952年之前的家宅，再往前追溯，则属于伊甸家族（the Eden family）等名门望族，更早可以追溯到诺曼征服时期。今日比米什大厅伫立依旧，承担博物馆的行政办公功能，并举办了一个关于当地工艺品的展览。但它也是博物馆监控意识形态的中心，是一座监控凝视下的资产阶级乡间别墅，它将各种关系组织成一个和谐的系列，例如城镇和乡村之间的关系，农业和工业之间的关系，各占一方的阶级之间的关系（中产阶级统治城市中心，而工人阶级则住在煤矿边上，看起来并行不悖，彼此和谐，安心接受分配的空间）。因此，东北地区工业发展的故事没有断裂、冲突和转变，而是一个过程，是一个乡村更深层和更长期历史的接续，资产阶级的权力在这个过程中变得自然而然。从这一方面来说，它类似铁桥峡谷博物馆（the Ironbridge Gorge Museum），正如鲍勃·韦斯特（Bob West）所说的那样，"讽刺的是，通过有机乡村主义的神秘理想化来重构一种工业感"（West，1985：30）。

马丁·维纳（Martin Wiener）在谈到维多利亚时代后期"英式生活方式"这一乡村化概念的兴起时，写道：

> 这种心灵的乡村意味着工业社会所没有的一切——古

老、缓慢、稳定、舒适,"充满灵性"。它宣称,英国人的天才(除却表面上的)不在于经济或技术,而在于社会和精神层面;不在于发明、生产或销售,而在于保存、协调和道德化。英国人的性格天生就不是进步的,而是保守的;最大的任务——也是最大的成就——在于驯服和"文明化"它无意中释放出来的危险的进步引擎。

(Wiener, 1985: 6)

比米什可能会夸耀像斯蒂芬森这样的东北发明家,并赞颂他们那些聪明勤劳的人民所具有的美德。它可以宣称,东北地区是工业化进程的先锋,领先于国内其他落后地区。但与此同时,比米什利用这种地域性的修辞成功地驯服了"危险的进步引擎",似乎将维纳所写的心灵的乡村具体化了,从而实现了一种纯粹的想象的历史。然而,一部想象的历史的文化力量是非常可观的。否则,何以认为从原址拆下各种工业化的物件并在这样的乡间别墅中重新组合,就足以充分表现一个世纪的历史以及更大规模的工业化和城市化呢?否则,我们何以解释比米什能吸引来自工业化破坏随处可见的盖茨黑德和纽卡斯尔的游客呢?除非借用米歇尔·福柯对历史的说法,我们承认它是"一个休养、确定和和解之地,一个安睡好眠之地"(Foucault, 1972: 14)。

过去的人们:斯堪的纳维亚和美洲的先驱们

这在很大程度上并不太令人惊讶。如前所述,比米什露天博物馆体现了战后英国博物馆兴趣点和关注点在更大范围上的延伸和民主化。它于20世纪70年代开放,是英格兰第一个露天博物馆——但英国露天博物馆的首创之名要归于在1946年开放的位于圣法根(St Fagan's)的"威尔士民俗博物馆"(the Welsh Folk Museum),它像大多数同类博物馆一样,深受此类博物馆早期历史的影响。第一座此类博物馆由阿图尔·哈兹里乌斯(Artur Hazelius)于1891年在瑞典斯德哥尔摩附近的斯堪森(Skansen)创办。博物馆由修葺一新的农场建筑、一座庄园宅邸、若干手工作坊、一座原木教堂、牲口和放牧工具等组成,导游身着当地服装,音乐家和民间舞者串场演出,反复表演传统习俗。这座博物馆大受欢迎,导致19世纪末20世纪初欧洲其他国家也建立了类似的博物馆。斯堪的纳维亚地区对民俗文化的兴趣发展得比其他地方要早。这原本是进步现象,正如彼得·伯克(Peter Burke)所说,是"欧洲文化边缘对中心的反抗运动的一部分;在知识分子中,这场运动体现为地区或民族意义上的自我定义和解放"(Burke,1977:145)。然而,到了20世纪末,迈克尔·华莱士(Michael Wallace)认为,这种对民间文化的兴趣已经退化为一种向后看的浪漫主义形式:

> 斯堪森运动融合了浪漫的怀旧和对资本主义社会关系的失望。由于新的秩序引入了大规模机械生产、迅速发展的工人阶级和阶级冲突,这些通常由贵族和专业人士组织的博物馆开始保护和赞扬迅速消失的手工艺和农村传统。他们所纪念的,某种程度上也是编造的,是"民间"的生活,"民间"被想象成一个由农民和手工业者构成的和谐群体。
>
> (Wallace,1981:72)

而更糟糕的是，在20世纪二三十年代，露天博物馆的形式被移植到美国。在19世纪的大部分时间里，美国的精英阶层对发展博物馆或保护历史遗迹不甚感兴趣。而有兴趣的主要是来自美国老派家族的代表，他们的财富来自土地继承、商业活动或者早期工业发展。事实上，保护主义游说团中的许多主要组织，例如"美国革命女儿会"（the Daughters of the American Revolution, DAR），明确要求成员须是早期殖民者的后裔。[2]企业资本是19世纪末美国经济的真正推动力，企业资本的代表人对博物馆和遗产政策问题不那么感兴趣，主要是因为这些问题被美国的贵族精英给殖民化了，而这么做的显而易见是摒弃庸俗的新贵们（nouveau riche）。唯有表现出对往昔不感兴趣甚至不屑一顾，才能得到美国共和主义传统的强有力支持，而这种传统素来认为，美国的立国之本是一系列与过去的决裂，过去只适合放在历史的垃圾堆里，而不可被迷信和纪念，唯有如此，美国才能继续忠于自己，忠于自己的求变之精神（dynamic essence）。作家纳撒尼尔·霍桑（Nathaniel Hawthorne）很好地总结了这一观点，他在1862年记录了他访问沃里克郡维特纳什村所引发的思考：

> 与其在缓慢的年代里单调地徘徊在乡村的绿地上，在世袭的田地里辛勤劳作，在灰色的诺曼教堂里听着牧师那絮絮叨叨了几个世纪的声音，不如欢迎任何可能到来的变化——地方、社会习俗、政治制度、崇拜方式的变化——相信……它们的使命就是被更好的制度替代，为更高贵的人装扮生命，然后等他们脱下，再换上新装。
>
> （Cited in Lowenthal, 1985：116）

迈克尔·华莱士认为，这一传统的影响力在第一次世界大战后明显下降。保护主义游说者内部也出现了变化，因为在国内劳动力严重匮乏和欧洲革命幽灵的背景下，"企业资本走到了回归过去的最前沿"（Wallace，1981：68）。历史的讽刺就在于，曾谴责历史是垃圾的亨利·福特（Henry Ford）也是这些发展的主要推动者，1929 年开放的绿野村（Greenfield Village）是他出资创办的美国第一批露天博物馆之一。但是，他大大改变了这种在彼时完全属于欧洲的博物馆类型，体现出与早期美国保护主义组织思考重点的全然不同。在讨论这个昔日想象中的乡镇所体现的那种"过去的人们"（peopling of the past）时，华莱士表达了对绿野村影响下早期博物馆形式的双重变革的看法：

> 福特的绿野村可以被视为美国化的斯堪森。福特颂扬的不是"民间"（the folk），而是普通人（the common man）。他摒弃了"美国革命女儿会"赞扬著名爱国者和显贵精英的做法。事实上，他把富人住宅、律师事务所和银行从绿野村驱逐出去。这个堪比博物馆的小村子向铁匠、机械师、开荒农民致敬，颂扬手工艺技能和家务劳动，恢复传统社会习俗，比如广场舞和民间音乐，赞扬勤劳、自律、节俭和自力更生等拓荒者拥有的"永恒的、不过时的"美德。它是一个前资本主义的伊甸园，免于现代弊端的影响，其间的人不论男女都品格高尚。
>
> （Wallace，1981：72）

但这个伊甸园注定要逐渐发展，不断超越自身，朝向更好的未来。例如，绿野村里还有一个工业博物馆（industrial museum），用以展示天才们的发明，陈列发展过程中使用的机械，有了机械设备，就能改善村子其他方面所体现的田园生活的部分。华莱士认为，这样一来，绿野村从两方面提供了一种"旧日好时光"的愿景，由于资本主义的进步，一切都变得更好了。"这里有两个信息"，正如华莱士所说，"一个是旧日时光很美好，另一个是那之后的生活越来越好，两者叠加，形成了一个企业家的历史观"（ibid.：73）。

比米什所传达的信息大同小异，只是进步的动力被归为该地区人民的品质，而不是某些天才发明家的成果，而且，比米什没有另辟一个单独的博物馆陈列这些进步的动力，而是将它们分散在整个遗址中，仿佛它们是从乡村自然生长出来的。正如我们所看到的那样，这并不是普通的乡村，而是独特的资产阶级心灵乡村，它的发展过程是连续不断的，从过去到现在，而且，资产阶级的存在和领导作用被永恒地自然化了。比米什将工业主义从一系列断裂事件转化为展示统治者与人民之间一系列和谐关系的某个单纯瞬间，这种能力很可能会变成英国对露天博物馆形式发展的一个独特贡献。

简而言之，战后博物馆政策对过去的态度更大众化、更具社会包容性，但有理由对它产生的影响保持谨慎态度，尽管有人常常谈及其优越性，认为它至少承认了普通劳动人民日常生活的重要性。博物馆展示什么（what）固然重要，但物品如何（how）被博物馆展示和表现——也就是它们被赋予的意义——至少同样重要。从这个角度来看，如果比米什确有可取之处，那就在于它首先关注了与"普通人"日常生活和习俗有关的物品，打造了一种"过去的人们"的状态，体现了从属于资产阶级文化和价值观的非精英阶层的多元文化和价值观，这与19世纪发展起来的大型公共博物馆所呈现的内容完全一样。然而，这种从属关系是由一种不一样的意识形态经济以异乎寻常的方式铸造而成的，这种经济尤其擅长精准掌控参观者的体验，也正因如此，它往往很容易被忽视。

在 19 世纪的博物馆里，从属阶级的多元文化完全缺席，过去如此，很大程度上现在仍然如此，被排除在外不仅是定义范围的问题（工人阶级不被认为拥有值得保存的文化），而且是一个故意为之的政策问题（让人民接触中产阶级文化的有益影响从而"改良"人民）。因此，参观维多利亚与阿尔伯特博物馆这类场馆，就是体验和见证统治文化的权力，这种权力恰恰体现为它排除一切被定义为他者和从属者的能力。因此，至少对我们大多数人来说，那些博物馆没有什么眼熟的东西可以让我们放松和宾至如归。然而，一旦意识到自己与之格格不入，我们也就知道了这种感觉绝非意外，我们正处于一次实物教学中，这些展品实物在某种程度上凭借其威慑力来教导我们。

相比之下，比米什是基于对大众记忆的影响和重塑。参观者或许直接或间接地从父母或者祖父母那里获得了一定的知识和经验来体验过去的生活方式，扑面而来的是平易近人和熟稔的感觉。但另一方面，可以说参观者的熟悉感是通过某种特定的政治和意识形态关联转移到别处的，这种关联通过"心灵乡村"的修辞支配着选择性地唤起和重建过去的方式，并被借用给了那些被铭记的过去。当然，我们没有理由认为每一位参观者都会认同这种大众回忆的再造，他们体验这种回忆或许会忐忑不安，或许会矛盾两难。因为这种大众记忆的基础，也就是机构最常用来设想和铭记过去的那些术语，完全是因人而异的。比米什是运用了特定的主流模式打造了一个多愁善感的历史风格［参观博物馆有点像在《船之将至》（*When*

118

the Boat Comes In)剧集里做一天临时演员],如果参观者过于投入,劳工传统、工会和女性主义历史就会被召唤出来去抵制这种过去的诱惑。博物馆文本也并非没有自相矛盾的地方。它的部分裂痕出现在那些最不容易被预先控制的实践层面:博物馆工作人员的行为。比如,我上次参观比米什的时候,原本精心设计的历史还原场景(见图 4.2)却被一位穿着戏服的博物馆人员给搞砸了:她一边在精心复原的乡村小屋厨房里演示传统面包的制作工艺,一边却与同事聊起丹尼斯·诺登在前一天晚上《今夜安好》(It'll Be Alright on the Night)剧集中的表现。

图 4.2 矿坑平房里的展示者,进行常规清洁并演示面包制作、地毯制作,比米什露天博物馆

资料来源:Beamish, Beamish Museum。

然而,这些一般观点可以适用于任何博物馆,或者说,事实上是任何文本（这也是为什么我建议我们应该针对博物馆）。并且，这些观点无论多么有用，它们的意义都是有限的。比米什的理想文本可能会被表演者打断，或者参观者可能会不按文本的本意去解读，无论怎样，比米什展示了一个非常保守的"人在过去"的博物馆案例，露天博物馆发展的早期形式也在它身上显露无遗。同样，这也不是说，无论何时何地，只要博物馆关注的是保存和展示与"普通人"的日常生活和习俗相关的物品，就会有同样的效果。保守的浪漫主义可能从一开始就与这种实践有着密切的联系，但这种联系并不是内在的或者必然的。尤其是随着"逛博物馆"成为越来越受欢迎的悠闲活动，这种联系就可能被打破，也需要被打破。[3] 当然，想要更大规模地实现这一目标，就必须改变对博物馆的控制架构，并彻底重组它们与社群中不同团体的关系，解答此类问题需另行撰文。然而，我们在悉尼海德公园兵营博物馆和格拉斯哥人民宫那里就可以略知其意义之一二。这两个博物馆明确致力于展示其他阶层的人和其他过去的东西，困扰露天博物馆、民间博物馆及其他博物馆的人的感伤化问题，在这两个博物馆都没有体现。

其他人民，其他过去

官方指南说：

> 海德公园兵营博物馆呈现的是新南威尔士州的社会历史。与其说这是一部伟大的个人的历史，不如说是一部人民的日常生活和经验史。展览内容涵盖了澳大利亚两个世纪的社会生活：节日欢庆、移民、进城看戏、建造家园、

兵营生活等。

（*The Mint and the Hyde Park Barracks*，1985：16）

就像比米什一样，海德公园兵营博物馆关注的是普通人的日常生活。然而，与比米什不同的是，这些人并没有被还原成葛兰西所言的"一种'如画'的元素"。海德公园兵营博物馆位于悉尼市中心，其设立主要是为了回顾和纪念这个城市大众历史的特定时刻。博物馆呈现出来的"人民"主要是城市人民（urban people），而且这个人民在很大程度上与"官方的世界观念"对立。

博物馆的这一面在"悉尼庆典"（Sydney Celebrates）展览中表现得最为显著，在展示与公众庆祝活动有关的材料时，悉尼城市史穿插其中，系统地削弱和否定了共识主义者的言论，尽管这些言论构成了庆祝活动的一部分，并支配了此后官方表述这些庆祝活动的话语。要做到这一点，途径之一是关注那些被排除或主动排除于庆典之外的群体。1938年，澳大利亚庆祝欧洲人定居一百五十周年，相关文字材料指出，禁止城市街头花车巡游中描绘犯罪生活或者以工会活动为主题，旨在呈现澳大利亚的历史是一个没有苦痛和冲突的过程。更具说服力的是，文本还告诉我们，1938年1月26日，即杰克逊港（Port Jackson）建成第一个欧洲人定居点的周年纪念日，也被选定为原住民领导人组织的"联合会哀悼日"（Day of Mourning Conference）。同样，博物馆展示了1932年悉尼海港大桥（Sydney Harbour Bridge）的通车盛况，强调了大萧条时期的深刻社会分化。由于大桥建设对城市工人阶层的经济状况意义重大，民众对这个公共庆典的参与热情也异常高涨。文字材料还进一步说明，新南威尔士的工党政府以公共财政经费另有更迫切的用途为由，拒绝邀请王室代表参加大桥通车典礼，这就为支持工人阶级的态度注入了反殖民主义色彩，进而使整个展览充满活力。

因此，从这些方面来看，城市公共文化中与民众参与有关的人工制品展览打上了有意识的政治说教的烙印。其他一些大型展览也这样。比如，名为"植物湾之境"（Bound for Botany Bay）的展厅讲述了发生在澳大利亚的连续不断的移民潮过程中的故事，它挑选出典型的个人叙事，加以编辑组织，旨在启发公众对过去和当下社会状况的关系进行批判性思考。展览讲述流放时期的故事也是为了强调19世纪英国和当代澳大利亚存在相似的失业率与犯罪率上升情况。

总而言之，海德公园兵营博物馆不仅在内容上与比米什有明显不同，它还证明和体现了构想与表达一个民族及其历史的另一种方式。毫无疑问，这些差异在一定程度上反映了两个博物馆前期酝酿的不同，以及与此相关的、决定其后期发展的策展投入的差异。比米什露天博物馆于1958—1971年开始规划，由多位民俗生活助理负责收集和整理与平民阶层文化生活有关的材料，而此时在英国，传统民俗生活研究深受浪漫主义观念的影响，视民众为"如画"的一部分（比米什一号馆 1978）。相比之下，海德公园兵营于1979—1984年完成博物馆改造，这一时期劳工、女权主义和原住民史研究方面出现了一批重要的新成果，它们带来的挑战让澳大利亚的历史研究重新焕发了活力，新的知识潮流融入了博物馆的概念和规划之中，将强调社会史作为主要的策展重点。

要想更充分地了解海德公园兵营博物馆的独特性，并评估其在澳大利亚语境中的重要性，就必须将之放置在澳大利亚博物馆政策最近及更早的发展中加以审视。博物馆对澳大利亚人社会生活的关注不亚于其对普通公民的日常习惯和风俗的关注。或者说，博物馆的重要性在于它将这两个关注点结合起来。海德公园兵营博物馆关注普通人的日常生活，他们既然被认定为"澳大利亚人"，也就区别于和反对所谓澳大利亚只是大英帝国前哨的殖民主义理解方式。海德公园兵营博物馆具体表现了民族意识和民族自治历史，但这两样在早期澳大利亚博物馆是明显缺失的。

卡内基公司（Carnegie Corporation）20世纪30年代对澳大利亚博物馆进行的委托调查报告中也提及了这一点。1933年公布的报告特别提醒注意，澳大利亚博物馆对收集和展示欧洲定居史有关的材料缺乏兴趣。据调查，只有三座博物馆致力于展示"后定居史"（post-settlement），其中的澳大利亚战争纪念馆直到1941年才正式开放。在其他博物馆中，后定居史并没有得到很好的展示，尤其是那些与普通澳大利亚人生活有关的澳大利亚历史的方方面面。报告因此特别指出，"没有一个博物馆有早期定居者居住的建筑的复制品"，并将之视为"现有博物馆收藏中最明显的缺失之一"（Markham & Richards, 1933：44）。然而，澳大利亚早在19世纪20年代就开始建造博物馆，到20世纪30年代，其许多博物馆已经拥有了令人印象深刻的地质和自然史收藏，以及大量原住民遗物和文化人工制品的收藏（Kohlstedt, 1983）。

那么，为什么博物馆对1788年以来的历史毫无兴趣呢？部分原因在于这些博物馆策展人的学科专业（通常是地质学或者生物学）。但是，这本身是一个更深层次文化问题的症状：由于欧洲中心主义的主导，人们认为澳大利亚作为一个新国家，只是初来乍到，没有什么值得保存、展示或者纪念的历史。这个想法更适合说明19世纪晚期，而不是20世纪30年代，因为起码对于当时的殖民资产阶级成员来说，后定居时期并没有提供那种可以锻造历史的原材料，其历史尊严和庄严不足，无法对抗向来被视为此类事务文化参照点的欧洲历史。[4]英国的民族历史已经在公共仪式和博物馆中被具体物质化了，它围绕着君主、战争英雄和伟大政治家的事迹组织起来，与之相比，澳大利亚早期殖民者的活动（罪犯、抓捕罪犯的海军、后来的定居者、淘金者、放牧者）缺乏一种相似的本质。

在这种背景下，澳大利亚战争纪念馆成为国家机构中第一个全馆纪念后定居时期的博物馆也就并不奇怪了。它既是国家军事历史博物馆，又是为国捐躯的战士的圣地，通过纪念澳大利亚军队在欧洲和中东（"真实历史"的舞台）的英勇战斗，澳大利亚的过去得以展现和具体化，使之获得地位、分量和尊严，并足以匹敌它显而易见模仿和超越的欧洲历史。[5]

然而，也许更令人惊奇的是，战争纪念馆一直是澳大利亚唯一的国立博物馆，直至2001年澳大利亚博物馆开馆，情况才有所变化。澳大利亚博物馆将对澳大利亚的博物馆政策发展产生重要意义，尤其是它的三大展厅中有一个专门介绍后定居时期的情况。然而，重要的是要从更广阔的角度来看这座博物馆的发展。它的开放只是澳大利亚博物馆和更广泛的长期文化遗产政策的高峰和最显著的表现，早期那种对保存和展示后定居时期材料缺乏兴趣的情况已大大扭转。除了文化政策日益重视此议题的重要性之外，这两家博物馆都表达了类似的承诺，要切断早期澳大利亚与英国更久远历史之间的依存关系（尽管总是伴随着一定程度的矛盾和紧张），从而生产和组织一个更加明确自主的澳大利亚历史。

从立法角度来看，发展高峰可以总结如下：1967年①成立了澳大利亚国家信托基金委员会（Australian Council of National Trusts）；1973年成立了国家遗产调查委员会（Committee of Inquiry into the National Estate），1976年颁布了《澳大利亚文化遗产法案》（Australian Heritage Bill），随后编制了受保护财产登记册；最后，1974年成立了博物馆和国家收藏调查委员会（Committee of Inquiry on Museums and National Collections），其最重要的立法成果是1980年《澳大利亚博物馆法》（Museum of Australia Act）。无论以何种标准来衡量，这都是一次目标明确的立法运动，其目的是扩大被正式划定为属于历史的空间、建筑和艺术品的范围，同时将历史国家化。

此外，与英国的情况不同的是，在英国，保护的政治和保守主义的政治往往齐头并进，把过去和现在都对立起来则多源自工党政府。总体来说，工党政府的遗产政策得到了相当强大的民意支持，这些政策明确承诺增强历史遗迹在公共领域的存在感，同时相关组织协会都要国家化和民主化。因此，上述调查都始于惠特拉姆②时期并在当时"新民族主义"的推动下发展。事实上，工党政府，包括州政府和联邦政府，愿意保护历史遗迹免遭开发商的破坏，这是"新民族主义"的一个重要标志，它代表着"所有澳大利亚人"的利益，致力于反对国际公司和国内精英对社会和环境的破坏活动。

---

① 澳大利亚国家信托基金委员会成立时间为1965年，本书后文有两处提及。但这里原文是"1967年"，疑有误。——译者注

② 爱德华·高夫·惠特拉姆（Edward Gough Whitlam），澳大利亚政治家。1972年出任总理，率领工党取得组阁权。1975年，澳大利亚总督在国会有重大争端之际，未循例事先征询总理的意见，仅在召见后即解除惠特拉姆的总理职务，后世称此为"澳大利亚宪政危机"。他成为有史以来第一位被总督解职的总理。——译者注

这些承诺并非只在政府政策层面上得到阐述和实践。20 世纪 70 年代初，面对城市开发项目可能威胁历史遗迹和建筑，居民行动小组展开声势浩大的拯救活动，他们获得建筑工人联合会（Builders Laborers Federation）的支持，阻止了在有争议的遗迹上施工，这是文化遗产保护在一定程度上赢得民众和民主组织支持的最佳示例（Nittim，1980）。

正是有这些运动作为直接的政治背景，政府才决定将海德公园兵营改造成城市社会历史博物馆。兵营于 1819 年投入使用，最初只是苦役犯的宿舍，到 1848 年流放时代接近尾声时，宿舍具备了多种用途（例如，女性移民接待中心和疯人院），还兼具各类政府办公室职能（例如，疫苗研究所和酒厂检验员办公室）。20 世纪 60 年代，它与相邻的皇家造币厂（Royal Mint）一起因内城发展计划而面临被拆除的命运。保留该建筑，将之改造为博物馆并向公众开放，这一决定显然是当地居民行动团体的运动以及运动得到联邦政府大力支持的结果。[6]

然而，我们也不应该将这种最初的政治语境与博物馆具体化了的历史定位过于直接或不假思索地联系起来，中间变量太多，未必可信。此外，博物馆自身作为一个文本也是参差变化、矛盾重重的。人们从一个展厅走到另一个展厅时，可以非常清晰地看出策展理念的不同。虽然我简要介绍的那些展厅表明了它们有意破坏和颠覆关于过去的社会主流观念，但还有一些展厅并非如此。例如，专门讨论家庭建筑风格变化的展厅，与比米什的矿坑平房一样，没有对家庭内部的社会关系变化提出任何批判性的观点。

然而，这座博物馆最令人失望的地方或许在于，它在一定程度上认为城市社会和文化历史有别于政治历史，两者并无任何有机联系。它虽然唤起了大众文化和生活方式，却无关任何政治传统或要素。至少，它并非一种流动的盛宴嘉年华（movable feast）。在兵营博物馆开放初期，其中一个临展厅用来展览工会旗帜和其他城市劳工运动的纪念品。后来，展览撤走，至今也没有用同类展览代替，这深刻地改变了兵营博物馆的整个意识形态经济，因为它剥夺了一个与大众习俗、传统和生活方式的表征可能关联的政治参考点，从而被提升至一种纯粹逸事的意义上。

要强调这一点，可以稍比较一下格拉斯哥人民宫，后者完全可以验证现任策展人的说法，即"世界上没有任何其他博物馆、画廊、艺术或社区中心与之相似"（King，1985）。从概念上来看它就十分特殊，因为同一屋檐下集合了博物馆、画廊、冬季花园和音乐厅，它既是大众教育又是大众娱乐的地方。作为博物馆，它的特殊以及幸运之处在于自1898年开放以来，管理方一直是一家城市公司，它拥有欧洲历史最悠久和能力最强大的市政社会主义传统。它的另一独特之处在于，它位于格拉斯哥绿地公园（Glasgow Green）中心，是格拉斯哥大众文化的中心，格拉斯哥集市（Glasgow Fair）的举办地，也是现在一年一度的人民马拉松（the annual People's Marathon）的起点和终点，以及社会主义和女权主义政治文化的中心（格拉斯哥工会运动的起点、选举游行的起点和反征兵运动的起点）。但它最特别的地方也许在于，作为城市历史博物馆，它以一系列深层次的互动方式展现历史，一方面是普通格拉斯哥人的生活方式和大众娱乐，另一方面是他们的政治传统。此外，它没有用训导说教的方式，比如，没有用一个独立的展厅或展览专门介绍城市的政治历史。相反，政治传统和注意力往往以一种低调的方式注入日常生活的细节中，在工作和休闲空间里展示与政治运动有关的人工制品，与那些说明城市体育历史或不同形式家庭空间发展形式的物件放在一起。

换句话说，这是一种明确的尝试，试图将一种生活方式与一种政治方式联系起来，以此暗示过去和现在之间一直存在的政治斗争。*126* 展示内容五花八门：老式烟草店和电影院门厅；当地印刷社的历史；反映城市住房条件发展的房屋内部细节；从20世纪20年代到80年代当地罢工的照片；一个当地艺术家创作的有关1984年矿工罢工的始末、人物和领导人的作品展；印着女性参政言论的扑克牌；对30年代失业者集会的报道，旁边是对当地足球英雄的致敬；同一个展厅，既有约翰·麦克莱恩（John MacLean）的书桌，又摆着比利·康诺利（Billy Connolly）的香蕉靴（banana boots）。所有这些不同的历史并置一处，彼此联系又相互影响，从而传达出一种激进的政治文化，这种政治文化产生于并渗透到普通格拉斯哥人的日常生活中。而且，这种政治文化在博物馆的意识形态经济中占据着主导地位。在人民宫，"人民"并没有被贬低到"如画"的水平。相反，是普通的格拉斯哥人——他们的文化和政治——提供了人性的规范，这一点在博物馆中含蓄地被正视。

框架问题

19世纪博物馆发展的指导思想是有可能"挑选人工制品，有序安排展览，从而实现对人类现实和历史的全面表征"（Donato，1979：221）。也就是说，博物馆对展览的安排要模拟博物馆墙外的人类世界和自然世界的组织方式。这种认为事物的理性秩序可能反映事物的真实秩序的梦想很快就被证明是真实的。因为，无论是博物馆实践，还是我们作为参观者与博物馆的关系，它们处理"真实历史事物"的幻觉都依然存在。少有博物馆有意识地说明它们保存的内容经过了什么选择，或者说明展品依照什么原则进行组织。也少有参观者有时间或者有意愿把目光投向博物馆展品之外的地方，从而思考博物馆如何呈现展品背后的意义。然而，正如我想论述的，"如何"（how）是问题关键，它对参观者体验产生的影响有时比实际展品的影响更大。

事实上，我必须强调这一点：以上论及的三家博物馆，其展示对象的类型之间差异相对较小，但在那些物品被陈列为特殊展示装置的过程中，我试图揭示布展所依据的修辞与其所揭示出的意识形态意义和联想的效果之间存在着天壤之别。如果这让人们注意到博物馆所使用的表征框架的政治意义，那么它并不是说博物馆的其他方面不需要批判性审视，也不是说表征问题应该被孤立出来另行考虑。例如，很明显，博物馆如何展示实物的问题不能与策展人的教育背景或者博物馆的控制和管理结构这样的问题分开，这些都是实实在在的约束，对博物馆工作者而言具有相当大的限定性。

然而，这些都不是短期内可以轻易解决的问题，也不是参观者有能力解决的事情。但是，如果用正确的方式来解读，将博物馆视作统治阶级的修辞学而不是实务课，即使是最保守的博物馆也可善加利用。在比米什待一个下午就可以极受教益，前提是不把它当成一堂讲授工业史或地区史的课，而把它看成资产阶级历史神话的速成班。

注释

[1] 几个关于这一发展的有用调查，详见 Minihan（1977）和 Pearson（1982）。

[2] 对这些问题最彻底的调查是 Hosmer（1965）。

[3] 据估计，在英国，整个 20 世纪 70 年代，平均每两周就有一个新的博物馆开放，当时平均每年博物馆的参观人数为 2 500 万。见 Bassett（1986）。

[4] 对这些问题最好的讨论之一是 Inglis（1974）的倒数第二章。

[5] 关于战争纪念馆的最佳描述，见 Inglis（1985）。

[6] 关于军营及其改建的简要历史，见 Betteridge（1982）。

5. 出于何种过去？

对过去的看法

过去作为文本

博尔赫斯（Jorge Luis Borges）的《迷宫》虚构了一位现代作家皮埃尔·梅纳德（Pierre Menard），他创作的若干内容与塞万提斯的《堂吉诃德》中的两个段落几乎完全吻合。评论这种虚构行为，博尔赫斯坚持认为，虽然梅纳德和塞万提斯的这两段文字语言可能是相同的，但含义却不一样。同样的词语以同样的顺序组合在一起，但由于它们的创作环境不同，文化视野不同——一个是20世纪的法国，一个是17世纪的西班牙——它们传达的意义也不尽相同。总而言之，博尔赫斯认为，梅纳德的文本是塞万提斯的文本的摹本，因而表述更含混，但内涵更为丰富（Borges，1970：69）。

毫无疑问，这是一个令人浮想联翩的案例，它对博物馆和遗产政策的影响可能不是立竿见影的。然而，除了尽可能一模一样地依据早期实物修复一处建筑或遗址以外，历史性修复还能做什么呢？这些项目形成于不同的历史时期，作为摹本具有一定的含混性，那如何避免修复品产生的意义偏离它们模仿的原作呢？以波兰战后重建华沙历史中心（the medieval centre of Warsaw）为例，无论被修复得与原貌多么相似，重建后的市中心都不可避免地有了新的含义，它成了一种政治和民族意志的象征，目的是抹除纳粹占领这座城市的痕迹（Lowenthal，1985：291）。或者，举一个离我们更近的例子，思考一下对亚瑟港（Port Arthur）修复的批评意见。吉姆·艾伦（Jim Allen）认为对建筑和布局的修复，会"营造一种'放松和安宁'的氛围"（Allen，1976：104-105），而这不仅破坏了流放地（the penal colony）的原始意义，也阻碍了人们从中吸取教训。毕竟亚瑟港的衰败有力地见证了罪犯惩戒制度的失败。

或许有人会认为，这些例子与19世纪"修复与反修复"（scrape versus anti-scrape）之争太过相似。[1] 然而，即使遗产政策致力于保护历史遗址的现状，保留证明其年代和使用情况的痕迹，而不是去除这些痕迹以恢复遗址假定的原始状态，情况也是一样的。因为将遗址从使用和发展的持续历史中抽离出来的简单行为，意味着在它周围加了一个框子，将之与它在被保护前的状态分离开来。当它具备了新用途，准确地说，例如，成为一个历史遗址的时候，它就成了它原始状态的摹本，因为这个框子（可以简易得如一则通知抑或复杂得如一部法律）把它包围并将其与现在隔开，即便很可能没有任何东西被移走或者重置。但意义还是从根本上改变了。历史博物馆里的物品也同样如此。尽管从物质角度来看，这些物品仍然是原来的样子，但从意义角度来看，它们已经成了自身的摹本。一旦放到博物馆，它们就与过去形成距离，脱离了原本的功能，转变为自身的过去及一系列社会关系的代表。[2]

所有这些无非是说，在博物馆和遗址中对过去进行物质性呈现，不可避免地会反映当下社会。或许这是老生常谈，但却意义重大。一个类似的案例或许有助于厘清问题。史蒂芬·格林布拉特新发表的论文中指出，在加利福尼亚州优胜美地国家公园入口处有一个标识，写明其为荒野地带。然而，公园却有大量的设施，比如爬梯、观景点甚至拍摄推荐地点等，都是为了让公园更便于游览而设计的。当然，还有一些告示说明哪些是明令禁止的行为。格林布拉特的这些观察指出国家公园作为荒野的矛盾本质。如果国家公园是荒野，就证明了公开划定（publicly demarcated）的大自然的一部分是纯粹的。它作为自然存在（因此也与文化和文明形成了一种隐含的对立关系），只是因为它表征如此。此处的悖论在于，这样的表征不可避免地是一种文化的产物。格林布拉特认为：

> 官方的姿态让荒野确立了边界，使其受到保护，但同时又抹去了它的本义：自然之物与人工之物对立起来，而这个手段使得对立变得毫无意义。
>
> （Greenblatt，1987：11）

130　　荒野代表并且界定了未遭破坏的自然之地，人们为了确保其作为荒野的存在，不可避免地为之打上了文化的印记。因此，无论错觉多么强烈，在这种由官方公开划定的荒野地带所感受的，既不是原始纯洁的自然，也不是激进的、未曾被染指的文化对立面，而是作为文本（text）的荒野。这些区域不仅因为那些原址上的标记或者设施而被烙上了文化印记，它们还间接受到了文化的影响，这些影响包括为建立和维护边界而设置的立法框架和行政程序，为游客提供参考，打造游客期待的旅游手册和遗产出版物等文献。

同样，历史遗址和博物馆中所体现的"过去"，虽然有一个框架将其与当下分开，但它完全是组织和维护该框架的当下实践的产物。因此它作为"过去"（the past）的存在同样是自相矛盾的。因为只有通过公开划定并表征"过去"，才能确保这种过去的存在，而显而易见的后果就是，它不可避免地带有它所声称的与之相区别的当下的文化印记。就像优胜美地国家公园的游客看到的荒野是经过文化组织的文本一样，博物馆或者历史遗址的参观者同样面对着一套组织起来的文本意义，而如何确定这些意义，只能借助当下。

我在本章重点研究的是一些文本特性，它们说明了澳大利亚所表达的过去是如何被组织而成，是如何以物质的和象征的方式具象化于博物馆和历史遗址的。在此过程中，我还想论证这些考量与政策的提出、解决和实施之间的相关性。实际上，我想论证，除非这些因素都能够被考虑到，否则当前博物馆和遗产政策的许多核心目标——特别是那些有关开放和参与的问题——都将无法令人信服地制定和达成。同样，如果不考虑博物馆和遗址的文本特性与不同社群的历史文化的相关性，也难以适当地评估这些政策的实施。

然而，在讨论这些具体的政策问题之前，有必要更全面地充实上述论点，以更普遍的方式概述其与政策制定之间的相关性。然后，我们将简要回顾澳大利亚博物馆和遗产政策发展的历史，以便将当前的政策议题置于适当的语境中。

解读过去：理论和政策问题

博物馆和历史遗迹的文本特性不仅多种多样，而且相互作用也很复杂。在此，为了初步说明讨论范围，仅简要说明其中几个。就博物馆而言，除了赋予陈列展品以明显的意义之外，还有其他更深入的问题，事关这些展品在特殊陈列语境中彼此关联的方式。这些展品是按照类型还是按照时代进行分类和排列？它们是否构成了一种叙事，讲述了一个过去和现在之间多重关系的故事？如果是这样的话，这种叙事是如何组织构成的？它们是否暗示过去和现在之间存在连续性？或者说，过去和现在截然不同？类似的问题也可以用来追问遗址重建项目，例如应该重建哪个时期的遗址；或者追问保护项目，例如应该在哪个阶段停止其持续发展。以早期的移民家族住宅为例，比如悉尼的沃克鲁斯宅邸（Vaucluse House）或者布里斯班的纽斯泰德宅邸（Newstead House）。建筑和家具是复原到这些家族创业发家的时候，还是复原到他们的政治文化影响盛隆的时候呢？相应的另一个问题就是，这些房子里的工艺品该如何陈设？家庭成员楼上楼下的位置不同，他们的故事又如何通过不同的安排再现出来呢？这些不同的微观叙事与理解当时更广泛的政治文化问题的不同方式又有什么关系呢？

如果这些考虑与博物馆和历史遗址的展品结构彰显出的文本特性有关，那么伴随展览而生的更明显的文本形式，以及从更广泛意义上说，组织和界定了展品所处文化框架的文本形式，就会引发进一步的问题。这不仅指那些对人工制品进行解释和提供理解语境的说明、视频和幻灯片，还包括导览手册和纪念品。这些材料是如何建构游客的参观预期和／或记忆的？这些出版物的语言和图像暗示了什么样的公众理念及公共价值？[3] 类似问题也适用于那些历史遗址的"缓冲区"（buffer zones）——那些为了引导游客参观而与遗址相分离的空间。最终，还必须考虑到更广泛的文化文本，这些文本虽然没有直接影响到任何特定的博物馆或历史遗址，却极大地影响了不同社会阶层对这些机构的期待和预期。这些文本包括从澳大利亚遗产委员会（Australian Heritage Commission）的官方出版物，到历史协会和家谱协会的各类活动，再到媒体（例如迷你电视剧形式）向社会传播的各种历史表述。

在"解读过去"时，需要认识到过去是由当下的不同实践塑造的，所以我致力于阐明当下对"过去"的社会性划分及相应的体验和阐释方式。这并不意味着指责某些博物馆展览或者历史遗址未能准确地展示过去"真实的样子"。这也并不是贬低策展人通过确保展品的真实性来规范历史展览的重要性。相反，这里只是想说明，即使做了这样的工作，还是无法避免上述关于表征效果（representational effects）的一大堆具体专门的问题。

在对英国语境下类似问题的考察中，迈克尔·博梅斯（Michael Bommes）和帕特里克·怀特（Patrick Wright）提出了一个有用的术语——"公共历史领域"（public historical sphere），指称那些参与生产或者传播关于过去的意义的机构，如博物馆、国家遗产点以及历史剧和历史纪录片制作方等。他们认为，需要从这些机构在"公共建制的意识结构"中发挥的作用来考察它们的实践（Bommes & Wright, 1982：266）。怀特在随后的研究中详细论述了这一观点，考虑到不同方式表征过去的效果不同，他认为"关于过去的真实性或虚假性的历史编写问题，往往与日常生活中的实际情况没关系"（Wright, 1985：188）。同样，此处采取的立场并不是认定这些表征实践的效果就等同于"过去的真相"。相反，理解博物馆和历史遗址的意义（mean）是什么（what）以及意义如何表达，有赖于如何评价它们与整个文本传统的关系及它们在其中的位置，这些传统将公开划定的"过去"与当代社会、文化和政治的焦点联系起来。

现在是提出这些议题的最佳时机。与之前长期以来的忽视相比，自20世纪70年代初以来，博物馆和遗产领域的政策出台十分积极。因此，澳大利亚的历史或者说公共历史领域，在数量上已经得到了急剧扩张，同时，它们的意指外延或文本特性已经显著地被重塑。然而，除了考虑有关原住民物品展览的适当表征语境问题，大多数与博物馆和遗产政策近期发展有关的主要政府文件，都忽略了实现特定政策目标的表征语境和原则问题。不足为奇的是，政府的注意力更多地聚焦在加大公共历史领域的发展和管理的相关行政安排上。博物馆和历史遗址对过去的本质该如何建构的问题已经浮现，且在很大程度上是以关注内容的形式出现的，即什么应该被保存、被展示。大多数提交政府决策的提案都是如此，除了个别明显的例外（Allen，1976；Bickford，1982，1985），对新博物馆和历史遗址的反思评论相对来说非常少见。尽管这些思考的重要性显而易见，且是制定政策的必要条件（sine qua non），但事实上并非如此，一旦这些事项被决定了，表征问题就无人关心。既然博物馆和遗产政策的最终目标和结果是在参观者（具有不同文化背景和态度取向）与文本组织起来的博物馆展览或历史遗产之间进行一系列规范的互动，那么，指导这一政策的就应该秉持这样的观念，即这些互动过程产生的意义其实受到了各种因素的影响和规范。

不合时宜的想法

除了论证这些考虑因素的政策相关性外，我还想对最近形成的澳大利亚公共历史领域中一些明显的趋势提出一个批判性的看法。除了通过大规模增加公共划定的历史遗址的数量外，扩大过去历史的过程还呈现出三个密切相关的文本特征。首先，澳大利亚的过去变得更加自主（autonomous）和自涉（self-referring）。简而言之，变得更加澳大利亚化，澳大利亚发生的历史事件倾向于彼此相互参照，而不像以前那样，以欧洲特别是英国早期历史或者当下时刻为参照。可以说，在这方面，澳大利亚将过去从史前史中分离出来，并开始踏上了自主的新征程。其次，这个新自治的过去被大大地拉长，越退越远，退到更久远的原住民时期（有别于对欧洲历史的溯源），因此暗示了这个民族悠远连续的历史。最后，这个历史越来越具有包容性，将之前澳大利亚官方认可的历史版本中很少被承认的群体和社区的历史纳入自己的历史中。因此，澳大利亚女性的历史，希腊、意大利和亚洲社区的历史，原住民的历史，所有这些历史现在都可以在历史遗址和博物馆所包含的物质化过去中展示出来。

就目前而言，这些趋势得到了社群中大多数团体的广泛支持。诚然，并非没有反对声音，比如澳大利亚战争纪念馆里发生了老卫兵的抵抗活动，保护特定历史遗址的提案也常常遭到房地产开发商的反对。关于原住民遗址和文物管理的问题也仍然是难以解决的争议。但说到底，艾米斯菲尔德的查蒂斯勋爵（Loard Chartis of Amisfield）在英国语境下提出的主张——在全部政党和公众的支持下，对国家遗产的保护是一个相对没有争议的问题——在澳大利亚也大体行得通（Chartis，1984：326）。

当然，我不希望在这个相对默契的气氛中为了争论而争论。抽象地看，我指出的许多趋势是受到欢迎的。海德公园兵营博物馆对不同阶层、性别和少数社群的日常工作、生活和文化的关注，体现了用更广泛、更包容的眼光看待澳大利亚的过去的趋势，这毫无疑问是向好的变化。不应该低估这种发展对至今仍然被边缘化的群体成员带来的积极影响——对自我价值的积极认识，对在国家历史中占据一席之地的积极认识。然而，我想在这里讨论的是这些趋势的矛盾之处，因为很多原则上听起来还行的东西被转化为具体的再现语境时，往往会出现更多的问题。

大约一百年前的弗里德里希·尼采（Friedrich Nietzsche）也许是 19 世纪对历史意识，尤其是以公共雕像纪念国家历史的倾向批评最尖锐的学者之一，他直言不讳自己对历史的抵制是"不合时宜的"（out of season）。他在《历史的运用和滥用》（The Use and Abuse of History）一文中写道："这些思想是'不合时宜的'，这个年代有充分理由因其历史文化而自傲，我却要将它再现为我们这一时代的错误和缺陷，因为我相信，我们都在患着一场恶性的历史狂热病，我们至少应该认识到这一事实。"（Nietzsche，1974：4）虽然我们没有像尼采那样顽固地反对任何形式的社会生活的历史化，但对澳大利亚博物馆和遗产政策进行反思，同样是在"不合时宜"地质疑当下正在重塑的澳大利亚界定"过去"的方式所产生的影响。然而，这些反思源于一种理念，即过去依然具有可塑性，足以应对关于眼下形势和未来发展的争论。

在历史较悠久因而有更多积累的地方，就不见得有同样的可能性。在英国，保护性立法已经涵盖了约 50 万栋历史建筑，占全国住房总量的 4%，"过去"常被看作一个个僵化的、静止的区域，制衡着国家发展道路的可能想象。但有些历史建筑可以算作例外，因为它们体现了对过去所珍视的价值观的回归，像前首相撒切尔夫人所推崇的维多利亚时期美德。帕特里克·怀特在谈到英国庄严肃穆的住宅所体现的过去时写道："在这种庄严肃穆的关联中，历史凝固、封闭并且受到了限制，历史只作为一种已完成的、仅供欣赏和保护的'历史过去'（historical past）而被展示，此时的历史便成了'永恒的'（timeless）。"（Wright，1985：78）虽然在澳大利亚，过去并不是——也没有假装是——庄严肃穆的，但它正在以前所未有的速度积少成多。如果这种定义过去的趋势得不到遏制，那么可以预见的就是它将包围自己，包围我们，只被动思考，而无法像我所建议的那样，成为一种关键资源，推动人们积极参与到关于国家发展的未来道路的讨论中。不过，我们在这里还需要先了解一下历史。

澳大利亚过去的形成：历史的轮廓

空白的国家历史

1933 年，伦敦博物馆协会（Museums Association of London）出版了《澳大利亚博物馆和美术馆报告》（*A Report on the Museums and Art Galleries of Australia*）。报告由纽约卡耐基基金会（Carnegie Corporation of New York）委托两位英国博物馆学家马克姆（S. F. Markham）和理查兹（H.C.Richards）完成，报告对澳大利亚博物馆的状况进行了相当严厉的批评。与

欧洲、美国甚至新西兰的同类博物馆相比，澳大利亚的博物馆资金匮乏、发展毫无规划，更多是受国内竞争对手的驱动，而不是出于提供国家博物馆服务的考虑。就博物馆的收藏内容而言，马克姆和理查兹表示非常惊讶各博物馆完全没有兴趣收藏或者展出历史材料。除了澳大利亚战争纪念馆（当时仅收藏了一些尚未找到永久归宿的文物）之外，只有两个博物馆致力于历史展览与收藏：悉尼的沃克鲁斯宅邸和堪培拉议会大厦。除此之外，整个澳大利亚唯一的专门史展是墨尔本艺术馆（Melbourne Art Gallery）的19世纪家具展。如果说这种普遍的忽视令人惊讶，马克姆和理查兹还发现博物馆对后殖民时期相关材料缺乏任何深入的关注。他们特意提道，"任何博物馆都没有早期殖民者居住建筑的复制品"，并认为这是"整个现存博物馆收藏中最明显的空白之一"（Markham & Richards, 1933：441）。

为什么会出现这种情况？毫无疑问，部分原因是博物馆策展人主要是地质学和生物学专业（到了20世纪，偶有策展人有人类学专业背景）的，没有一个历史学家。然而，这无疑让我们思考：为什么澳大利亚的博物馆表现出了这种特殊的偏见？毕竟，正如萨利·科尔施泰特（Sally Kohlstedt）所说，到19世纪末，澳大利亚已经创办了一系列博物馆，除了学科范围，它们在所有方面都与欧洲和美国的博物馆相当（Kohlstedt, 1983）。如果说地质学、生物学、人类学、科学和技术，以及悉尼大学的麦克利伊博物馆（Macleay Museum at the University of Sydney）的考古学都对澳大利亚博物馆的收藏兴趣做出了重大贡献，那为什么历史学就没有呢？以博物馆为工具，再现和具象化国家历史的模式早在18世纪中叶就为欧洲所知，并在法国大革命之后愈加重要。[4]那这种模式为什么没有被澳大利亚加以利用呢？

这个问题可以在更广泛的范围内思考，因为不止博物馆界对后殖民时期的历史缺乏持续兴趣。直到第一次世界大战后，澳大利亚才勉强声称拥有一个初步发展的公共历史领域。在欧洲社会的公共历史领域中，公共雕像的发展是一个比较重要的组成部分。在18世纪，纪念雕塑往往仅限于私人教堂或贵族的住宅和花园，然而19世纪初，情况发生变化，如梅斯所说，纪念雕塑通常成为"政府资助公共展示的对象，具有直接的说教目的"（Mace，1976：49）。巴黎凡登广场（Place Vendôme）的拿破仑纪念柱（the Napoleon Column）和伦敦特拉法加广场（Trafalgar Square）的纳尔逊纪念柱（Nelson's Column）——这些军事英雄和政治家、国王和王后事迹的纪念物遍布欧洲城镇，它们的建造便是印证——构成了对公共空间的利用，达到一种新的再现目的：国家历史感的物质性具象化。然而，这种趋势——在法国，被埃里克·霍布斯鲍姆（Eire Hobsbawm）称为"雕像狂热"浪潮——在澳大利亚却鲜少得到回应（Hobsbawm，1983）。英格利斯（K.S.Inglis）指出，为纪念澳大利亚杰出人士的成就而建立的公共纪念碑很少，因为往往无法获得政府支持或者足够的私人赞助，即便获得了支持或赞助，建成后也少有民众热情追捧（Inglis，1974：Ch.15）。

这样的情况还有很多。到19世纪末，在大多数欧洲社会和美国，有影响力的保护主义者游说团体已经确定了遗产管理的初步形式，并为有能力在全国范围内协调保护并管理历史遗迹的遗产组织提供了基础。[5]然而，在澳大利亚，这种现象直到第二次世界大战之后甚至更晚才出现。英国名胜古迹国家信托（National Trust）早就于1895年成立，而类似的澳大利亚全国性组织直到 1965年澳大利亚国家信托基金委员会成立后才出现。

澳大利亚的这些特殊情况该如何理解呢？虽然一直以来不乏解释，但少有人追根究底。在19世纪80年代和90年代，社会评论家普遍认为，澳大利亚几乎或者根本没有值得保留或纪念的历史。以此为由，没能发展出一整套可以将概念中的国家历史加以物质性具象化和再现的机制，这完全可以归咎于历史本身所固有的缺陷。

这种解释的不足之处是显而易见的。因为正是那些当时被忽视的原始材料，后来成为澳大利亚的历史被风格化和再现的主要形式。例如，伊莎贝尔·麦克布莱德（Isabel McBryde）问道："为什么澳大利亚曾是罪犯流放之地的事情现在广为人知，但在一个世纪前人们却认为这个过去太敏感，无法吸引大众？"（McBryde, 1985：8—9）这些问题带来的思考不是历史事件的真实性问题，而是历史事件与再现形式之间的关系问题。在19世纪末的澳大利亚，这些思考让我们看到，后殖民时期历史的原始材料与恰当再现国家历史的修辞形式曾经不够契合。换句话说，缺乏的不是真实的历史事件，而是可以放入历史事件的模具，有了恰当的模具，历史事件才能被塑造成与以欧洲为中心的民族主义和历史语汇相一致的表述，而正是这些表述支配了公众对此类事件的认知。

如果斯堪的纳维亚或者美国的博物馆和遗产政策的发展能够更具影响力，那么情况可能就会有所不同。因为斯堪的纳维亚（到19世纪末）和美国（到20世纪20年代）都发展出了一种保护主义的哲学，赋予民俗文化物质材料以历史意义。然而，在很大程度上，英国历史或显或隐地提供了一种模式，用以评价澳大利亚历史再现的可能性，而且通常认为历史再现得不足。这方面最重要的因素或许是，英国的过去很大程度上是通过纪念帝国的军事成就而形成的,这一点在法国也同样明显。这或许是澳大利亚历史形成的最大障碍。正如当时所说,澳大利亚民族不是在战火中淬炼而成的——它没有在"真正的历史"的舞台中扮演任何主要角色——这就意味着它无法像其他国家一样对历史提出所有权,而其他国家采取的正是彼时占据主导的军事化纪念模式。主要基于此种原因,从欧洲国家历史的比较角度来看,后殖民时期可以被视为空白,或者说,即使不是空白,这一时期的事件和人物也常常难以用于建构自治的国家历史,原因是它们在更早的时候与英国更长的历史有关。因此,如果像英格利斯建议的那样,为海上探险家或者殖民地早期政治家树立纪念雕塑,那这种建议往往会落空,因为这些人物要么和澳大利亚早期史要么和英国历史的关系太过密切。双重压力之下,组织一种国家历史表征空间的行动陷入了两难困境:后殖民时期的事件和人物要么缺乏足够的表征价值,不足以支撑澳大利亚的过去,使其在其他国家的历史中占有一席之地;要么表征价值足够大,但却不能充分和独特地代表澳大利亚。

138

从这个角度来看,加里波利(Gallipoli)提出的"作为国家进入真实历史的象征"(Ross,1985:15)的意义在于,它标志着一系列历史事件,而这些历史事件能够用当时的民族主义语汇来塑造一种国家的过去。澳大利亚战争纪念馆是塑造过去的主要场所,但将纪念馆的发展视为一种孤立现象,那就大错特错了。纪念馆最初酝酿于1917年,最终于1941年开放,它的建设恰逢澳大利亚公共历史领域进行广泛改造和重建之际。纪念馆是国家为联邦首都规划的第一个专门文化机构,它一开始就被视为、后来也具备了范本的功能,它被无数的纪念场馆效仿,例如这一时期澳大利亚各地为了纪念战争死难者而建造的雕塑、公共浴场、陵墓等。[6]尽管打造纪念馆的最初动机可能是地方性的，但它们一旦开放，就不可避免地国有化了。它们不得不指向首都堪培拉，而不是州首府，成为国家自我纪念（self-memorialization）的顶点。在这方面，战争纪念馆作为联结工具发挥了重要的作用。从宏观尺度上看，它体现了设想中的国家历史，不仅取代了不同地区和州的微观历史，而且还提供了一个将这些过去连接起来的接合点。虽然纪念馆的历史细节证明先前强大的、基于地方的忠诚和身份是如何微妙地妥协的[7]，但毫无疑问的是，纪念馆最终成功地从国家层面影响了地方和州的纪念馆和"战争圣地"的意义。

为了纪念澳大利亚武装部队（AIF）及其他部门的事迹，战争纪念馆塑造了一个国家的过去，在其他国家的过去所产生的表征空间中争得一席之地，于同一领域竞短论长。然而战争纪念馆体现的关于过去的话语塑造绝不仅仅是一种沿袭，相反，战争纪念馆在颂扬普通士兵的英雄主义过程中，显著改变了用于纪念和追忆的公共模式化语汇，而不是像巴赞举的19世纪欧洲的例子那样（革命的法国除外），仅仅关注战争领袖的功绩（Bazin，1967）。事实上，这种创新并不像人们常说的那么独具澳大利亚特色。类似的倾向在欧洲也很明显，为了争取公民的支持，从而推动了更平民化的公共纪念模式的发展。而且，许多被查尔斯·比恩（Bean）称为原创的主题已经在战争期间的英国博物馆行业里公开地展示过。[8] 尽管如此，战争纪念馆确实仍比欧洲同行们走得更远，平民化修辞是它的陈列设计原则，而不是拿来滥竽充数的。这体现在微缩模型里，体现在按姓氏字母顺序而不特意标明军衔的荣誉榜里，当然，也体现在庆祝这些男人的英雄主义以及琐碎的战壕生活的展示中——那些临时凑合使用的板球棒、博彩板，仿佛战争中的生活是正常的，是可以忍受的。

此外，正是赋予这种平民导向以中心地位，才使战争纪念馆具有意识形态效力。如果说，对战争的关注使尚显稚嫩的澳大利亚历史与欧洲更深厚而发达的历史相联系，并与之竞争，那么纪念馆以普通士兵为中心的纪念活动则使得那些更受欢迎、更民主的澳大利亚式概念，能够嫁接到继承而来的欧洲中心主义模式上，从而程式化地再现国家的历史。当然，此处发展的关键在于澳大利亚士兵象征性流通（signifying currency）的转变，在比恩的天才指导下，独立（self-reliance）和反集权主义（anti-authoritarianism）特征从与19世纪激进民族主义的关联中剥离之后，与一套高度保守的价值观和意识形态关联起来。[9]这在纪念馆（Hall of Memory）体现得非常明显，士兵的品质从特定的阶级关联中剥离出来，被再现为一系列跨阶级的、无关历史的、本质主义的民族美德，例如手足情谊、骑士精神、忠诚、独立、冷静等。

如果一定要认为战争纪念馆是具体化澳大利亚过去的第一次重大尝试，那么这是以高度保守的国家观念为代价的，尽管其创始人认为这不是军国主义的观念。从最近的角度来看，这些也不是纪念馆的唯一局限。纪念馆对过去的概念过于男性化：女性几乎没有出现（追思堂的彩色玻璃窗上，有十四名男性，只有一名女性，她是护士），即使出现了，也通常是从旁协助完成本质上属于男性的战争任务。[10]性别偏见不是此处唯一的问题。毕竟，有许多战争博物馆重视战争大后方，而在这些博物馆里女性形象都占有重要地位。事实上，纪念馆现在有一个小角落专门用于展示大后方，但与伦敦帝国战争博物馆对这一主题的重视程度相比，这确实只是一种姿态而已。在这方面，女性的相对缺席指向了纪念馆的另一个可以说是更核心的矛盾：尽管它被视为表征澳大利亚历史的第一个博物馆，但澳大利亚本身在其中几乎完全缺席。作为一个首创的国家机构，纪念馆没有将澳大利亚放在中心位置，反而不断提到澳大利亚参与了其他地区例如欧洲和中东的历史。在纪念馆的理解中，这些仍然是"真正的历史"，但这些除了与澳大利亚对这一更广泛历史的参与有关外，几乎完全没有提及澳大利亚国内的当代事件。因此，如果说纪念馆很少关注动员女性支持澳大利亚战争的形式和条件，那么它同样也很少关注军队以外的男性所扮演的角色。以外部为导向的参考框架占主导地位，以及纪念馆的性别偏见，是纪念馆解说词存在明显局限性的原因：人民和士兵实际上被等同起来。

然而，我最想强调的一点是，澳大利亚在纪念馆里依然没有体现出自身的历史意义。可以说，这个国家只是通过代理而被历史化，只是在某种程度上参与并融入了欧洲更长久和更深层次的历史。在这些方面，纪念馆的话语仍然是殖民主义的，或者说原型民族主义（proto-nationalist）的，它具象化和呈现的过去缺乏任何决定性的自主意识。相反，这种过去参照的是欧洲更深层次的过去，并在其中寻求寄托和支持。这种殖民主义话语在纪念馆随处可见：追思堂对欧洲传统的参考[11]；纪念馆第二庄严的地点也以欧洲为参照——房间中放置了澳大利亚画家威廉·朗斯塔夫（William Longstaff）的《午夜门宁门》（*Menin Gate at Midnight*）（纪念在比利时伊普尔阵亡的英国和帝国士兵）和《不朽的圣地》[*The Immortal Shrine*（伦敦的墓碑）][12]；以及体现以帝国为中心的世界观的门厅，因为要把澳大利亚军队曾在全世界战斗过的地方统统说一遍，结果澳大利亚被勉强挤在爪哇和珊瑚海之间。最重要的是它经历艰难险阻才把"贝壳马赛克地板"①收入囊中，而斗争的目的是使澳大利亚能够宣称拥有一块帝国主义掠夺的土地，并通过夸耀拥有一件古代文物而使自己的历史扎根于此。[13] 在这些方面，参观纪念馆的人被卷入了一种不断引向其他地方的话语中，体验到的民族历史总是与另一个更广泛的历史联系在一起，且依赖于它的有效性。

通过这些方式，纪念馆为参观者刻画了一种关于国家的概念，这个国家依然屈从于宗主力量的主导视野。比恩一直都很清楚，纪念馆除了进行民族的自我展示，还致力于向澳大利亚眼中的世界也就是欧洲展示澳大利亚。正如他所说，"我们的计划是，人们不得不来澳大利亚看最好的战争纪念馆，就像人们不得不去佛罗伦萨或者德累斯顿才能看到一流的艺术馆一样"（cited in Inglis, 1985：101）。在吸引欧洲关注方面，纪念馆在一定程度上仍然处于殖民主义的概念之中，这种概念在1928年建造澳大利亚博物馆时首次应用，它旨在：

> 显示澳大利亚并不是被一小撮重刑犯或潦倒的冒险家占领的，也并非只为了积累财富而庸庸碌碌。一个伟大国家的种子已经埋下，现在开始结出果实——一种民族主义感情正在涌现——第五大陆渐进但迅速地跻身世界之林，为荣誉和盛名而战。
>
> （Anon, 1828：62）

---

① "贝壳马赛克地板"是欧洲历史上战争争夺的对象，原是在以色列西部内盖夫地区发现的一座6世纪拜占庭教堂的地板，据考证，这是公元4世纪至6世纪使用较多的路面装饰材料，散布在地中海地区。"贝壳马赛克地板"上带有各种鸟类和动物图案，极具考古价值。现存于堪培拉澳大利亚战争纪念馆。——译者注

澳大利亚过去的自治化

尼科斯·普兰查斯（Nicos Poulantzas）认为，现代国家在时间与空间、历史与领土之间建立了一种独特的关系，是以"领土的历时性和历史的领土化"的形式组织统一的民族国家（Poulantzas，1980：114）的。在对比现代民族国家的时空矩阵与王朝王国或宗教社区的时空矩阵时，本尼迪克特·安德森（Benedict Anderson）也提出了类似的观点（Anderson，1983：31）。安德森认为，后者具有的统一的传统特征，既不限定于某一特定的区域，也并不具有特殊的历史意义，而是唤醒一个永恒不变的世界。相比之下，民族国家的统一总被认定是在一定时空范围内的人民的统一，是被历史化的领土，也是被领土化的历史。但是，历史是被创造的而不是被给予的，它是经过积极组织的，在这个过程中，其他历史——其他将事件排序并赋予其解释的可能性框架——要么被消除，要么被兼并，铭刻于国家发展的统一进程中。

普兰查斯认为，国家在这个历史民族化同时也是民族历史化的进程中扮演了极其重要的角色。它的作用就是将构建民族历史的那些时刻统一集中于自身内部，指明排序方向，并预言未来的轨迹。

> 国家实现了一种个体化和统一化的运动；在更深层次代表历史趋向的意义上构建了人民-民族（the people-nation）；制定目标，标记道路。在这种没有确定限度的定向历史性中，国家代表了一种通过自我生成而产生的永恒不朽。它组织了民族的前进路线，通过指定某个时刻为建

国之时，通过存储人民－民族记忆，得以垄断民族传统。

（Poulantzas，1980：113）

这些观点为战后博物馆和遗产政策的发展提供了有益的启示。因为国家几乎很难在政策决策领域扮演如此直接的领导性角色来对民族进行时空上的定位。相应地，少有机构能够与博物馆和民族遗产的权威性相媲美，因为它们可以建构民族国家的过去以及预测其未来命运。因此，在更广泛的战后政治和文化动议中，那些本该作为潜在民族化的强大文化技术却生产出后殖民民族文化与身份认同，也就不足为奇了。与19世纪的博物馆及博物馆相关机构相对特殊的发展相比，过去30年见证了博物馆和遗产议题的兴起，成为联邦政府的主要关注点。由于大量的政府调研和立法倡议，民族国家历史的规模和范围得到极大的扩展，话语属性也经历重要的重组。

其中最重要的成就就是创造了一个更清晰、更完全自主化的民族历史。这就需要为民族国家的时间－空间定位组织一个新的话语空间，使其切断对欧洲的依赖，并允许它作为一个根植于自身过去的独立实体出现，这也恰恰是依照普兰查斯和安德森提议的方式实现的。将领土历史化和将历史领土化、将其他历史（原住民、移民社区、澳大利亚的欧洲史前史）纳入国家统一的故事；将国家历史反过来再投射到土地和自然的更深层次的历史中，使其看起来"从远古的过去中隐现出来"（Anderson，1983：19）——这些都是目前正在形成的民族历史的主导隐喻。

这些发展的政治动力来自惠特拉姆政府（the Whitlam governments）[14]。第一届惠特拉姆政府于1972年12月组建，不久便任命霍普委员会（the Hope Committee）去调研是否需要建立一个"国家遗产"（National Estate）组织。尽管霍普委员会在1974年大选中期提交了报告，但政府要求继续就报告结果进行研究，并在第二个任期内任命一个国家遗产临时委员会（1975年5月）负责拟定国家遗产政策，由一个常设的遗产委员会进行管理。一年后，《澳大利亚文化遗产法案》获得通过，授权城市和区域发展部（the Department of Urban and Regional Development）以及环境部（the Department of the Environment）共同负责管理国家遗产。该法案还建立了一个遗产委员会，作为两个部门的常设咨询机构，并负责对国家遗产进行登记造册。尽管弗雷泽政府（the Fraser government）随后缩小了遗产法案的适用范围并削减了对国家遗产的资助，但工作还在继续。到1977年，第一份《国家遗产名录》（Register of the National Estate）发布。在此期间，成立于1974年的皮戈特委员会（the Pigott Committee）开始对博物馆和国家的收藏情况进行调查。在1975年的报告中，委员会建议成立澳大利亚博物馆，并在三个主要画廊中设立一个澳大利亚原住民画廊（a Gallery of Aboriginal Australia）。[15]

这两项调查成为联邦政策发展的一个显著转折点，表明要建立一种显著的更加集中协调的国家历史的明确态度。[16]然而，这两项调查不应该被孤立看待，它们一定程度上是在应对更广泛的倡议，反过来，又推动和鼓励这些倡议。皮戈特委员会一方面指责一些主要的博物馆一直以来对澳大利亚历史不理不睬（它指出，整个国家只有5家博物馆馆长头衔里的"历史"是名副其实的）(*Museums in Australia*, 1975：para.4.27)，另一方面则对地方博物馆运动大加赞扬：

> 在过去的 15 年间，人们对澳大利亚历史的兴趣日益浓厚，建立了数以百计的小博物馆。这首先是一场草根运动，是本世纪澳大利亚最出人意料的、最活跃的文化运动之一。
>
> （*Museums in Australia*，1975：para.5.8）

20 世纪 60 年代，保护协会和历史协会的成员数量有所增加，而这个趋势一直持续到 20 世纪 70 年代。同时，还出现了一些全国性的机构，特别是 1965 年成立的澳大利亚国家信托基金委员会[17]。更重要的是，至少在政治象征意义上，20 世纪 70 年代早期（Nittim，1980）就已经证明保护自然和历史环境在很大程度上可以获得广泛的民众支持，将保护议题与惠特拉姆政府的"新民族主义"联系在一起，从而使他们的环境政策能够代表民意，以对抗地方商业精英、跨国公司和某些情况下州政府的自私自利行为。这种"人民对抗开发商"的论调，在城市与区域发展部部长汤姆·尤伦（Tom Uren）身上得到了最有效的体现。读到霍普委员会提交众议院的报告时，尤伦对报告的判断结论大为赞赏，即"无节制的发展、经济增长和'进步'，以及鼓励私人而非公众利益"是造成国家遗产退化的原因。他接着说：

> 报告中令人惊喜的一点是，它否认了人们普遍认为的观念，即保护和保存环境是一个中产阶级议题。委员会声称这个观点不正确，保护国家遗产关系到我们所有人。它彻底地打破了国家遗产由社会较富裕成员专享的幻想。这

股威胁到我们国家遗产的力量往往对那些没有特权的人影响最大。穷人因为失去公园、熟悉的城市和乡村风景甚至住宅，而受到更严重的影响。贫困的社区群体不像那些富裕群体一样有机会接触资源来获得个人享受和个人满足。这也是为什么往往是那些不太富裕的人最积极地致力于保护我们最优秀的遗产。这也是为什么工会运动一直在积极加强保护我们的国家遗产。[18]

政府对博物馆，特别是对历史博物馆的重视，造成了显而易见的结果。澳大利亚的公共历史领域由于机构数量和范围的增加而得到显著扩张。这些机构被挑选并集合到一个官方认证的历史区域中，使这个区域进一步国有化。特别是《国家遗产名录》成为一种显性的工具，它既对历史进行了扩展和深化，又将过去组织到了国家的名义之下。截至1981年，有6 707处遗产被列入遗产名录，其中5 417处被列为历史名胜（Australia's National Estate，1985：27，31）很多遗产现在，或者更准确地说，曾经具有纯粹的地方意义和价值。官方的政策文件是这样描述的：

> "国家遗产"这一表述只是对大量单个的、深受喜爱的建筑、区域、花园、公园和树林的一种方便的概括。国家遗产的价值体现于每个个体，尤其是其位置和周边环境。
>
> （Australia's National Estate，1985：19）

然而，在某些方面，这种说法是不对的。因为将某个遗址列为国家遗产，这一事实就意味着，在某种程度上，它的地方价值由国家价值所决定。它非自愿地与其他成千上万个类似的遗址联系起来，为其他国家和地区的游客提供一个通用的参考点，其结果是地方性历史不可逆地被重组，与其他地方性历史密切衔接，成为一个更广泛的民族化整体的一部分。

类似趋势在博物馆发展中也很明显。皮戈特委员会指出，随着公众对地方博物馆的兴趣不断增加，许多新的博物馆类型开始出现，如疏芬山（Sovereign Hill）和木材小镇（Timbertown）的博物馆。然而，同样地，州一级和国家级的主要机构的管理常常使分散的举动受到强烈统一的向心力的影响。随着澳大利亚建国两百周年庆典活动的展开，地方和区域的分散发展伴随着州和国家层面的统一发展，这一趋势尤为明显。澳大利亚建国两百周年庆典管理局赞助了无数地方博物馆和遗产项目——从兰茨伯勒（Landsborough）的两百周年纪念历史博物馆到吉尔甘德拉（Gilgandra）的库伊公园两百周年纪念地方历史博物馆（the Cooee Park Bicentennial Local History Museum），再到罗斯尼公园（Rosny Park）的历史村，直到重大州级机构（悉尼新的动力博物馆、朗里奇的牧场主名人堂）的揭幕而进一步圆满，而国家级项目，例如国家海事博物馆（the National Maritime Museum）和澳大利亚建国两百周年纪念巡回展（the Travelling Australian Bicentennial Exhibition），则为这一系列活动锦上添花。

简言之，当澳大利亚博物馆在 2001 年最终落成的时候，它显然就像当年的战争纪念碑一样，经过漫长发展过程最终达到顶点。在这个过程中，国家的过去焕然一新，这也为多个地方和州的行动提供了参考中心点。然而过去不仅在数量上发生了变化，而且在改变过去的结构、增加过去的密度以及相应地增加当下的比重方面，都产生了深远影响。因为受到新修辞的影响，过去已经在话语修辞层面被重塑，而更重要的是，这些话语修辞采用的最原始的材料，正是来自后殖民历史，来自那些曾被认为没有历史意义而被忽视的碎片。被判刑者和拓荒者的生活、定居者和采矿社区的生活，不同移民群体的生活，以及某些语境下的原住民的生活：它们的过去都以最独特的当代形式被重塑。

然而，只有下意识的平民主义才会给予这些民主和多元文化的冲动无条件的认可。因为，归根到底，构成一个民族过去的原材料不如塑造其话语修辞来得重要。从这个角度来看，新兴民族过去的特性比一味关注其原材料的范围所要表明的内容更加暧昧不清和自相矛盾。一方面，当博物馆的新举动促使社会历史学家参与策展——这本身也是一个重要的新发展[19]——结果却往往受到批判和质疑：博物馆展示是否允许参观者对过去与现在的关系进行反思？在一定程度上，海德公园兵营博物馆是如此，维多利亚博物馆（the Museum of Victoria）的"维多利亚展览的故事"（The Story of Victoria Exhibition）以及阿德莱德移民和定居博物馆（the Migration and Settlement Museum）更是如此。这些还都是少数情况。从更广泛的层面而言，过去的形成来源于不同的力量，"过去"是对不同选民的回应且由不同的话语塑造，而这些话语在惠特拉姆时期最有影响力。工人阶级社区并没有持续积极投入，部分原因是博物馆和遗产政策已经与促进旅游业的发展深度绑定。因此，尽管最初的设想是希望保护过去使之不被经济开发，但现在往往是为了经济开发而保护过去，结果往往是长期的文化考量被放在第二位，而第一位的是短期的、通常极度有风险的经济考量。[20]

然而，为了联系语境讨论此议题，就需要考虑重塑澳大利亚过去的那些话语力量。这样做，将有助于将我开篇部分的理论阐述与这些考量联系起来。

形塑过去

现在的过去

在阐述博物馆的教育功能时，皮戈特委员会强调博物馆有能力"摆脱大多数媒体那样的多层级解释（layers of interpretation），这种解释将导致物品或者证据与观众分离"，并提出"1860年在巴拉瑞特发现的金块或者1900年诱捕的'塔斯梅尼亚老虎'，放在博物馆展厅里会比放在电影、历史书、电视纪录片、照片或者歌曲中少一些粉饰"（*Museums in Australia*，1975：para.74.17）。金伯利·韦伯（Kimberley Webber）也提出了类似的观点。在批评澳大利亚战争纪念馆展览附带的神圣光辉时，他建议，如果要培养对澳大利亚过去的严肃认知，就必须明确区分什么是修辞的遗产，什么是真实的文物（Webber，1987：170）。

虽然偶尔会受到质疑，但"文物文化"（culture of the artefact）作为这两种立场的基础仍然是博物馆界辩论的主要参考依据。然而，辩论所依据的区别是错误的。因为文物一旦被放入博物馆，本身就自然地、不可回溯地成为修辞的对象。因此，文物和任何书籍或电影一样，外表都粉饰着层层叠加的厚重的解释。更为重要的是，粉饰外表的层层解释往往都是一样的。因为通常都是由其他媒介产生的预设决定博物馆选出哪些文物来展示，以及决定如何构想和完成这一安排。不管这种幻觉错得多么离谱，博物馆参观者从来没有与"真实的文物"也就是过去的"真东西"建立直接的、无中介的接触。事实上，这种幻觉、这种对过去的迷信，本身就是一种话语的效果。这是因为博物馆中的文物展现的具体性（concreteness）来自其逼真性（verisimilitude），即来自文物被放入一个解释性语境而导致的熟悉感（familiarity），文物要在这个语境里遵循传统，与过去的表征物形成共鸣，而这些表征物连接着一个更广泛的社会循环。[21] 作为教育性机构，博物馆很大程度上发挥着存储既有知识（the already known）的功能。它们讲述且不断讲述我们时代的故事：通过被无止境地不断重复，故事已经成为常识（doxa）。所谓博物馆文物的意义不言自明，那仅仅是因为它已经被说了太多遍。博物馆文物就像一个两面派无赖一样，它之所以似乎可以为这些不言自明的真理提供物证，仅仅是因为它一开始就被那些来自外部的沉甸甸的真理打上了烙印。

所以，文物的"真"（authenticity）不能保证其意义。相反，它的意义来自它的性质和功能，只要它被放置在博物馆中，作为一种符号，或者更准确地说，作为一种符号载体或者能指，它便具有了这些性质和功能。这样做的后果是深远的。我们现有的所有成熟的语言理论都一致认为，除了少数特殊分类外，单个能指没有内在的或者固有的意义。相反，它的意义来源于它与其他能指的关系，在特定的情况下，它们结合起来形成一种表述方式。显而易见，后果就是相同的能指可能因组合方式和使用语境的不同而具备不同的意义。

博物馆文物也是如此，这在一些例子中得到了充分的证实。在这些例子中，博物馆陈列分类系统的变化会导致同一文物的意指功能发生根本改变。其中最著名的例子是弗朗兹·博厄斯(Franz Boas)对人类学材料类型系统的质疑。人类学材料类型系统由皮特·里弗斯首创,他把工具和武器从特定的民族学起源中提取出来,按照从简单到复杂的进化序列排序,以展示进步的普遍规律。而博厄斯却坚持认为,人类学材料应该在它们所构成的特定文化背景下进行观察,并提倡以部落为基础进行展示,以证明"文明不是绝对的,而是相对的,我们的思想和观念只有在我们的文明发展到一定程度时才是真实的"(cited in Jacknis, 1985:83)。

有鉴于此,很明显,特定的历史博物馆陈列或遗址的意义并不取决于它们是否忠实于"真实的过去",相反,取决于它们在现有历史话语体系中的地位和关系,以及它们与社会和意识形态的关联。用帕特里克·怀特的话说,就是"过去-现在的联盟"(Wright, 1984:512)。从这个角度来考虑澳大利亚的过去,就需要将过去-现在的联盟放在新的外延的形式中,从它与它所接合的政治意识形态的关系中来考虑。虽然无法在此展开对这种类型的详尽研究,但可以粗略考虑一些比较特殊的过去-现在的联盟,这些联盟现在成了国家历史的特征,并且足以凸显最近形成的矛盾立场。

永无止境的故事

我们已经注意到,对安德森来说,国家似乎总是在悠久的历史中缺席。他还进一步补充道,国家似乎"滑向一个无限的未来"(Anderson, 1983:19)。只要它们是"想象的共同体"(imagined communities)——将一个特定地域的居住者视为本质上由潜在的传统和共同的目的而联合起来——国家就以连续的长叙事的形式而存在，且以这种形式表征自我。作为想象以及组织人民团结和形成共同体纽带的方式，国家把永无止境的故事作为人民-民族国家的发展轨迹，而故事的起源深埋在遥远的时间里，很少精准地说明，就像它的发展路径似乎注定将无止境地延伸到一个无限的未来。埃里克·霍布斯鲍姆也曾提出类似观点。他在谈到19世纪晚期欧洲国家传统历程时指出，这种传统所唤起的连续性"在很大程度上是虚构的"，它将想象的国家的连续性推远，远早于国家作为独特的文化和政治实体建立的时间（Hobsbawm，1983）。

将国家的过去拉长，以便将其接入某个深层时间的历史，这种情况在新兴国家尤为明显，但也产生了特殊的问题。对于后来取得自治的殖民地来说，这个过程有时候太过清晰且有多个开端，例如1788年和1901年，因此必须找到某种协商／跨越的方式。在这个意义上，组建"国家遗产"就具有特殊意义，它厘清了澳大利亚多个开端之间的不一致，创造了一个可以上溯到1788年间的、不间断的国家历史。这主要通过两种方式实现。首先，把1901年前的文物归为"国家遗产"，将这些文物从早先关联的帝国历史中剥离出来，然后再放回超出其有效连续性的国家历史之中。同样重要的是，"国家遗产"这个概念本身就意味着所有特定的历史都被剥夺了它们的自主性，因为它们的遗迹，例如私人住宅、废弃的工厂、探险者的足迹、珍稀树木，都被契合到国家历史的共识统一体中。

149 在此方面，如果因为国家遗产的大众结构，即它表现出包罗万象的包容性，既容纳被统治群体的历史又包容精英群体的历史，就认定它是民主的，那就大错特错了。"民族遗产"这一概念本身必然是民主的，其存在的理由是将多种历史融为一体，但结果往往是特定社会群体的历史被去政治化，因为它们的遗产成为国家统一的象

征,或者通过代表过去的分裂来突出最近实现的统一。[22]这些进程的结果是否能被描述为民主的,并不取决于国家遗产包含的内容,而是取决于组织这些文物的关系的话语。

然而,"澳大利亚国家遗产"(the Australian National Estate)不仅仅包含那些与欧洲人定居时期有关的文物。它的其他主要分类是自然环境和原住民遗址(Aboriginal sites)。大卫·洛文塔尔(David Lowenthal)在第一份《国家遗产名录》出版后不久,就曾准确预言这种后果:

> 澳大利亚国家遗产不仅包括自欧洲人到达以来的几十年,还包括未被原住民生活记录的漫长时间,以及在此之前,如动物、植物以及澳大利亚大陆的岩石这些自然本身的历史。因此,过去的范围有所扩大,使澳大利亚能与任何古老的国家相提并论。
>
> (Lowenthal, 1978: 86)

他还注意到类似的情况发生在最近的博物馆政策和遗产政策中,他发现对海洋历史的重视程度有所提高,这已经成为各州的主要兴趣点。1988年底,国家海洋博物馆开放,使得这些州的海洋收藏在国家层面进行了调动。同一年,随着第一舰队(the First Fleet)演习、高桅帆船活动和两百周年沉船展全国巡展(the Bicentennial Shipwreck Exhibition)的举行,国家海洋的历史走到了舞台聚光灯下。1976年的联邦历史沉船法案(the Commonwealth Historic Shipwrecks Act)宣称,所有在澳大利亚海岸水域的沉船都属于国家财产,从而正式将前殖民海洋历史纳入国家历史。现存于阿姆斯特丹皇家博物馆（Rijksmuseum in Amsterdam）的哈托格锡盘（Hartog's plate）曾在沉船展巡展期间短暂回归澳大利亚，这表明澳大利亚国家历史可以追溯到1788年，从而将探险家的航海经历也包含其中。然而，这种延伸历史的特殊方式也满足了一个更大的目的。在一定程度上，航海探险被塑造成既代表欧洲即将离开的历史，又代表澳大利亚即将到来的历史的符号，而将航海探险纳入国家历史中，至少可以让澳大利亚多元文化中的某些欧洲元素将近代移民的"表层"历史植根于更深层次的时间结构中。同时，将国家根植于更广泛联系的历史，有助于将国家历史从对英国的依赖中解放出来，而这种依赖源于英国是澳大利亚殖民时期的唯一宗主国。

这在很大程度上不足为奇，它本身也并没有任何可悲之处。话虽如此，这种延长民族历史的过程确实有一些值得怀疑的地方。在此我想重点谈谈其中两点：一是原住民文化作为民族化工具，二是民族国家的前进道路（与新发现的遥远的土地与海洋的过去相关）。

以下摘录自1982年《澳大利亚博物馆发展计划》（*Plan for the Development of the Museum of Australia*），很好地说明了第一个问题：

> 澳大利亚博物馆将是一个关于澳大利亚的博物馆，是每个澳大利亚人都能认同的博物馆。它将讲述我们国家——唯一横跨整个大洋洲的国家——的过去、现在和未来，它将讲述自然的历史以及澳大利亚人民的历史……
>
> 澳大利亚，这个最干燥的大陆的历史在很大程度上是

由气候、古老的地质、遥远的距离和与世隔绝的岛屿决定的。正因如此,这里拥有独一无二的动植物,久远的景观隐藏着古老的生命形式和巨量的矿产资源。

澳大利亚的人类历史古老而独特。原住民早在现代人跨越世界的殖民浪潮之前就开始在澳大利亚活动了。在至少4万年的时间里,原住民发展出一个精神复杂的社会,特别强调传统生活和对地方的依赖。随着时间的推移,原住民社会改变环境,反过来适应了环境,区域之间呈现出巨大差异。

欧洲人定居两百周年之际的澳大利亚已经发展成为一个复杂的多元文化社会。这是一个从狩猎-采集的国家转变为工业国家的漫长故事,一个充满了悲剧、胜利、坚持和创新的故事。我们应该更加积极、客观地讲述这个故事,利用我们的集体遗产来促进自觉意识和自我认识,以培养成熟的民族特性。

(*Plan for the Development of the Museum of Australia*, 1982a: 2)

1975年,针对19世纪后期博物馆把原住民遗址和工艺品作为自然史展品的趋势,皮戈特委员会提出尖锐的批评(*Plan for the Development of the Museum of Australia*, 1982a: para.4.27、4.30)。此类展品的作用非常清楚。原住民的物质材料处于自然和文化之间的模糊地带,既能对两者进行区分,也能说明两者之间的过渡。它们被放在人类进化阶梯的最底层，代表着文化脱胎于自然——这一点完全不能有效证明人类的进步已经超越"史前"起源。上面引用的这几段话显然要与这些概念决裂，因为它赋予原住民文化以重要意义，并将其纳入国家主体（"每个澳大利亚人"）的建构和指称。然而，如果仅仅停留在这个层面，那将是一种宽泛而不负责任的解读。事实上，这段话最引人注目的是，它在同一表征空间（自然与文化的关系）保留了原住民文化，尽管这一空间的功能被改变了，成为一种民族化的手段。原住民成为一个中介角色，将欧洲人定居的历史与这片土地的悠久历史（其"古老的地质"和"久远的景观"）及其动植物群（"古老的生命形式"）联系起来。因此，这一概念在解决1788年这个断裂的问题，将国家锚定在更深层次的时间结构中之后，还起到了其他作用。它克服了定居前和定居后两个阶段之间的断裂感，暗示将原住民仅仅视为第一波定居者（他们只是"在现代人跨越世界的殖民浪潮之前"来到了这里），他们和他们的后继者一样根据自己的需要改变环境。这样一来，4万年历史的不同阶段被包装进一个话语的历程中，从而建立起一个基本主题，将国家历史叙述为一个"从狩猎-采集的国家转变为工业国家的漫长故事"，一个充满了"悲剧、胜利、坚持和创新"的永无止境的故事。这也使得多元文化主义（multiculturalism）论述能够回溯到时间的迷雾中，从而在原住文化的区域差异中找到证据。

或许有人会认为，这是在过度解读一份相对较早的规划文件中的寥寥几段话。当然，究其诸多细节，澳大利亚博物馆未必如此。但是，这些都是关键性段落，它们第一次明确陈述了博物馆概念，也准确表述了国家修辞的概念是如何通过协调三个展厅来主导的：

1788年以来的澳大利亚展厅、澳大利亚原住民展厅和澳大利亚自然展厅。仔细读一读它的内容，可以发现澳大利亚原住民展厅非常严肃地、批判性地描绘出欧洲人定居对原住民的影响，似乎没有什么疑问。然而，在某种程度上，这将被博物馆的总体概念掩盖，因为博物馆的结构在赋予原住民历史的联系作用时，不可避免地极为模糊。

这些叙述至少表明，在民族化叙事的框架内展示原住民的物质材料是不合时宜的。然而，把民族历史变成一种叙事（narrativization）还有一个问题，这个问题源于更大范围的文化环境所带来的话语压力。澳大利亚博物馆规划运用的叙事形式体现得尤为明显，那些按照一套发展话语组织起来的叙事，在一定程度上已经被澳大利亚主要商业公司的公共形象掌控。保罗·詹姆斯（Paul James）的说明很有用，新民族主义之后，这些公司试图挽救它们的公共形象，借新民族主义的前进驱动力来增加公司利益（James, 1983）。然而，这些公司虽声称体现国家未来的发展方向，但广告策略却不得不将已有的民族化的形象和传统——澳大利亚风光图像志、拓疆精神、"安静的抵达者"——对接到他们的公共形象中。因此，这些图像和传统的潜在意义也相应地被这些企业形象过度使用。这些企业形象通过传播面广、影响力大的广告而与这些图像联系紧密。例如，在英国石油公司澳大利亚分公司的"安静的抵达者"广告中，澳大利亚陆地和周边海洋都被表征为发展的话语，这种话语将公司的勘探活动呈现为一个漫长的故事，借此回溯长久以来对大陆的勘探和发展。[23]事实证明，多元文化主义的主题也无法摆脱被企业挪用的命运。例如，邦德公司的澳大利亚建国两百周年纪念广告也将国家的故事表现为一个连续的"悲剧、胜利、坚持和创新"的故事，描绘一波又一波的定居者和移民，他们是那些"以为自己永远不会成功"的人，他们以自己的方式找到了最终的历史回报和归宿：一杯天鹅啤酒，他们之间的差别也因此最终被消除。

帕特里克·怀特在考察英国及英国史的过程中，将英国主导的过去－现在的联盟总结为"自满的资本主义联盟"：

> 这一阵营使得历史发展可以被视为完整的、一个在当下得以被发现成功的过程。历史发展在这里被设想为一个累积的过程，将民族国家作为其显著的成就传承至今。它既是值得庆祝的，又是自满的，它生产了一种感觉，即"我们"是历史的成就，因此，虽然历史在当下是我们的权利，但我们的自恋也会鼓励我们去探访、展示、书写和讨论历史。
>
> （Wright，1984：52）

这种过去－现在的联盟在公司广告策略中的体现，可以被恰如其分地总结为一种积极的资产阶级联盟。因为它也将过去视为一个积累的过程，把国家当作这个过程的一大成就传承至今。"现在"尽管标志着一种成就，但并不标志着一种完成；相反，它处在过去和未来之间的某个时刻，是同一个模子塑造出来的。其所标志的国家的未来发展轨迹是由"更多的一致"的逻辑所支配的；这是一个永无止境的发展故事，在这个故事中，跨国公司是不间断发展过程的首席代表，而这个过程似乎是由土地自身及其居民之间的关系自然而然产生出来的。这种尝试绝不是仅限于澳大利亚博物馆，而是与一种叙事伴随而生，这种叙事从其熟稔程度（familiarity）以及已有的可理解性（intelligibility）来看，是可以理解的。但是，鉴于这些叙事在一定程度上已经被特定的集团利益劫持，应该予以积极抵制。

刑罚的过去

米尔班克监狱在1817年开放时，特地将一间挂满铁链、鞭子和酷刑工具的房间辟为博物馆（Evans，1982）。因此，这种致力于通过严格检查和规范行为来让罪犯改过自新的刑罚观，便区别于早期那种旨在通过公开行刑来彰显权力的刑罚制度。同一时期，伦敦的展览机构又增加了新的成员。1835年，杜莎夫人在全国巡展蜡像作品数十年后，在伦敦设立了永久性展览。她的新展馆，包括作为主要景点的恐怖屋，除了其他展品，还血淋淋地展出了过去那些极度野蛮的惩罚手段（see Altick，1978）。在19世纪余下的时间里，古城堡地牢被开放给公众参观。时至今日，它们依旧是许多地方博物馆的核心内容，比如兰卡斯特城堡（Lancaster Castle）或者约克城堡博物馆（York's Castle Museum）就有两座18世纪监狱。不过，杜莎夫人蜡像馆现在有了新的竞争对手，那就是伦敦地牢，它是伦敦最受欢迎的旅游景点之一，采用特效技术再现往日身体受到酷刑和惩罚残害的场景。

这些发展不止于充当逸事趣闻。尽管鲜有人提及，但是在监禁（现代主要惩罚形式）与博物馆及其相关机构（往往将过去的惩罚手段作为代表性议题之一）之间存在着一种重要的象征性共生关系。监狱的逻辑是，惩罚应该隐藏于公众视野之外。在这个意义上，监狱改革论既然声称要体现以改造罪犯为导向的人道主义惩罚手段，也就不再有公众有效性。因此，展示过去刑罚制度的过激行为，就为辉格党有关刑罚的历史观提供了很大的支持。向公众开放过去的刑罚场面，有助于确保激发人们对这种野蛮行为的想象，确保大门屹立不倒，结果是，无论监狱有什么缺点，相比之下都显得仁慈得多。

鉴于再现惩罚在国家历史的结构中具有独特的重要性，这些考量对澳大利亚而言尤为重要。这也是一个相对新近的发展。二三十年以前，大多数流放时期的刑事机构要么被废弃，要么被用于其他政府职能。从那时开始，这类机构——以及19世纪末的监狱——有相当一部分被改造成博物馆。亚瑟港、海德公园兵营、墨尔本旧监狱（Old Melbourne Gaol）和老达博监狱（Old Dubbo Gaol）是其中最显著的例子，此外还有无数地方监狱被改造成地方历史展览馆。然而，最符合再现意义并将之与功能区分开的不单是数量的显著增加，而且是源于这样一个事实：此类再现通常在两个方面同时发挥作用——作为辉格党刑罚史观的一部分，以及作为国家起源论述的组成部分。

前者关注的重点是描绘严酷的流放制度或19世纪发展起来的对待本土犯罪的严酷刑事机关。因此吉姆·艾伦才会认为亚瑟港是证明流放制度失败的首要证据。尽管如亚瑟港一样，墨尔本旧监狱曾在它的时代体现19世纪刑罚改革的理想观念，希望将监禁作为一种改造方式，但如今它已经成为代表过去严酷刑罚制度的证据。在它展示的监狱规训工具（九尾鞭、警棍、鞭刑柱）、脚手架（为电影《奈德·凯利》重建）、服刑犯的牢房、囚犯在牢房外必须戴上的白色面具以及被绞死的重刑犯的死亡面具中，这座监狱在"澳大利亚现代刑罚制度"方面发挥了类似于19世纪中期米尔班克监狱的博物馆功能：将严酷的刑罚定位在过去。

然而，更突出的言论是将犯罪人口重新视为国家的基石之一。在这方面，刑罚的过去构成了一个更广泛的过程的一部分，在这个过程中，人们对流放时期的态度发生了重大转变，发现祖先曾是罪犯，是当今家谱学研究中最受欢迎的大惊喜之一（Cordell, 1987）。毫无疑问，这种脱胎换骨是非常有益的倾向。但令人疑窦丛生的是伴随而来的另一种倾向，即让罪犯改头换面，变成应征入伍的移民或早期开拓者，以便提供一个早期的参照点，使后来的定居者、棚户区居民、矿工等的历史能够在一种不间断的连续关系中连接起来。正如官方目录中所描述的亚瑟港发展历程：

> 亚瑟港逐渐发展成一个旅游景点。时至今日，世界各地成千上万的游客来到亚瑟港，领略昔日的景象，重温一段我们应该引以为豪的历史，因为这是一个关于先民团结一致的故事，他们共同为我们今天所熟知和享受的塔斯马尼亚奠定了基础。
>
> （*Port Arthur Historic Site*，1984）

同样的描述也见于岩石广场，它与辉格党刑罚史观的民族化版本结合在一起，不可思议地为这个民族国家的起源找到一个没有经历任何冲突的起点。卡德曼小屋（Cadmans Cottage）和岩石广场的第一印象雕塑（the First Impressions Sculpture in the Rocks Square）都表明，唯一破坏早期澳大利亚历史的激烈形式是那些从旧世界传入的、殖民政府和海军陆战队与罪犯之间的对抗。然而，这些对抗——由过去和国外的惩罚制度强加的外来入侵——在澳大利亚历史开始后就被从头抹去了，当初罪犯和海军陆战队的土地争夺，此时被描述为与定居者并肩作战，为自由、民主和多元文化社会奠定基础。[24]

虽然这种将过去的刑罚转变为民族主义手段的做法似乎完全无伤大雅，但它的另一个后果是提前阻止了对过去的利用。使用一种民族化修辞从来都不是一种无害的选择；在一定程度上，它的后果要依据它排除了哪些其他可能性来评估。因此，当过去的刑罚在民族历史中留下一笔以后，这段过去同时也与其他较为接近也较有批判性的历史脱离了关系，尤其是那些更广泛的、后续发生的澳大利亚刑罚史。这将涉及共时和历时两个层面的不同表征选择：例如，在共时层面上，将监狱与历史上其他当代刑罚机构——例如，精神病院或贫困女性及其子女的机构——联系起来；在历时层面上，将过去的刑罚手段与今天的刑罚手段联系起来。上述所有机构甚至都没打算在这个方面做做样子，它们在当代刑罚实践的系统化遗忘中起到至关重要的作用。由于当代惩罚手段在国家发展的言论框架内将过去的刑罚与现在的刑罚联系起来，并将过去的刑罚再现为已经纠正了的过激行为，因此当代惩罚手段除了公开宣扬其仁慈外，没有任何公开的历史。

游客的过去

迪恩·麦肯奈尔认为，"现代性最终战胜其他社会文化配置的最好迹象并不是非现代世界（nonmodern world）的消失，而是在现代社会对其进行人为的保存和重建"。博物馆和遗产点"通过具体而直接地体现什么不是现代性，从而有意识地确立了现代性的定义和边界"，将现在"作为被揭示的对象，作为旅游景点"

(MacCannell, 1976: 8-9, 84)。

麦肯奈尔的观点虽然是基于现代社会致力于对其过去的社会生产和保存的努力做出的一个一般性评论,但却特别适用于活的历史(living-history)或露天博物馆。此类型博物馆在疏芬山、木材小镇和老悉尼镇(Old Sydney Town)等地得到快速的发展,是过去20年澳大利亚博物馆中最独特也最受欢迎的新成员。疏芬山是19世纪末淘金小镇的重建项目,20世纪70年开放,12年内吸引了500万游客。它看上去也是最民主的博物馆形式,因为它关注的是如何重现过去社区中普通人的日常生活。

然而这样的表象往往具有欺骗性。露天博物馆的历史极为模糊。迈克尔·华莱士曾追溯它的史前形式,"如玛丽·安托瓦内特(Marie Antoinette)的游玩农民村(play peasant village)(用大理石墙包围起来的农场)这样的18世纪贵族作品、蒙索公园(Parc Monceau)这样的法国乡村,以及英国贵族的奇观公园,这些公园去掉了农民日常活动的所有迹象,并消除了人工构建的'自然'之外的任何时间感"(Wallace, 1985: 40)。19世纪晚期的斯堪的纳维亚露天博物馆运动——传统上被认为是这种形式的起源——受到了民俗文化浪漫观念的强烈影响,认为民俗文化是针对堕落资本主义的一种具有想象力的解毒剂,因此,它倾向于对过去的社会关系进行理想化的描述,并依照前伊甸园有机村落的模式来打造露天博物馆。这种形式在20世纪20年代和30年代的美国得到了同样的发展,只不过就像在亨利·福特的绿野村一样,露天博物馆所展示的前工业化时期的民俗生活相当时尚,甚至体现了勤劳、纪律、节俭和自力更生等"永恒的、无穷的"开拓者美德——资本主义的典型先驱,而不是想象中的对立面(Wallace, 1981: 72)。

简言之，这种形式在观念上倾向于平民主义而非民主，它虽然为普通人的生活找到了一席之地，但代价却是将普通人置于一种变形的理想主义和保守主义之下。当然，这并不是此类形式的本质属性。原则上没有什么可以阻止露天博物馆利用这种形式的资源——这些资源在本质上富于戏剧性——为它们所生产的过去提供一种更具批判性的关系。[25]尽管如此，在实践中，这种形式的历史确实倾向于对其使用的方式施加压力，结果往往是严肃的博物馆被强行拖入保守神话的中心地带。这种形式现在还受到来自另一方面的压力，而这个方面的发展正是由它促成的：迪士尼乐园对美国小镇大街（Main Street USA）的改造曾大幅借鉴按照早期殖民时代重建的威廉斯堡（Williamsburg）。

这并不是说迪士尼乐园（及其他模仿者）等同于露天博物馆。但是，它们在好些方面有交叉重叠。比如主题往往很类似。如果说迪士尼乐园模仿的是殖民时期的威廉斯堡，那么位于黄金海岸（Gold Coast）的梦幻世界（Dreamworld）主题公园的挖矿区就会让人想到疏芬山。此外，在游客的行程安排中，两地因为位置非常近而联系在一起。一项对迪士尼乐园游客的调查显示，他们中有很大一部分人认为迪士尼乐园之旅和参观历史遗迹是配套的（Real，1977：72-73）。虽然没有在澳大利亚进行类似的调查，但在游客的行程中，意义的联系似乎很可能从一种类型机构延伸到另一种类型机构。

然而，或许最重要的是，迪士尼乐园和露天博物馆用相似的方式组织游客接受和体验它们构建的内部空间与外部世界的关系。而这是两者最相似的方面，它们在其他方面差异相当大，其中最明显的是表演方式，即装扮成博物馆工作人员的人如何掌控参观者和重建的历史环境之间的关系。在木材小镇，一个重现新南威尔士州北部伐木社区生活的博物馆，就把工作人员当作活生生的历史道具，让他们的装扮符合历史背景。疏芬山也是如此，只不过一旦游客有问题咨询，身着角色服装的工作人员就会脱离角色，破坏他们的致幻功能。当然，也有不穿制服的现场讲解员。相比之下，重现拿破仑战争时期老悉尼镇的工作人员则擅长从历史的角度入手，结合杂耍剧院和度假营地的日常活动，从而产生他们在一定程度上想要体现的与过去的诙谐关系。然而，尽管承认两者有差异，但是它们仍然存在两个决定性的共同特征——与迪士尼乐园的比较很好地说明了这一点。

也许这两个机构之间最重要的相似之处在于它们对过去社会关系的微缩化。迪士尼乐园的微缩化是通过缩小历史复制品的尺寸来实现的。例如，美国小镇大街上的建筑，至少比真实尺寸小了八分之一。"其实这样成本更高，"华特·迪士尼解释说，"但却使街道成为一个玩具，而发挥想象力可以更自由地与玩具一起玩耍。此外，人们喜欢认为他们现在的世界在某种程度上比父亲那时候的世界更成熟。"(cited in Real，1977：54)虽然露天博物馆很少用同样的方式，但效果是相似的。把所有可想象到的建筑类型——工人小屋、学校、旅馆、教堂、马鞍厂、铁匠铺、马厩、商店、锯木厂、报社都集中在一个压缩空间里，让参观者产生错觉，仿佛这个可知的、自我封闭的小世界可以在他们一个上午的闲暇漫步中一览无余。或者像在木材小镇一样，通过铁路游览，视野豁然开朗，像梦幻世界主题公园一样，绕着场地转一圈，确定公园边界，既与周围植被分开，又融为一体。旅游小册子为游客的体验做好了准备：

回到过去……漫步在澳大利亚的历史中。木材小镇是一个完整的村庄，重建它，就是为了展示先驱者的奋斗和成就，反映他们的生活方式、他们的工作方式、他们的艰辛和技能。

它不是一个没有生命的博物馆……它充满生机活力！这是一个真实的、有生命力的小镇，蒸汽火车仍在运行，木材仍在被砍倒，成群的牛背着沉重的货艰难跋涉，木匠把天然木材打造为艺术品，杂货店出售自制的商品和装在玻璃瓶里的棒棒糖……

还可以听到昔日的声音……蒸汽火车的轰轰，公牛的哞哞，铁匠打铁时的叮叮当当。经过老酒店时，你会听到钢琴的声音，或者真正的澳大利亚民乐，它那快乐的节奏吸引着村民到酒馆尽情歌唱……

在这种乡村宁静的氛围中，镇区边缘很可能会出现袋鼠、小袋鼠、笑翠鸟、园丁鸟和其他种类的澳大利亚动物。

木材小镇……是19世纪澳大利亚丛林简朴狂放的生活和工作方式的迷人反映。

此处也有各种困难。首先是过去社会关系的虚假自然化，这是微缩化，特别是自我封闭造成的。木材小镇不仅是一个压缩的、可知的小世界，更是一个孤立的小世界；铁路并没有通向镇外，把小镇与更广阔的社会和经济关联起来，而是把它圈起来形成自我封闭的世界。结果就是，博物馆讲述的开拓蛮荒的艰难往事（主要是以"点击鼠标看评论"的形式）与锯木厂或森林伐木工的工作条件有关,似乎是来自大自然本身的严酷。如果说锯木厂工人的生活条件简陋、工时漫长而艰辛,都是因为森林扮演了一个严厉的工头,那么这些就与支配木材工业组织的包罗万象的经济体系没有什么关系,但是木材工业内部普遍存在的所有权关系、世界市场的组织方式、木材工业利润留在澳大利亚或返回英国的程度,这些都有力地影响了木材小镇的生活方式和标准,以及内部的权力结构和权威结构。

简而言之,通过把重建的小镇从更广泛的历史背景中抽离出来,木材小镇把过去的社会关系神秘化,将资本主义对澳大利亚自然资源剥削的特定阶段变为乡野田园,村民每晚都会去酒馆欢聚歌唱。这种对过去经济关系的遮蔽与木材小镇掩盖它赖以存在的经济关系的方式相辅相成。正如许多露天博物馆一样,这种活生生的历史冒险建立在双重经济之上。此类博物馆的一部分功能是作为各种零售店的卖场,销售茶点、手工艺品、旅游古玩、历史遗物等。它们在博物馆内部占了很大比例,有时由博物馆员工经营,但通常由当地私营企业经营,就像游乐场摊位经营一样,以特许权方式租用场地。虽然向私营企业收取租金可以支付管理费用和工资成本——包括与特展有关的费用,因为特展是吸引游客的主要手段之一—— 但这些费用大多仍由门票收入支付。

双重经济的两个方面常被掩盖起来。与服装零售商的交易在一种想象模式下进行,好像游客是从一个货真价实的居民那里购买一件货真价实的老物件,而不是从某企业或雇员那里购买一件披着历史外衣的商品。这种展示过去工艺和技能的经济关系掩盖了一个更为复杂的结构。在木材小镇,大多数展示出来的劳动形式本身明显不具有生产性:公牛每天拖着同一根木头绕着同一个圆圈走好几圈，并在展示传统技艺的过程中上轭、下轭；一个不停运转的锯木机在规定的时间启动，但并不切割木材。投入大量社会劳动，但不形成任何最终产品，它们的生产力完全体现为展示带来的收入。换句话说，它是一种作为景观的劳动，一种转化为旅游消费形式的劳动，劳动的性质已经脱离表演场域，而维持这种劳动的交易发生在场外，在设定的历史场景边缘之外的缓冲区内，控制着游客场所内部与外部、过去与现在之间的转换。

这种过渡区的标识多样而烦琐。老悉尼镇的标识可能是最复杂的，从停车场开始（"停车于此，且忘此世"），然后穿过入口建筑——一个大型的现代综合旅游亭，提醒游客在穿过旋转门之前确保他们已经携带所有必需品，因为1788年还没诞生照相机、电池或胶卷——随即购买门票，然后穿过烧烤区和茶馆区，再进入一条隧道，来到历史区，重返1788年。疏芬山和木材小镇的过渡区虽然没有那么复杂，但本质相似。木材小镇的前面是一座超现代建筑，里面有一个转门（旁边配有身穿制服的博物馆工作人员），将门厅（现代且实用）和时代背景分开，让出一条通道，展示木材工业设备，而适应区则通往历史区。这些标识在博物馆内部重建的历史场景中是虚拟缺席的，因而标识的效果被加强了，它们严格地排除了任何现代性的迹象。疏芬山为了不妨碍幻觉的真实性，没有提供任何说明性标识。老悉尼镇则用告示牌提供历史信息，告示牌外观上的年代感、古老的拼写和地址模式都力求让人觉得这些是为1788年的居民而不是为现代游客准备的。垃圾桶藏在汽油桶里，厕所被忸怩地标记为简易厕所且被藏在具有时代感的建筑中——就像在木材小镇，似乎为了否认它们的正式存在，博物馆手册平面图都没进行相应标记。

然而，把内部、外部区分得最有效的是迪士尼乐园。雷亚尔（M.R. Real）指出，除了巨型停车场、环景区铁路和售票处等物理边界，游客在园区其他地方都要经过审查，确保遵守着装规范——不允许眼罩、纽扣或T恤上印有任何政治信息——并拒绝可能的不法分子（酒鬼或瘾君子）进入。然而，也许更重要的是，用不同等级的票证来代替金钱，这些特殊的代币允许游客免费参与内部的娱乐活动——当然，免费只是因为费用已经支付过了。然而，这种对金钱的屏蔽，只是为了确保游客能更自由地从门票涵盖的娱乐活动转向迪士尼乐园的无数零售店，从而鼓励一种幻觉，即在这个世界里，消费是一种游戏。正如翁贝托·艾柯（Umberto Eco）所说，"我们见到小镇大街的门面是一个玩具屋，他们邀请我们进去，结果里面另有乾坤，是一家超市，你在那儿傻傻地买买买，但还以为这是游戏"（Eco, 1987：43）。毫无疑问，露天博物馆的规模不同，但体现出来的原则本质上或多或少是相似的——在古老的标识下组织消费活动、刺激商品流通——而实现这一原则的手段也是相似的。

然而，从保存或重建的过去与旅游经济之间的关系中产生了一个更普遍的问题，而露天博物馆只是突出了这一问题，这个问题在澳大利亚尤为突出，甚至有可能变得更加突出。因为与20世纪70年代的傲慢情绪相比，追求旅游收入已经成为博物馆和遗产政策的主要驱动力。正如麦肯奈尔指出的那样，历史旅游的逻辑是将现代世界和过去打通，将后者塑造为现代性想象中的另一个世界，一个我们假定已经失去了的世界，我们从当下撤退到这个世界，以寻找永远找不到的根源或身份。即使是像曼宁·克拉克（Manning Clark）这样著名的历史学家，也不能幸免于受到以下观念的诱惑：

今天，在环游澳大利亚各地的旅程中，旅行者的眼睛很少能从汽车和喷气发动机时代的遗迹中得到休养生息的机会。汽车旅馆、二手车场、汽油加油车、快餐店和瓶装酒商店，已成为我们生活的主要景观。在城市里，高楼大厦占据了地平线；在乡村，麦仓取代了早年的教堂。

然而，在新南威尔士州的温莎（Windsor）、维多利亚州的卡尔顿（Carlton）、南澳大利亚州的布拉（Burra）、西澳大利亚州的卡尔古利（Kalgoorlie）、昆士兰州的罗马（Roma）、塔斯马尼亚州的伊万代尔（Evandale）、澳大利亚首都领地的冈加林（Gungahlin）或北领地的达尔文（Darwin）等地，旅行者或当地居民马上就能意识到另一个澳大利亚，一个没有高楼大厦和满眼垃圾的古老的澳大利亚。

（Australian Council of National Trusts，1978）

即使通过最不经意的观察也可以发现，这种关于澳大利亚过去的架构是农村地区为一党私利而划分选区的恶果。这种划分引发了显而易见的时间上的不平衡，过分集中于19世纪的先驱者、定居者、探险者、金矿社区和农村工业的生活，而忽略了20世纪的都市历史。这一问题也不纯粹因为多数博物馆和遗产地致力于突出此类主题。在旅游文学作品中，过去一直被表现为一种逃避的方式，例如梦幻世界主题公园的常见广告语"来一场远离日常的旅行"。迈克尔·博梅斯和帕特里克·怀特注意到英国也有类似倾向，他们认为这有助于将过去和现在进行"去历史化"，在此意义上，过去之所以成为旅游奇观，正是因为过去与现在脱节，而后者，或者更准确地说最近的过去，似乎缺乏历史的精确性，也正是因为它没有被官方划定为过去（Bommes & Wright, 1982: 296）。这里有一个明显的困境。过去的结构越是受制于旅游业的要求，就越有可能将重点放在乡村而不是城市，放在19世纪而不是20世纪。因此，它倾向于为大多数澳大利亚人提供一种想象性的消遣，从而使他们转移注意力，不再关注目前的生存条件，而不是让他们了解导致当下生存条件的更近的历史。就澳大利亚而言，这种政策还面临着另一个风险——打造一个过去，以满足外国游客对具有异国情调、怪异却真实的旅游地的需求，随着旅游业日益成为出口导向型行业，这种风险就更大了。简言之，成为他们出发地大都市中心的对立面。澳大利亚的过去越是为了满足这种需求，它就越是倾向于通过英美目光的缝隙来代表澳大利亚人，倾向于以一种英雄和原始的简单方式来塑造民族性格——就像影片《鳄鱼邓迪》表现出的特点。

如果说这点值得关注，那主要是因为在如何描述过去的问题上，所涉及的不仅仅是历史。可想而知的未来的形状取决于过去是如何被描绘的，以及未来与现在的关系是如何被表述的。尼采认识到了这一点，并在他评论那些"历史学家"时提道，"他们回顾来路，目的是理解现在，并激发对未来的渴望"（Nietzsche, 1976: 14）。然而，他也谈到了一种古玩收藏家的态度，他们重视所有"渺小而有限、发霉而过时的东西，将过去组织成一个来自现在的避难所，而古玩收藏者的保守和敬畏的灵魂则在其中筑起了一个秘密的巢穴"（ibid.: 24）。这两种取向在澳大利亚过去的结构中都很明显——一种面向未来的轨迹，受澳大利亚不断发展和保护过去的修辞所支配，将其作为当下的飞地，逃离当下。福柯呼应尼采对这两种取向的批判，赞赏尼采"有效历史"的优点。这种历史的目的不是要把民族归入自我发展的不间断的叙事中，相反，它寻求打破这种虚伪的连续性。而且福柯认为，它之所以要这样，是"因为知识不是为理解而生的，而是为切割而生的"（Foucault, 1980a：154）。也许，批判民族意识的成因最好的方式是建立一个公开的过去，对那些目前文化中分量很重的民族叙事进行切割，从而针对性地提出质疑，而不是赋予它们政府所树立的权威。

注释

[1] 这里指的是约翰·罗斯金和威廉·莫瑞斯反对19世纪复辟时期暴力行为的运动。详见 Prince（1981）。

[2] 为了强调这一点，我的立场与霍奇和达索萨（Hodge and D'Souza）不同，他们认为，在博物馆里，"一件文物通过它是什么来进行交流。因此，它完美地传达或象征着自身"（Hodge & D'Souza, 1979：257）。这忽略了这样一个事实：一旦文物被置于一个历史框架中，它就不再是它原来的样子，因此，仅仅由于这种差异，就不能声称是同一个意义在交流，因为这种身份是分裂的。历史框架在物体的现在和过去存在之间拉开了距离，使人工制品能够作为一种符号发挥作用。但是，它只能在这个差距中发挥符号的作用，因此，这个差距永远不可能通过霍奇和达索萨建议的完美沟通的循环而完全消失。仅仅凭借它现在的存在状态（它在博物馆中的位置以及它与其他文物之间的关系），博物馆的文物被转化为一个符号载体，用于呈现关于它过去的存在条件（它的用途、它在经济活动或社区生活方式中的作用）的意义。除非博物馆文物的这两

个不同方面之间的非同一性得到保持,否则就不可能理解其作为标志的功能的性质,特别是如果它所在的历史框架所提供的更广泛的社会背景被修改,那同一文物就有可能以不同的方式表示过去。

[3] 关于这种考虑,见 Bickford(1985)的精彩讨论。

[4] 佩夫斯纳将博物馆展示的历史化原则的起源追溯到1775年的杜塞尔多夫画廊(Dusseldorf Galleries)。然而,他同意巴恩和巴赞的观点,认为国家化的历史概念首先在革命后的法国博物馆学中得到了体现——首先见于亚历山大·勒努瓦(Alexandre Lenoir)的法国古迹博物馆(1795),随后见于亚历山大·杜·索默拉德(Alexandre du Sommerard)在克吕尼酒店(the Hôtel de Cluny)的收藏中。分别参见 Pevsner(1976)、Bann(1984)和 Bazin(1967)。

[5] 关于欧洲(和日本)遗产立法的简要回顾,见 Tay(1985)。关于美国遗产立法的细节,见 Hosmer(1965 & 1981)。

[6] 关于地方委员会和当地人在建造战争纪念碑方面的作用,见 Inglis(1983)的讨论。

[7] 澳大利亚武装部队之所以发布命令鼓励部队捐赠战争纪念品,是因为意识到了反英联邦情绪有助于培养一种印象,即捐赠的物件将被国家收藏,而且是同类多件的收藏。人们认为,如果大家认定了这些物件注定要被国家收藏,那就会有更多的物件被捐赠。同样重要的是,这些材料在永久落户堪培拉之前,在悉尼和墨尔本都进行了长时间的展示,这使得各州对藏品的情感投资能够随后转移到首都。更多细节见 Millar(1986)。

[8] 关于这些辩论的详细总结,见 Kavanagh(1984)。

[9] 关于这些男人形象的意识形态关联转变过程的细节,见

Ross（1985）和 White（1981）。

[10] 在这方面，关于什么形象适用于纪念馆中的中央雕像的长期争论特别有意义。虽然为此考虑了几个寓言式的女性形象，但正如英格利斯所说，最后的决定是"一个巨大而直立的男性形象：军人本身"（Inglis，1985：129）。英格利斯对这个人物的主导作用阐述如下："对于没有经过指点的观察者来说，这个雕塑发出的唯一明确的信息是，这个纪念馆属于战争中的男性。为这个神圣空间最后选定的雕塑确认了士兵和国家的复兴之间没有连续性。"（ibid.：122）

[11] 对与代表祖先的海军炮手一同出现的符号可表述如下："花环代表着对知名人士的崇敬，书代表了传统知识，板球杆和球代表了传统娱乐，教堂尖顶则代表了基督教的欧洲传统。"（*Guide to the Australian War Memorial*, revised edition, 1953：3）

[12] 这些现在被摆放在一个房间里的画作，原来是被放置在两个独立的房间里的，被赋予了比现在更重要的象征意义。

[13] 这个激烈的斗争是与澳大利亚战争纪念馆的斗争，后者也希望获得"马赛克"。争论的焦点是，澳大利亚军队是否有权为自己争取战利品，它在这方面的要求是否应该自动让渡给英国。

[14] 然而，与所有的出发点一样，这个出发点在某种程度上是武断的。惠特拉姆政府在博物馆和遗产政策领域的举措还需要结合整个20世纪60年代明显的文化财产国家化趋势来看待——孟席斯（Menzies）发起的调查委员会导致了澳大利亚国家美术馆的最终建立，1960年的立法使得澳大利亚国家图书馆得以建立，等等。关于这些发展的细节，见 Lloyd and Sekuless（1980）。

[15] 这与澳大利亚原住民展厅规划委员会的观点相反，该委

员会建议将展厅作为一个自治机构建立在自己的场地上。这主要是由开展调查的规划委员会所处的情况决定的。该委员会与皮戈特委员会同时成立，其立场从一开始就很模糊，因为它既要向议会报告自己的情况，又要向皮戈特委员会报告，然后再将报告纳入自己的报告中。

[16] 1987 年进行了审查，当时还不能确定澳大利亚博物馆是否会开得下去。

[17] 到 1981 年，澳大利亚国家信托基金委员会总共有 70 000 名成员，而澳大利亚历史学会联合会有 45 000 名成员。新南威尔士州国家信托基金委员会的会员人数从 1978 年的 22 865 人增加到 1981 年的约 30 080 人。见 *Australia's National Estate: The Role of the Commonwealth*（1985），该文献 1981 年首次以 *The National Estate* 为名出版。

[18] 《关于国家遗产的部长声明》，见 *Parliamentary Dehates*（1974）。

[19] 尽管在澳大利亚博物馆界，历史学家（尤其是社会历史学家）仍然是一个从属性相对较强的策展群体，但自 20 世纪 70 年代以来，他们越来越多地参与到像动力博物馆、西澳大利亚博物馆和维多利亚博物馆这样的博物馆策展和展示政策的制定中。他们在规划澳大利亚博物馆方面的作用也是值得赞赏的。因此，澳大利亚博物馆临时委员会承诺"为专业历史学家继续参与博物馆的规划和发展奠定基础"（*Museum of Australia*，1982a：3）。这一承诺的结果之一是由临时理事会召开的历史学家会议，为博物馆征集了一系列可能的主题。关于这次会议的记录，见 *Museum of Australia*（1982b）。

[20] 关于对旅游产业计算的基础的批判性评估，见 Craik（1988）。

[21] 关于此逼真性的讨论来自 Barthes（1987：34-36）。

[22] 艾米斯菲尔德的查蒂斯勋爵（1984）提供了一个很好的例子，他在列举英国国家纪念基金所保存的一些物品时，试图将工会的障碍物与榆树林荫道、科尔布鲁克代尔老熔炉（Coalbrookdale Old Furnace）和玛丽·罗斯博物馆（Mary Rose）紧紧绑定在一起，并没有丝毫的违和感。

[23] 博梅斯和怀特讨论了壳牌公司在英国的广告中关于保护的语言修辞呈现出的鲜明对比，突出了这片土地的修辞的特殊性，见 Bommes and Wright（1982）。

[24] 我在其他地方更详细地讨论了岩石广场的相关问题，见 Bennett（1988d）。

[25] 关于这种形式的批评实验的讨论，见 Fortier（1981）。

6. 艺术和理论：不可见的政治

皮埃尔·布尔迪厄在《纯美学的历史起源》(The Historical Genesis of a Pure Aesthetic) 一文中，提供了一个有用的历史进程缩略图，涉及一个视觉的美学结构的形成——布尔迪厄称之为"纯粹的凝视"。在这个过程中，艺术作品受到关注且主要是因为它自身。布尔迪厄认为，那些决定艺术作品如何命名或分类的组织在这个过程中扮演着重要的角色，他认为用"理论"一词来描述这些类别及其运作方式和效果，是很恰当的。他写道，"理论是一个特别恰当的词，因为我们正在处理的是看——思辨（theorein）——以及使他人看到的问题"(Bourdieu，1987：203)。

因此，分析"纯粹的凝视"形成的历史过程，在一定程度上是为了追溯那些空间和机构的形成，在这些空间和机构中，艺术作品被组合、安排、命名和分类，成为可见的"艺术"，正如这一分析也是为了研究那些生产出了有能力识别和欣赏艺术品的观者的力量。事实上，这是硬币的两面，"艺术"的生产和美学的生产构成了辩证法的两面，正如恩格斯在《政治经济学批判大纲》中所论述的那样，生产也直接是消费。这是双重的消费，包括主体的和客体的：个人在生产当中发展自己的能力，也在生产行为中支出和消耗这种能力，同自然的生殖是生命力的一种消耗完全一样。正如布尔迪厄所言：

艺术作品被立即赋予意义和价值的经验，是同一历史制度的两个相互依存的方面——文化习惯和艺术领域——相一致的结果。鉴于只有心照不宣地具备所需的性情和审美能力的观众才能领悟艺术作品，艺术作品才会作为艺术作品而存在（即作为被赋予意义和价值的象征性对象），我们可以说，是审美者的眼睛使得艺术作品成为艺术作品。但是，我们也必须立即记住，只有当审美者本身长期接触艺术作品产物时，这才有可能。

（Bourdieu，1987：202）

然而，正是理论——此处指一种独特的艺术语言——通过概念范畴（艺术的自主性、创造性，艺术家的独特个性等）来调解审美者和艺术作品之间的关系，使展出的作品可以作为更高层次的现实被解析和体验为更高层次的现实（"艺术"）的显现，它们是这种现实可触碰的表达。通过这种方式，理论既存在于艺术作品的展示原则中，也存在于审美者的头脑中——组织了可见（展示中的艺术作品）和不可见（"艺术"）之间的一套特殊关系，使前者被感知和被利用，成为与后者交流的途径。然而，这种可见与不可见关系的理论秩序，也可以用来区分那些可见和不可见的人；或者更准确地说，在区别只能看到展示中的可见之物的人和能看到不可见的现实（"艺术"）的人这两者之间发挥了作用。

这有助于解释不同类型的参观者对艺术博物馆使用的标签、指南或其他类型的背景说明和解释材料的不同态度。布尔迪厄和达伯尔（Darbel）在现代经典研究《对艺术的爱》（*The Love of Art*）一书中指出，工人阶级参观者通常对博物馆提供的指南或最佳路线指引表现得最为积极。布尔迪厄和达伯尔认为，这些说明很可能并不总是能给那些没有"看见"的人一双慧眼（Bourdieu & Darbel, 1991：53）。尽管如此，它们的存在仍具有重要的象征意义，正如工人阶级的参观者需要它们，因为两者都证明了有可能通过适当的培训弥补可见与不可见之间的差距。相较之下，正如布尔迪厄和达伯尔的证据表明，有教养的阶级最敌视这种使艺术更为平易近人的尝试，他们认为，这种教育手段减损了那种意识形态的魅力，使"与艺术作品的邂逅不啻为一种恩典（charisma）的降临，它为特权者提供了文化特权最'无可争议'的理由，同时使他们忘记认识艺术作品需要有人教导，需要自己学习"（ibid.：56）。

当然，认为这项研究结果永远正确是错误的，特别是考虑到布尔迪厄对阶级和文化之间关系的看法具有经济主义倾向。正如约翰·弗罗（John Frow）指出的那样，在布尔迪厄的作品中，有一种围绕大众和资产阶级这两种选择将审美配置两极化的倾向。这两种选择的内部一致性来自它们依赖的预定的阶级逻辑（Frow, 1987）。无论如何，这是一种与布尔迪厄更通常的观点背道而驰的趋势：艺术领域的特征，以及个人为了感知不可见其形的意义而需要获得的特定能力，是艺术画廊实践、艺术理论提供的话语范畴、话语范畴的传播方式以及教育机构提供的艺术培训和研习方式这四者之间关系的可变产物。后来研究者在澳大利亚进行了一项调查，发现支持艺术博物馆提供解释性材料和背景性材料的人当中，受教育程度最高的人最多，这可能说明艺术界在这些方面的结构已经发生了变化（see Bennett & Frow, 1991）。

即便如此，我在此关注的更普遍观点仍然是有效的：在艺术画廊中，理论被理解为一套特殊的解释和评价的分类原则，它协调参观者和展出之间的艺术关系，使得某些人而非另一些人，将展示的艺术视为一种看透（see through）文物的手段，目的是看懂文物被安排代表的一种无形的意义秩序。

所有的收藏机构都是如此。在《收藏家与古玩》(Collectors and Curiosities)一书中，克里日托夫·波米恩将收藏定义为"一组自然或人工物品，暂时或永久地保存在经济闭环之外，并被特别保护在专门为此目的而设计和展示的封闭场所中"(Pomian, 1990: 9)。波米恩将这些物品定义为半透体（semiophores），也就是说，这些物品之所以受到重视，是因为它们产生意义的能力而不是因为其有用性。如果要问不同类型的藏品有什么共同点，从而使其被选为半透体，那结论就是，它们的同质性在于它们有能力参与可见与不可见之间的交换过程。

收藏机构的藏品和展品，无论在其他方面有何不同，不管是在博物馆、寺庙还是在古董陈列柜里，它们的运作方式都是相似的。在构成一个可见领域时，它们的意义都来自它们构建的不同的"不可见"，以及它们向观众传达这些信息的方式。或者换一种说法，在这些机构中可见之所以有意义，是因为它可以让人一窥不可见。因此，波米恩认为，在古典世界，公开展示为神灵准备的祭品，结果就是：

> 这些祭品可以继续作为今世与来世、神圣与世俗的中介，同时，在世俗世界的中心，它们象征着遥远、隐秘和不存在。换句话说，它们充当了凝视它们的人和它们之来处的中介。

（Pomian, 1990: 22）

相比之下，在现代历史博物馆中，展示物品通常是为了呈现那些现在不存在的、不可见的东西，即某一特定民族、国家、地区或社会群体过去的历史。这种对不可见物的新的组织是选择一套新的半透体（例如时代服装）和新的排列方式来展示旧的半透体（按时间顺序排列的名人墓）综合起来的结果。如此一来，可以通过人工制品遗存的排列组合来物质地呈现一个民族的过去。

不管这些概括多有道理，可见与不可见的秩序并不是以不变的方式联系在一起的。相反，前者协调后者与观众之间关系的方式，取决于具体的可见意识形态的作用。有时，不同的可见意识形态甚至会影响同一藏品的安排，使其具有多层次的结构。因此，亚历山大·勒努瓦曾分别从两个角度陈列他的法国古迹博物馆的藏品。从政治角度看，这是为了呼应公共生活需要透明度这一革命概念，他因此认为，博物馆应该建造得辉煌壮丽，去"与所有人交谈"（cited in Vidler, 1986：141）。从这个角度看，法国古迹博物馆让大家看到的不可见正是法国国家的历史，它的荣耀体现在按时间顺序排列的墓葬和文物中，而这些墓葬和文物是从大革命的破坏中抢救出来的，目的正是组织一个国家的过去，使其公开可见和存在。米什莱（Michelet）后来曾这样描述博物馆：

> 国家的永恒延续性在那里得到了再现。法国终于可以看到自己，看到自己的发展；从一个世纪到另一个世纪，从一个人到另一个人，从一个墓到另一个墓，法国可以以某种方式审视自己的良心。
>
> （cited in Haskell, 1971：115）

然而，从博物馆作为公共教育工具的角度来看，艺术品的陈列方式与建筑的设计方式使得人们能够接触到第二级（second-order）的不可见：文明向启蒙运动的进步。安东尼·维德勒认为，时间发展概念的可见性可以通过建筑设计来体现，当参观者按时间顺序从一个时期的展品走到另一个时期的展品时，自然光线也逐渐增加，象征着人类从黑暗走向光明（Vidler, 1987）。正如勒努瓦所说，从一个房间到另一个房间的过程，参观者越是"走向离我们最近的世纪，公共纪念碑上的光亮越强烈，仿佛阳光只眷顾受过教育的人"（cited in Vidler, 1986：145）。

早期公共博物馆主要关注的是后一种不可见的东西，也就是，它的重要性被认为不是可以自发地供所有人检查，而是需要精心安排才能使其可见。在这一点上，那些将19世纪博物馆展览实践归因于恋物癖的批评往往失之偏颇。因为，到了世纪末，至少在自然史博物馆和人类学博物馆中，展品本身并没有被视为有意义的和重要的。相反，它们往往只被视作方便的道具，用于说明科学分类原则提出的生命形式排序或民族排序，乔治·布朗·古德的著名格言精辟地概括了这一观点，即博物馆是"精心挑选的标本上具有教育意义的标签的集合"。

类似的推理也适用于艺术画廊，因为指导艺术画廊构思和设计的最重要因素就是它潜在的公共教育功能。1841年，下议院特别委员会（House of Commons Select Committee）建议画廊的所有作品都应有明确标签，并为参观者制作一本廉价的介绍手册。第二年，詹姆逊夫人总结了作品按时间顺序悬挂的历史主义原则，事实证明，这一原则极大地影响了伦敦国家美术馆（London's National Gallery）的设计。

像国家美术馆这样的画廊,其设立不仅是为了让我们的人民享受快乐和文明,也是为了让他们了解艺术的意义。美术发展史与礼仪、道德和政府的历史相关,尤其与我们的宗教历史有很大关系,后者在视觉上有一整套绘画样本,从宗教复兴的最早时期开始,追溯到古老拜占庭风格的神圣主题的图画再现……再到设计品位和色彩感知的逐渐发展……我们不要对未来某个时期的那一系列图像作品感到绝望……它们引导探究者去比较艺术风格,去了解进步和衰落逐步演变的过程,去思考深藏于国家和我们人类历史中的导致进步和衰落的原因。

(Cited in Martin, 1974, no.187: 279-280)

当然,作品按时间顺序悬挂,不仅仅是形态上的历史主义,也是观念上的民族主义。卡罗尔·邓肯和艾伦·瓦拉赫曾恰如其分地将其命名为"普遍性博物馆",旨在沿着历史脉络展示艺术,借艺术成就彰显文明的进步,由此,特定的"东道主"民族在其中便被赋予特权地位,使国家在进步的无情进程中获得可见性。因此,邓肯和瓦拉赫认为,以卢浮宫在法国大革命之后的转型为例,艺术从皇家收藏转移到公共博物馆新空间时,可以用来彰显"国家所宣称的卓越价值",从而使"国家立于人类最高成就之巅的信念具有可信度"(Duncan & Wallach, 1980: 457)。

在法国,类似的原则也适用于拿破仑时期各省级公共博物馆系统的发展,因为它依赖强有力的中央支持和指导。因此,丹尼尔·谢尔曼(Daniel Sherman)在研究国家收藏品出借到省级艺术博物馆的"调送体系"(envoi system)时,曾表明这一制度的主要目的是使国家的可见度遍及整个法国。谢尔曼认为，说国家更重视画作标签而不是画作本身，有点言过其实。这可以被称为"皇帝的礼物"(Don de l'Empereur)或者之后用更谦虚但不那么明晰的说法是"国家遗产"(Sherman，1989：14)。同样重要的是，在为了监督那些参加了调送体系的博物馆标准而建立的检查制度中，着重强调的是从指导水平的角度看井然有序、标签明晰的展览的可取性。查维特(Charvet)视察员这样描写罗阿纳(Roanne)的艺术博物馆，"如果一个博物馆不能通过其有条不紊的安排来落实总的指示"，"如果它只是一个聚集艺术或历史兴趣或奇珍异宝的地方，它就不能达到策展人在他的清单序言中详细说明的那个高尚的目标"(ibid.：76)。

然而，谢尔曼也对公共艺术博物馆后来的发展进行了有益的阐释，他认为最初推动公共艺术博物馆发展的公共教育精神随着这种机构的衰落而衰落，因为相比任何其他类型的博物馆，这种机构在组织和再现社会区别关系的过程中扮演着越来越重要的角色。此处针对这些发展的三方面加以讨论或有裨益。

第一方面，随着巴黎以及随后法国主要省会城市的"奥斯曼化"(Haussmannization)①，关于艺术博物馆定位的争论也到了一个新阶段。19世纪60年代和70年代，艺术博物馆是否要建在交通便利的位置，能在多大程度上发挥公共教育工具的效用，已不再那么重要。相反，作为今天"城市动漫"(city animation)战略的一部分，波尔多、马赛和鲁昂等地的新艺术博物馆都成为所在区域的标志性机构，促进实现城市待开发地段的资产配置规划。在升

---

① 第二帝国时期，拿破仑三世通过塞纳省省长奥斯曼男爵主持推进的巴黎大改造。——译者注

级这些地段品位风尚的过程中,艺术博物馆将资产阶级居民吸引到邻近的郊区,导致地产价值的上升,迫使工人阶级居民到其他地方寻找住所。这样,艺术博物馆就成为物质和象征性基础设施的重要组成部分,围绕着这些基础设施,发展出了基于阶级的新型区隔居住方式。

因此,资产阶级在参观艺术博物馆时希望自己的地位得到承认,这是不足为奇的。然而,现在却越来越难以识别这种差异——部分原因是艺术博物馆和同类机构在改良博物馆大众参观者的礼仪、衣着和行为标准方面非常成功。这一点不能说是全无争议的,像卢浮宫和大英博物馆这样的博物馆在开放时,不见得会必然地诱导城市中产阶级定期去参观。工匠和工人可能参观甚至已经参观了这些博物馆,他们就算不是脏兮兮的,也往往行为粗鲁,当众喧哗。正如迈克尔·夏皮罗(Michael Shapiro)所认为的,这一点正好在后来促成了中产阶级博物馆参观行为规范的出现(Shapiro, 1990)。这些规范随着规则条例、规定禁令的发展而逐渐形成,新的公众被灌输文明礼貌的行为准则,最终他们也会适当地接受文化的熏陶。正如迈克尔·夏皮罗所言:

中产阶级观众了解到,克制情绪是尊重他人的素质的外在表现,也是对在公共场所观摩展品的人的最好的尊重。因此,看展成了公共文明的教科书,参观者学会给予他们的同行以认可,同时避免使用侵犯他人经验的语言和行为模式。

(Shapiro, 1990: 236)

但是，中产阶级可以学到的东西，工人阶级也可以学到。事实上，在那些将博物馆视为社会改革工具的人的观念中，博物馆的作用是作为模仿的空间，让下层阶级的参观者可以通过模仿中层阶级的衣着和行为方式来改善外表和公共礼仪。从同一时期的相关发展来看，模仿的结果使阶级之间的差异越来越不明显。

理查德·桑内特（Richard Sennett）认为，服装批量生产在19世纪下半叶导致越来越同质化和中性的趋势，时髦意味着"学会如何淡化自己的外表，变得不引人注目"（Sennett，1978：164）。然而，服装越是标准化，人们就越是关注那些琐碎的细节、服装的微小部分，挑剔的人就越可能从中发现社会地位的象征。丹尼尔·谢尔曼认为，正是从这个角度出发，我们可以理解19世纪80年代和90年代的中产阶级参观者为何抵制法国省级博物馆要求雨伞必须寄存而不能带入展厅的规定。因为，谢尔曼认为，携带雨伞的习惯已经蔓延到所有阶层，"雨伞的形状大小和保养程度可以提供主人社会地位的线索"（Sherman，1989：228；see also Sherman，1987）。简而言之，雨伞是明显的区别标志，为保留带伞入内的权利而进行的斗争（基本上是成功的）反映了艺术博物馆的空间越来越多地被阶级区分的做法绑架。这便是谢尔曼所说的第二方面。

如果说，资产阶级通过这种方式使自己在他人的眼中明显与众不同，那么，其也能够通过组织一种只有自己才能看到的不可见，达到自己以为的与众不同。谢尔曼所说的第三方面，即到了19世纪末，曾经对展品陈列必须合理有序、标签清晰的热情已经不再适用于这一时期新建的省级艺术博物馆。相反，在巴洛克美学复兴的影响下，不同流派、不同类型、不同时期的画作并列在一起，密密麻麻地几乎覆盖整个展区。它们此时的意图是取悦公众而非指导公众，这一时期的新博物馆不重视标签，即便开放了几年，仍然不提供文字标签，或者标签内容极为简短，结果是标签更倾向于一种制度，而不是为了弥合有修养的参观者和其他普通公众之间的文化鸿沟（因为博物馆是这样设想的）。

鲁昂博物馆馆长曾建议每幅画都应该有标示艺术家和主题的标签，他认为这样只是"一种简明的目录——对真正的艺术爱好者来说确实不够，但足以在大众中传播些许'真相的曙光'。他们只有在理解主题或认出某个名人的名字时，才会停下脚步；强迫他们欣赏，才会使他们对作品感兴趣"(cited in Sherman, 1989：217-218)。正如谢尔曼所言，这承认了博物馆公众的分化现象，这种分化"强调而不是消除了受教育程度较低的会员的低等地位"(ibid.：218)。

亨利·弗劳尔赞同博物馆应该是"精心挑选的标本上具有教育意义的标签的集合"，而且他没有将艺术博物馆排除在这一标准之外。诚然，他认为要达到这个标准，艺术博物馆必须比其他类型的博物馆更加努力。他抱怨艺术博物馆总是展示太多作品，把它们不协调地排列在不适当且缺乏语境的环境之下。弗劳尔认为，公共收藏机构为了有效地发挥指导公众的作用而需要遵守的一般要求，艺术博物馆同样需要遵守。他认为，"正确的分类、优质的标签、互相区隔的展品、合适的背景，而最重要的是一眼可辨的明显的位置，是艺术博物馆以及自然史博物馆的绝对必要条件"(Flower, 1898：33)。

或许，按照谢尔曼的描述以及弗劳尔的评价，这条路还很漫长，从解构巴洛克式的展示原则到随后的现代主义悬挂历史，艺术的自主性观念得以在空间和建筑上得到具体呈现。因为只有等到现代主义出现，艺术画廊空间本身才具有价值，因为画廊空间在赋予艺术作品以分离性和自主性幻觉的同时，也要求观众能够对空间本身做出回应。正如布莱恩·奥多尔蒂所说，"理想的画廊从艺术品中去掉所有干扰它成为'艺术'的线索。作品与一切会影响其自身评价的东西隔离开来"（O'Doherty，1976：14）。尽管如此，我们可以看到谢尔曼所描述的公共艺术博物馆在 19 世纪晚期的展示方式已开始为现代主义做准备，他们致力于组织一种新的无形的"艺术"，只有行家（cognoscenti）才能领会一二。正如前面所言，在公共艺术博物馆发展的最初阶段，通过展品安排，使国家民族的历史或文明的进步变得可见。到了 19 世纪末，公共艺术博物馆与其他类型的博物馆有了明显的区别，而且这种区别还在继续，公共艺术博物馆中可见与不可见的关系变得越来越自我封闭，因为展出的作品形成了一种编码形式的互文性，使得一个独立的"艺术"世界被那些了解相关文化的人看到。

如果需要为理论在现代艺术博物馆中的作用建立一个谱系的话，那么也许可以沿着上面所描绘的路线找到一个。如果说所有的收藏机构都如此安排可见的领域，允许人们理解严格意义上无法看到的更深层次的意义，那么艺术博物馆是独一无二的，它划分了能够看见和不能看见"艺术"不可见意义的人，这种区分一直存在但却从未被证实。现代主义和后现代主义美学理论远不如美术馆里展出的艺术品那样自由和公开，它们有选择地协调着参观者和美术馆之间的关系，为某些人提供一种解读无形的互文关系的方式，通过这种方式，展出的作品可以被体验为"艺术"。此外，这也影响了艺术品的生产和消费，以至于现在很多艺术品是受美术馆委托制作的，或者是为了最终在美术馆中展出。伊恩·伯恩认为，这种艺术与美术馆的制度性共谋,"创造了对肯定(和自我肯定)理论的需求,艺术越来越多地由新的写作'代言',而新的写作已经发展出自己关于艺术品'虚假信息'的学术形式"(Burn,1989:5)。

当然,这并不是说现代艺术博物馆有一种简单或单一的"不可见的政治"。相反地,很明显,那些从外部立场出发的对博物馆的批判,试图把博物馆空间政治化,在指出"艺术"对一些人可见而对另一些人不可见的同时,掩盖了对不同社会历史的看法,而组织起来的艺术品也被牵涉其中。罗西卡·帕克(Roszika Parker)和格里塞尔达·波洛克(Griselda Pollock)(1982)的女性主义批判和詹姆斯·克利福德(1988)的民族志批判就是这样的例子。此外,在这两种情况下,它们对艺术博物馆展览实践的影响是相同的:在博物馆中展出的艺术品应该被安排去产生并提供进入一种不同的不可见的方式——例如,女性被排斥在艺术之外,或者博物馆实践在原始审美化中的作用。

然而,对于这些干预措施来说,至关重要的是,它们应该考虑到与艺术博物馆形式相关的更普遍的"不可见的政治",如果它们不局限于那些已经获得"艺术"语言和理论能力的社会精英阶层,那么它们的可及性和影响力就会受到限制。这并不是说,现有的美学训练形式应该不加改动就被更普遍地使用。相反,我的观点是,假若要干预艺术博物馆的空间,质疑它空间构建的排他性和边缘化,并要求构建另一种无形的"艺术",就需要仔细考虑可能用来协调这些所谓不可见的话语形式、教学道具及装置,回顾布尔迪厄和达伯尔过的,要以这种方式真正地"给那些不能'看见'的人以'眼睛'"。

这些干预措施所依据的理论很可能非常复杂。然而,效果的范围和程度将取决于这些理论转化为更普遍可传播的教学方法的程度。因此，理论在艺术博物馆到底有何作用，这不是一个可以抽象地提出的问题，它不可避免地与艺术博物馆教学法问题联系在一起，从而与不同教学法蕴含和生产的不同公众联系在一起。这就意味着，在思考理论在艺术博物馆的地位时，必须始终与学校教育在艺术培训和艺术能力的生产、分配中的作用联系起来。布尔迪厄和达伯尔认为，如果学校教育系统无法有条不紊地、系统地让所有人都接触到艺术，学习对艺术的不同解释方式，那么它就放弃了"培养大量具有感知能力、思维能力和表达能力的个体的责任，而这些能力是占有文化产品的条件"（Bourdieu & Darbel, 1991：67）。在目前没有任何学校教育系统能够做到这一点的情况下，任何从理论上和政治上革新艺术博物馆空间的尝试，都必须同时致力于发展教学手段，以帮助弥合它所构建的不可见的意义秩序与看到这些不可见的意义的能力的社会分配之间的差距。

第三部分

进步的技术

7. 博物馆和进步：叙事、意识形态、表演

伏尔泰笔下的"查第格"（Zadig）拥有根据动物足迹进行判断的惊人能力，托马斯·赫胥黎将之比作"追溯性预言"（retrospective prophecies）（Huxley，1882：132）。赫胥黎预料到会有人反对这样的说法，认为这听起来自相矛盾，但他认为，无论是追溯性的还是前瞻性的，预言的因果推断都是建立在相同的程序上的。因为"预言操作的本质"，正如他所说的，"不在于它与时间进程的前后关系，而在于它是对眼前知识范围之外的物的领悟，是观者看见了自然感知力不可见的东西（ibid.：132)。因此，这两种情况的过程相同，只是改变了与时间的关系。

然而，从18世纪和19世纪应用这种方法的各历史科学的角度来看，与时间的关系是至关重要的。卡洛·金茨堡（Carlo Ginzburg）认为，在历史学、地质学、考古学和古生物学中，"查第格法"，即进行"追溯性预言"，占主导地位。正如金茨堡所言，在无法复制因果关系的地方，"除了从结果推断，别无选择"（Ginzburg，1980：23）。然而，在将"查第格法"转换为他认为统治历史科学进程的"推测范式"时，金茨堡不再像赫胥黎那样强调这些科学的可视化能力。正如马丁·鲁德威克（Martin Rudwick）所说，"任何来自深层时间的场景都体现了一个基本问题：它必须使真正不可见的东西变得可见。它必须让我们产生一种

错觉,以为我们是一个我们无法真正看到的场景的见证人;更准确地说,它必须让我们成为一个场景的'虚拟见证人',而这个场景早在人类看到它之前就已经消失了"(Rudwick,1992:1)。

鲁德威克在这里关注的是有关史前史的现代学科的形成,其中最关键的也许是古生物学,因为它联通了地质学和自然史,调解有关地球历史和地球生命历史的叙述。古生物学者居维叶的工作正是寻找一套新程序模式来概括这些学科的特征。居维叶认为可以以解剖学遗迹为基础重建已灭绝的生命形式,使得一套全新的对象有可能被纳入可见范围。鲁德威克认为,"建基于已灭绝的现实,特别是居维叶的工作,第一次为编写插图提供了原材料,这些配图描绘出许多有趣的场景,即使当今世界最奇异的地方也不会与它们雷同"(Rudwick,1992:56)。

赫胥黎在描述"查第格法"时造出一个新词,"如果有'回述者'(backteller)这样的词就好了!",它是描述"追溯性预言家"流程的绝佳方式,而这些预言家"断言多少小时或者多少年之前,这样和那样的事情曾有人看到"(Huxley,1882:133)。赫胥黎在《科学与文化》(*Science and Culture*)上发表此文时,也许最有影响力的"回述者"——柯南·道尔的福尔摩斯——正在借《斯特兰德》(*The Strand*)杂志逐渐赢得大侦探的声誉。侦探小说的叙事总是围绕提供线索和延迟破译线索而展开,正如金茨堡所言——它与依靠推测范式的科学方法类似。对这一文体的大量讨论把重点放在福尔摩斯的破案手法与医学科学方法的相似之处上(see Sebeok & Umiker-Sebeok,1983)。但它与历史科学的关系也很清楚。就像古生物学家一样,侦探必须以犯罪痕迹为基础,复原一个过去的犯罪事件;而且,就像古生物学家一样,骨头很可能是"为了这个目的而留下的所有东西"。正如赫胥黎所言,"侦探根据窃贼鞋印查出他身份的过程,就如居维叶从蒙马特已灭绝动物的骨头碎片中复原这些动物的心理过程一样"(Huxley, 1895: 45-46)。

然而,如鲍里斯·艾肯鲍姆(Boris Eichenbaum)所言,如果侦探是一个"回述者",如果侦探故事依靠逆时间来建构艺术(the art of backward construction),那么它对读者的影响的理想效果是,在一种不可遏制的认识论的驱动下,推动读者沿着叙事线索去探险,直到发现"真凶是谁"(Eichenbaum, 1971)。侦探小说的叙事机制可能会不断地逆时间回述,因为它要从结果推断原因,从犯罪者留下的痕迹识别犯罪过程及犯罪者,但同时却不断地将读者向前推进。

博物馆是另一个"回述者",一个具有类似特性的叙事机制。在新兴的地质学、考古学和古生物学并存的时代,新的知识对象被带入科学的视野。博物馆赋予这些知识对象以公众可见性。当然,它并不是唯一这样做的:到了19世纪30年代,对史前形态和生活场景的富有想象力的复原图画被广泛使用。[1] 但是,正是在博物馆和类似展馆中,这些基于人工制品或骨学遗迹复原的新的历史才被展示出来。

但我们该如何看待这个问题呢?最容易得到的答案是,随着进化论影响力的增强,博物馆越来越多地具体化或用实例体现进步意识,这种意识形态将参观者作为"进步的主体"(progressive subjects),即赋予他们与持续发展的进步过程相关的地位和身份的同时,也掩盖了对他们与社会生存条件的关系的真正理解。这就等于把博物馆展品的安排解释为一种心理结构的效果,这种心理结构通过它引起的无意识的认识和误认来影响个人。但这种观点贬低了博物馆自身特定的物质性及其实践组织的影响。它认为博物馆建构的文物场域只是众多可能的手段或场合中的一种。通过这种手段或场合，特定的心理结构冲击着主体性场域，意味着这种结构无论用什么手段，效果都是一样的。我想说的是，看待该问题的更好的方式是将博物馆的叙事机制看作为表演提供一种语境，这种表演既是身体的又是精神的（而且是以质疑这种二元性的方式），因为博物馆体现的进化叙事是以空间形式实现的，期待甚至常常强迫参观者完成参观路线。

从经验上看，两种观点的差异似乎不大，但所涉及的理论问题却相当重要。文化是否通过心理（表象）结构的运作来确保它对思想和行为形式的影响，而这些结构的构成在不同应用领域被认为是不变的吗？还是说，文化更应该被看作一种技术的集合体，而技术对思想和行为的塑造要依赖技术的仪器特性？当然，在这些差异背后，是对个人的不同看法：个人是所有思想和经验的不变基质，即作为主体的个人也是创造历史上不同技术的人工制品的个人。

作为进化实践的有组织的行进路线

我认为，作为一个"回述者"，博物馆将各种过去组织起来，赋予了它们一种社会编码的可见性，使历史和史前科学的"追溯性预言"变得具体，具象化于自然和人类的事件链条中，不断向前推进，直到文明的现在，这既是它们的顶点，也是这些连接的序列被追溯理解的起点。这种叙事机制在特定博物馆的设计和布局中可被观察到的程度是不同的。部分原因是19世纪的博物馆藏品很少是完全重新构建的，因此，许多藏品仍然带有早期分类系统的痕迹。同样重要的是，博物馆的专业化意味着单个博物馆通常集中于博物馆整体叙事机制中的一个特定序列，但该序列的可理解性取决于与其他博物馆类型的相关序列。这些序列代表的时代关系，也是一种彼此示意的关系。

这一点从乔治·布朗·古德在20世纪末对自然史博物馆、人类学博物馆、历史博物馆和艺术博物馆之间关系的设想中就可以看出。以下是他对自然史博物馆的看法：

> 自然史博物馆存放着彰显自然界力量和现象的物品——这些经过命名的物品分属动物、植物和矿物三大王国，以及所有说明它们在时间或者进化上的起源，它们各自的起源、发展、生长、功能、结构、地理分布和它们的过去和现在、它们的相互关系，它们对地球结构和人类观察到的现象的影响！

（Goode，1896：156）

自然史的叙述与人类史的叙述是相通的，因为"自然史博物馆和人类学博物馆对人类有着共识基础"，前者通常处理"人与其他动物的关系，后者处理人与其他人类的关系"（Goode，1896：156）。古德认为，人类学博物馆"包括的对象说明了在人类的自然历史，特别是在原始和半文明人类中，人类种族和部落的分类、地理分布，过去和现在，以及人类的艺术、工业、习俗和观点的起源、历史和方法"（ibid.：155）。考古学叙事应当弥合人类学和历史之间的差距，同时，人类学博物馆将关注点向前扩展到史前考古学,而历史博物馆则将关注点向后扩展到历史考古学。至于历史博物馆本身,其目的是保存"那些与个人、国家或种族的历史事件有关的实物,或说明他们在国家生活的不同时期的状况"(ibid.: 155)。最后,艺术博物馆就像历史博物馆一样,但它有一个专门的方向。因为"大型艺术收藏有一套特有的方式,不仅解释人类文明种族智力进步的各个阶段,他们的情感、激情和道德,而且还展示他们的风俗习惯,他们的衣着、工具和文化小饰品小配件,而这些往往是没有其他记录的"(ibid.: 154)。

那么,每一种博物馆类型就像一个长篇故事中的一个章节,朝着一个终点前进,而这个终点同时也是下一章节的起点。参观者就像侦探小说的读者一样,他们的活动要指向终点。这不是一个简单的再现问题。恰恰相反,对参观者来说,到达博物馆叙事的终点,是一个既要做又要看的问题。博物馆的"回述"叙事机制采取了行程表的形式,完成这个行程表是一项紧迫的和类似远征的任务。阿尔弗雷德·华莱士因此抱怨说,自然史博物馆的普通参观者学到的总是比期待的少,他认为,这是因为他们似乎发现几乎"忍不住总想知道后面还有什么"(Wallace, 1869: 250)。

没有任何一个特定机构完全表现出博物馆叙事机制的这一面。正如博物馆藏品经常是由早期藏品组合而成,许多新的公共博物馆所在的建筑也并不是专门为此目的而建的。马金·法比安斯基(Marcin Fabianski)对博物馆建筑史的调查表明,直到18世纪后期,博物馆才被认为是一个特定的文化机构,需要有自己独特的建筑(see Fabianski, 1990)。在这之前,有价值的藏品通常安置在本来为学术、科学或艺术活动而设计的建筑中,它们的主要建筑原则源自与这些活动相关的传统形式。即使是专门为博物馆功能而设计的建筑,也往往是功能和传统元素的结合。安东尼·维德勒因此指出,申克尔设计的阿尔特斯博物馆(Altes Museum)建立在功能原则和传统原则之上,使艺术历史化和永恒化:"套间按照宫殿式博物馆的特征排列,而且对应着展出文物的年代;记忆的殿堂或万神殿是罗马的象征,也是美学品质绝对超历史的象征,提醒人们在历史艺术作品中的'艺术'性"(Vidler, 1992:92)。

即使博物馆是专门设计建造的,但仍致力于为参观者提供一条体现进化历程的行进路线。行进路线的影响一直持续到20世纪,在帕尔提出的自然史博物馆计划中也可见一斑。除此之外,他的计划还提供"一种直线的开放过程,代表着每一件物品形式和属性的历史演变":

> 参观者将从长长的大厅远端的一个窄口进入博物馆,参观专门组织的自然史展览。展览试图举例说明物质的结构及基本成分。随后,展出的是精选的天然纯元素以及这些元素的分离纯化合物(我们称之为矿物),并阐述它们的形成和转化方式。从矿物学出发,我们将继续研究岩石的形成、组成和变质……在全面了解地球物质之后,我们将考虑与这些物质共存或者作用于这些物质的地球物理力、它们的运行机制,以及它们产生的结果……下一步我们将会看到最简单和最原始的生活现象,继续往下走,直到大厅的尽头,我们将最终来到序列末端的人类所在的地方。
>
> (Parr, 1959:15)

苏珊·巴克-莫尔斯（Susan Buck-Morss）在研究沃尔特·本雅明《拱廊街计划》时，引用道尔夫·斯滕贝尔格（Dolf Sternberger）《全景》（*Panorama*）中的一段话，这段话以图解的形式向大众普及达尔文的进化论，其中有一个面部序列，描绘从猿到人的自然发展过程。这段话的目的是作为一种"进化的全景图"，组织起史前人类历史和人类历史之间的关系，以及在人类历史中不同种族之间的关系，组织方式是"眼睛和心灵的眼睛可以不受阻碍地在图片上滑动，上上下下，来来回回，因为它们本身也在'进化'"（Buck-Morss，1990：67）。同样，帕尔设想的自然史博物馆构建了行进路线，参观者可以沿着展品追溯从无生命的物质到简单的生命，再到后来的更高形式的生命的过程。

类似的原则和关注亦有其他佐证。1888年，亨利·皮特·里弗斯建议英国协会建造人类学圆形大厅，认为这种形式特别适合安排人类学展品以呈现演变过程。人类学圆形大厅在一定程度上采纳了威廉·弗劳尔的自然史展示建议[2]，用来替代地理-民族（geographic-ethnic）展示原则，目的是在空间上呈现进步与差异化之间的关系：

> 一个圆形建筑里大大小小的同心圆，通过大小和位置的变化，相应地展示进化过程中不断变化的物种。最里面的圆圈将放置旧石器时代的工具和其他遗物，中心位置展示的是挖掘出来的第三纪人类遗迹。旧石器时代的原始形式需要的空间不会超过最小的圆圈范围。接下来的顺序是新石器时代，因为种类增加，将需要一个较大的圆。青铜时代需要一个更大的圆。铁器时代早期形式进一步增加，

需要更大的面积，随后将是中世纪的古文物，以此类推，直到所有的外圈都包含可以与古代艺术相衔接的现代艺术典型作品。

（Pitt Rivers，1891：117）

里弗斯之所以偏爱这种安排，是因为它使参观者可以自行其是，使他（或"她"，但这是我横添一笔）具备更多"自我教育"的手段。对里弗斯来说，每一个物品的意义体现在它在序列中的位置，意义显而易见，而且只需跟着展览的行进路线就能弄明白：

通过这样的安排，即使最缺乏教育的学生也犯不着开口询问他眼前任何一件物品有什么历史：他只需细心观察它与建筑中心的距离，并不断追踪类似的形式，就能明白它的起源。

（Pitt Rivers，1891：117）[3]

博物馆知识能够通过参观者的亲身经历来掌握或重现，这一概念的重要性还体现在拉德勒（F.W.Rudler）如何更完美地呈现人类进化渐进性的建议中。在英国协会介绍里弗斯论文后的讨论纪要里，记录了拉德勒对人类学圆形大厅的功能局限性的看法以及突破它的方法：

看到代表旧石器时代的同心圆圈，他不由想到，绕着它走就是围绕着一个封闭的圆圈前行，永远不会有任何进展，你得跳到下一个圆圈，才能到新石器时代。两个时期之间毫无疑问有着巨大的差异，这完全是我们的无知引起的。在他看来，在某种程度上，一个连续的螺旋比一系列圆圈更好。

（Pitt Rivers，1891：122）

帕特里克·盖迪斯（Patrick Geddes）根据进化原则重新设计邓弗姆林（Dunfermline）城市空间，在这过程中曾提出一个类似的概念。他建议，这座城市应该包括一系列相互关联的历史遗址，呈现从中世纪到现代的历史，并将每个阶段的历史与更广泛的发展趋势联系起来。这些遗址中的最后一个应该是一座专门介绍邓弗姆林19世纪历史的建筑，它的最高处应该是一段螺旋式上升的楼梯，一直通向一座展望塔，"从这里我们可以俯瞰古老的历史之城，并眺望它的未来"（Geddes，1904：161）。

两个例子将有助于说明我的观点。第一个例子是巴黎卡纳瓦莱博物馆（the Musée Carnavalet）目前的布置，它以一种断裂的叙事形式组织参观者的路线，与里弗斯认为的博物馆承担的教育功能中至关重要的是平稳和连续的进化叙事形成鲜明的对比。卡纳瓦莱博物馆的艺术品涉及不同类型，展现出巴黎及巴黎人的历史。最引人注目的是这些描绘同时代事件的绘画作品唤醒了城市历史，因为它们属于绘画作品所指的那个时代，并且被描绘成那个时代活跃的历史力量。因此，这些绘画既是历史的一部分，又是历史的表征。[4] 与这些画作一起展出的还有一系列文物，它们的历史性表现出类似的混合特性。在一些情况下，展出的物品之所以被选中，是因为它们与特定的历史事件有关，例如巴士底狱的钥匙；在另一些情况下，这些物品的功能是展示历史印记，如那些小桌上鼓舞人心的革命信息，可以以此解读过去的历史。

每个展厅内，美术作品与其他历史文物相组合，再搭配精心设计的文字描述，对相关时期的主要事件进行总结，并解释它们之间的关系以及它们与前后时期的联系。这样一来，博物馆就像一个叙事元素的集合体，参观者按照箭头指示以正确的顺序进入各个展厅，进行重复预演。由于这种重复预演是在真实世界的文物的粉饰中进行的，所以验证了人们熟悉的法国民族性叙事。这些故事通常包含一个重大的断裂时刻——革命——它被赋予了表演的维度。从革命前时期到革命时期，参观者必须通过一条画廊才能从卡纳瓦莱酒店（the Hôtel Carnavalet）到圣法尔戈贝利蒂埃酒店（the Hôtel Le Peletier de Saint-Fargeau），这条画廊既是两个时期的连接点，也是它们的分割点，为参观者的行程引入了一个不连续的元素。

第二个例子来自李·拉斯特·布朗（Lee Rust Brown）对19世纪30年代巴黎植物园（the Jardin des Plantes）布局方式的讨论。他认为巴黎植物园是对自然史博物馆（the Muséum d'histoire naturelle）展览分类系统的一种毫无想象力的补充和实现。在博物馆内，标本的展示方式是为了彰显支配标本排列的分类系统：

> 通过利用各种展示媒介，无形的分类形式获得了民主的可见性。墙柜、展示台、花坛、动物园的笼子、图书馆的书籍——这些装置将标本的特定组合框起来，就像透明的窗户一样，参观者可以通过它们"看到"家族、秩序和等级。
>
> （Brown，1992：64）

185

比较解剖学馆尤其如此，在居维叶的指导下，它自1806年开放以来，就以展示自然界的内在组织原理为目的。骨骼按分类排列，还有保存下来的人体标本，身体完全打开，显露出器官和系统，证明尽管它们外部相似，但内在不同，所以内在差异才是分类的关键。正如多瑞达·奥特安姆（Dorinda Outram）所言，"居维叶展馆摆满了需要认真看（be looked into）的对象，而不是看一眼（be looked at）的对象，它们描绘出'自然界未被破坏的美丽和复杂的组织'，使博物馆成为一个'可及的乌托邦'，是自然界的秩序和丰富性的可视化，它成为变革动荡的避难所"（Outram，1984：176，184）。

同样，布朗认为，植物园的人行道布局是"特别重要的技术手段"，它限定了游客路线，如果他们按照相似性顺序从一株植物走到另一株植物，就既可以看到也可以亲历进化出现前的自然史的分类原则。漫步在人行道上，从一个花坛到另一个花坛，参观者"从科到科，从目到目，从纲到纲"，以身心兼顾的方式移动和阅读。布朗说这些人行道"都是媒介，用于物理和智力的传递：它们本身是'清晰的'，没有可见的形式；人们通过它们走过植物王国，就像人们会'通过一个个台阶思考'知识的分类安排"（Brown，1992：70）。

那么，这里是一个展览环境，同时也是一个表演环境，一个通过组织行程来明确主导原则的环境。这个环境虽说不缺乏时间维度，但也没有办法以不可逆转的先后形式来组织时间。正如布朗所说，"自然史中的'历史'"，"描述了自然界的现状——这样做，通过参照理想的整体结构来衡量自然界的衰败和复原（或者更准确地说，自然界的解体和重整），这个理想一度以手册、陈列柜和花园为表征"（Brown，1992：77）。此外，虽然这种叙事组织和构架了一种整体的参观经验，但它没有告诉参观者行程中自然界当下组织的共时结构在哪些方面占主导地位。

相比之下，在19世纪的后几十年里，大多数博物馆的参观路线是由不可逆转的进化顺序支配的。即使不是这样，也会有人敦促博物馆重新安排，最终达到这种效果。[5]如果说19世纪地质学、生物学和人类学的基本方法论的创新在于空间差异的时间化，那么，博物馆的成就就是将这种时间化转化为空间安排。威廉·惠威尔（William Whewell）非常赞赏博物馆的这一成就，在谈及万国工业博览会时他说，它使得"国家的幼年期、青年期、中年期和成熟期同时呈现"，并补充说，"通过消除不同国家之间的分割空间，国家上一个进步阶段和下一个进步阶段之间的分割时间也消除了，于是奇观就产生了"（Whewell, cited in Stocking, 1987：5-6）。事实上，博物馆不是湮灭时间，而是压缩时间，使其既可见又可执行。作为"回述者"的博物馆，能够将不同的时间汇集在同一空间内，并安排在一条路线里，让参观者在一个下午的行程中穿越其中。因此，参观博物馆的体验是以某种行进路线有组织地穿越进化时间。

进步及其表现

总而言之，将进化叙事的"回述"结构叠加到博物馆的空间安排上，使博物馆（以19世纪末典型博物馆为例）让参观者在人工制品的环境中前进，而环境中的展品及其相互之间的关系顺序使它们成为一种表演道具，并在表演中有可能形成一种进步的、文明的自我关系。然而，在这里，博物馆既不是唯一表演进化叙事的文化空间，也不是进行这种表演的唯一方式。

与"闲逛者"（flâneur）形象相关的城市漫步艺术以及可能经常出现这种实践的国际展览中庭（midway zones），提供了一个方便比较的点。这种漫步休闲艺术最初发展和繁荣的新城市空间——主要是拱廊式街道（arcade），不受交通干扰，是上有遮挡的人行道——与博物馆的发展时期大致相同，并利用了相关的建筑原则（see Geist, 1983）。然而，拱廊式街道能让超然淡漠的闲逛者停停走走地分散凝视，按自己的步伐自由随意地变向。相比之下，博物馆则要求参观者遵守一个已经组织好的行走路线，将任何凝视的趋向都转变为一种高度定向和有序的观察实践。梅格·阿姆斯特朗（Meg Armstrong）认为，这两种做法的差异明显体现在19世纪美国展览的官方展区和展区通道之间的对比上（Armstrong, 1992：3）。尽管两个区域都受进步叙事的支配，但它们的修辞往往差异很大，特别是它们对参观者的态度。

阿姆斯特朗特别关注"原始民族"的展示。她认为，虽然这个展示通常按照官方展区内的进化分类原则安排，但是中庭通道的展示效果往往不那么"科学"。展示"其他民族"是为了达到"杂乱的异域"的效果，那些民族代表的是一种与城市力量相比普遍落后的形态，而不是进化序列中的一个阶段。毫无疑问，这主要是因为整个19世纪，甚至直至今日，流行的展出形式一直在借鉴古董陈列柜的原则，这一原则或优先于博物馆展览原则，或与博物馆展览原则相结合。另一个事实则是，通过异域化他者来唤起一种落后的无差别形式，可以使进步变得可见和可操演。与博物馆进化序列的线性方向相比，这更符合那种中庭最常见的典型城市漫步艺术。

正如柯蒂斯·辛斯利（Curtis Hinsley）所言，"中庭的眼睛是那些游荡者的眼睛，他们漫步于拱廊式街道，眼睛掠过各色各样的人，他们的经验不是整体性的，达不到人类学家理想的整合效果，而是现代游客那种'偶然路过'的碎片化的、序列性的短暂一瞥"（Hinsley，1991：356）。

史蒂文·马拉尼（Steven Mullaney）还提出了一个有用的观点，以此观察为国际展览而重建的殖民地村落。马拉尼认为，从词源学上讲，"展览"一词曾经指的是"揭开祭品的面纱——将受害者暴露在公众视野中，直到最后的仪式结束，在经过充分甚至肆无忌惮的展示之后，再将受害者从视野中移除"（Mullaney，1983：53）。马拉尼将这一观点应用在他所称的其他文化的"完美表演"或"重复预演"中，这在文艺复兴晚期经常与权力的公开展演相关，他认为这些是对非欧洲民族和领土的被殖民过程的象征性补充。他最津津乐道的是1550年亨利二世在鲁昂的皇家入场仪式。在城郊重建的两个巴西人村庄还住着一部分塔巴格雷斯（Tabbagerres）和图皮纳布（Toupinaboux）印第安人，通过模拟战斗，两个村庄经过某个仪式后被烧毁，化成灰烬。马拉尼认为，这里最明显的消耗并不是重建村庄然后壮观地毁之于一炬所需的财政资源（尽管这显然部分构成了象征皇权的炫耀政治），而是"外来文化本身"（ibid.：48）。殖民地村落也是如此，在19世纪后期和20世纪初期，这些村落或多或少地成为国际展览的主要特色。临时搭建的建筑与鲁昂一样花费不菲，激发人们热衷细节和真实性，使参观者参与表演。在这种情况下，街头戏剧通过对其他文化的细节重建和重新演绎，来补充这些被消费的文化，因此，街头戏剧也被操演它们的文化利用和消灭。在殖民地村落中，展出的民族是殖民化和现代化进程的祭品，按照设想，殖民化和现代化进程最终将使它们完全消失。展览是将它们从世界历史舞台上抹去的最后仪式的前奏。

然而，我在此关注的不是进步修辞或叙事为一系列社会表演提供脚本的各种方式，而是一旦展览机构的表演性得到应有的承认，就必须关注参观者活动必然的具象本质。这种关注既是理论上的，也是政治上的。伊恩·亨特在阐述马塞尔·莫斯（Marcel Mauss）关注的"身体的技术"（techniques of the body）以及与之相连的"自我的技术"（techniques of the self）相互作用的方式时，认为"身体的"和"精神的"实践相互作用，它们是生活的特定形式的正面（recto）和反面（verso）（Hunter，1993）。这个论点的含义是，不可能存在任何现代西方哲学所假设并试图发现的身心关系的一般形式。相反，人是通过特定的身心技术，即身心能力的特定作用方式和塑造方式而形成的，获得这些技术要通过一系列具有社会特征的文化制度或技术制度。

从这个角度来看，将身心视为分离实体，这种想法并不是作为所有经验的基础性现实，而是作为划分人的场域的特定方式的历史产物，以便使那些场域适合不同的自我形塑实践。根据蒂莫西·米切尔（Timothy Mitchell）的观点，构成"展览综合体"的各种文化技术对这种概念的形成和传播起到至关重要的作用（Mitchell，1988）。根据福柯关于真理系统在权力关系的组织和传播中扮演的角色的观点，米切尔认为，19世纪展览机构中存在一种特殊的"真理的机器"（machinery of truth），其主要特点是世界和机构建立的表征之间的分裂，而表征又是机构可被理解的条件。在社会物质关系的世界与它们的概念计划之间创造裂痕，即裂痕以博物馆或展览的形式表征出来，使这些概念计划能够作为调节技术发挥部分作用，目的是按照自己的形象重新塑造社会物质关系的世界。这种技术运作的在一定程度上平行存在于"政治主体的外部身体和内部精神的分裂"之中（Mitchell，1988：176）。这种将人视为"二合一"（ibid.：100）的概念允许发展针对身体和精神的调节策略，其中调节身体所处的环境被设想为促进自我审视和自我塑造的内部导向实践的手段。

博物馆内进化叙事的设置，带来的正是这样的身心技术，它提供的环境同时以身体和灵魂作为个人现代化自我完善的实践的目标，使他（我谨慎地使用这个单一性别代词）更有资格处于文明进步的高点。但是，只有拥有适合此种类型的身体的游客才能或才可能对这种指令做出适当的回应。卡罗尔·佩特曼已经表明，在社会契约理论中，个人应被视为具有平等权利的非实体主体的假设掩盖了强制性要求，即只有那些具有男性身体的人才能成为那些虚构的社会契约的当事人，而社会秩序正是在虚构契约的基础上建立和延续的（Pateman，1989）。出于同样的原因，参观者的体验必然具有具象本质，理解这一点也很重要。因为参观者能在多大程度上遵守或积极回应博物馆的展示方案，在很大程度上取决于他们身体的颜色和性别。

选择性的亲缘关系

在巴黎人类博物馆（the Musée de l'homme）的生物人类学展厅，有一个描述距今10万年的智人（homo sapiens）头盖骨演变的展览。在陈列的结尾部分，不再摆放头盖骨，在倒数第二个位置摆放的是笛卡尔（René Descartes）的照片，在最后一个位置，按照惯常的陈列方式，参观者会认为这里要展示最能代表物种进化的头盖骨，但这里展示的却是一个电视屏幕。待参观者走近一瞧，他或她会发现屏幕上有一张照片，自己的形象就在上面，下面还有一个展品基座，以此作为刚刚回顾的进化序列的最高荣耀。

这个展览温和地玩味和嘲弄这种进化展示带来的历史自恋。同时，它还发表了一个重要的政治声明，借着安排人类进化的终极位置，使得每个人，无论是何种族、性别、国籍，都能平等地占据这个位置。相比之下，在19世纪，这个位置通常保留给优势社会类型，尤其是欧洲男性，而其他类型的人不允许占据这个位置，而是被分配到进化过程的早期阶段。在19世纪末颅骨学进化假设出现后的颅骨展览中，分配给女性的位置比男性晚几步，而分配给殖民地黑人的位置比欧洲白人晚几步，也就是女性和殖民地黑人还没到达进化叙事的中间阶段，或许在某些叙事中，他们永远也到达不了。

吉莉安·比尔（Gillian Beer）认为，达尔文研究在科学思想史上的意义在于推翻了以人为中心的历史叙述。她认为，达尔文向我们显示了"有可能存在没有人的情节，既包括人出现之前的情节，也包括与人无关的情节"（Beer, 1983：21）。乔治·冈圭朗（Georges Canguilhem）也提出了类似的观点，他说达尔文迫使人"在一个动物王国中占据一个主体位置，他之前曾在这个王国借神授的权力冒充帝王"（Canguilhem, 1988：104）。然而，比尔认为，如果是这样的话，自然选择就是一个无主体的情节，它促使一种补偿性叙事发展，即"逐步复杂的成长、上升和发展……一种新形式的探索神话，承诺继续探索并创造未来作为奖励"。在伊甸园中人类原本完美，堕落后人类的完美被重新定位到未来，成为上升过程中孜孜以求和期待实现的目标，正如比尔所言，上升"也是一种逃离，逃离原始和野蛮，但原始和野蛮永远不可能被完全抛弃"（Beer，1983：127-128）。

进化理论引发了潮涌一般的叙事，而且并非所有的叙事都是新的。无论它们在科学界命运如何，从拉马克（Lamarck）进化论概念中衍生出来的心智论和意向论在整个19世纪都很有影响力。同样，特别是在英国，一种有效的交流方式被建立，方便了进化论思想和基督教之间的交流，"野蛮人"从中既能得到拯救又能受到教化。许多无法与达尔文主义调和的说法继续被有效地运用于各种社会意识形态。多源（polygenetic）概念，即黑人和白人是从不同源头发展而来，注定要继续沿着不同的进化道路前进，仍然很有影响力。在美国尤其如此，事实证明，美国南部关于"黑奴"永远别指望跨过黑人和白人进化道路之间的鸿沟的说法，在黑人解放在即时，被证明是一种"甘甜的安慰剂"。罗伯特·赖德尔在1984年的研究中追溯了这种观念对19世纪末美国南部各州举办的展览的影响，而在博物馆界，哈佛大学比较解剖学博物馆（the Museum of Comparative Anatomy）的藏品陈列最初就是依据这种观念，博物馆创办人路易斯·阿加西就是多源观念最重要的理论倡导者（see Gould，1981；Lurie，1960）。

简而言之，达尔文思想以复杂多样的方式与当代社会和政治哲学衔接起来。它不曾是进化论叙事的唯一来源，在19世纪也未成为进化论叙事的唯一来源。还有其他一些叙事认为，人类进化的故事要分为（至少）两个，否则得不到令人满意的叙述。值得一提的是，如果只是因为注意到达尔文主义在19世纪末与社会进化论（social evolutionist）和原优生主义（proto-eugenicist）等保守变体的成功结合，往往会掩盖它本来可以并且事实上最初与社会改革进步相关的内容。许多将达尔文思想转化为应用社会哲学的最有影响的人，例如赫胥黎和斯宾塞，都是背景不同的中产阶级。在组织方面，达尔文思想在民族学学会（the Ethnological Society）事务中起到了至关重要的作用。到19世纪60年代，民族学学会已经争取到大多数自由主义和改革派知识分子的支持，并制订自己的计划，针对狂热的种族主义和恶毒的性别歧视进行具体批判，而这些观念是詹姆斯·亨特领导的它的竞争对手"人类学学会"（the Anthropological Society）的理论基础。[6]

乔治·冈圭朗就此评论，在达尔文之前，"人们认为生物应限制在预定的生态位（ecological niche），否则就会死亡"（Canguilhem，1988：104）。显然，冈圭朗想到的是居维叶的物种固定性（the fixity of species）和不可转化论———一种生命形式不可能逐渐演化为另一种生命形式。然而，这些观念带入社会领域后，影响同样明显。居维叶认为，"某些内在原因似乎阻止了某些种族的进步，即使情形再有利也没进步"（cited in Stocking，1968：35），他认为，黑人从未超越"野蛮阶段"，更重要的是，他们永远不可能超越。如果说在居维叶的体系中，所有的生命都被限制在生态位中，那么当涉及人类生活的分类时，不同民族在种族等级上占据的位置似乎也是预先注定、不可改变的。因此，居维叶的研究为多源概念提供科学依据仍然很重要就不足为奇了。事实证明，这种观念在转化为社会方案时带有明确的反改革主义（anti-reformist）。史蒂芬·杰·古尔德（Stephen Jay Gould）曾评价路易斯·阿加西说，他的多源概念转化为社会政策，是为了训练不同的种族留在各自已经占据的位置上:"黑人的劳动训练是练习双手,白人的劳动训练是锻炼大脑"(Gould,1981:47)。

因此,对于 19 世纪自由改革思潮来说,达尔文思想的吸引力在于它认为一种生命形式有可能演化为一种更高级的生命形式,从而让物种的固定性产生松动,物种界限变得更加模糊。达尔文主义是一种思考自然的方式,但应用于社会结构时,它允许社会关系结构在规划过程中采用有益于改革的方式,达到改善和教化人群的目的,最终提升社会阶层。与此同时,达尔文思想为进化过程提供了一种保守的机制(自然选择),这使进化论脱离了它在 19 世纪 30 年代和 40 年代形成的激进关系,当时不带任何限制机制的拉马克和乔弗里(Geoffroy)的进化论概念曾大行其道(Desmond,1989)。这种差异至关重要,它使进化论思想与旨在瓦解现有社会等级制度的激进方案分离,并适应渐进主义的社会改革模式。

齐格蒙特·鲍曼(Zygmunt Bauman)厘清了此处我想到的一些关联。鲍曼在《后现代性的暗示》(*Intimations of Postmodernity*,1992)中讨论了进化论思想在哪些方面允许启蒙运动关于人类可完善性的思想复兴。恰恰因为启蒙思想的世俗性质——它们反映一种有待建立而不是神明预先给予的秩序——社会生活被认为是技术的对象,目的是逐步发展完善思想、行为和社会之间相互关系的形式。鲍曼认为,从这个角度来看,19 世纪的文化改良主义与进步的进化论叙事之间存在着重要的联系。早期对人类生活的等级排序并没有产生这样一种可能性,即人们可能被引导进入自我完善的形式,这种形式能帮助他们在这种等级制度中向上移动。唯一的可能性是,个人能达到与自身在这一等级制度中给定位置相适应的标准。与此相反,进化论修正了人类生活的排序方式，它产生了一种可能性，即原则上，所有人都可能处在一个渐进的自我完善方案中。斯托克也给出了类似的观点，他指出爱德华·泰勒的文化观和阿诺德的文化概念存在相似之处，都认为文化是一种完美的规范，它在人群中的广泛传播可能有助于灌输自我完善的做法。对泰勒来说，将人类和文化进化系列与自然进化系列平行排列，或者使之脱离自然进化系列，并不是要保持人类在系列中所占位置不变，而是在可能的情况下，让他们经由这些系列，更接近一个不断变化发展的人类发展范式。正如泰勒所说，"'文化科学'（the science of culture）本质上是一门改革者的科学"（cited in Stocking, 1968: 82）。在达尔文式的表述中，进化论信条为社会思想和社会政策的自由主义和改革主义潮流提供一个网格（grid），它规划社会关系领域，发展文化策略，使整个人群掌握自我完善的手段，借此完成等级提升，从而使整个社会向前向上，获得缓慢的、循序渐进式的发展。任何其他的前进方式——这是达尔文允许改革舆论进行的微妙的政治平衡行为——任何试图以激进的或革命的名义仓促推动的进步，都是对自然的蔑视。

尽管进化理论的目的不仅仅是为了将社会科学与进化思想结合起来，但进化理论与改良主义结合的确影响了19世纪后期公共博物馆被视为文化改革的潜在手段这一观点。它还塑造了博物馆叙事机制的"回述"结构，使男性比女性、欧洲白人比黑人和殖民地人民享有更多特权。在博物馆内，"人类进步"成为一种可操作的叙事手段，这意味着只有某些人能够认识到自己完全被这种叙事引导，并能够执行它的展演程序，而另一些人不能。

人类学的发展是多方面的，也是复杂的，它们使殖民地人民有可能被归入进化的早期阶段，从而使文明人的过去变得可见。关键的问题是,人类古代历史时间的建立打破了《圣经》时代的限制,正如唐纳德·格雷森(Donald Grayson)所说,"在一个按绝对年份计算的古代,在地球尚未形成现代形态的时候,人类与已经灭绝的哺乳动物共存"(Grayson,1983:190)。这个古代历史的产生经历了一个漫长的时期,最初由地质学发展推动,但最终由声称这个时间属于本学科的学科(史前考古学)最成功地组织起来。然而,它最终确立的时间是1859年,也就是《物种起源》出版的同一年——当时莱尔(Lyel)承认,布里克瑟姆洞穴的发掘证明了人类在远古时期已经存在。

人类生活的过去得以延伸,反过来又发挥关键作用,允许出现归类为"早期"或"原始"的人种学、人造物,并与"异国"或"远古"有所区别。同样,这些也经历了旷日持久的发展。弗里德曼认为,在中世纪的思想中,非欧洲人的概念受普林尼(Pliny)古典怪异研究(the classical teratology)的支配,非欧洲人在展出中被当作野蛮和不文明的存在,从而反映了他们与世界中心(地中海)之间的遥远距离。如果说这种表征系统受空间逻辑的支配,那么它在历史方面则与后来成为进化论思想特征的那些方面截然相反。按照中世纪基督教思想的要求,中世纪关于怪异种族的叙述受退化论的支配:那些生活在世界边缘的怪物或野生环境中的人是流浪的该隐(Gain)部落的堕落后代,是从亚当和夏娃的原初完美中堕落的。正如弗里德曼总结的观点:

> 关于社会组织的异类形式,西方封建社会不可能视其代表了早期发展阶段;在基督教历史上,所有的人都是在同一时间、从同一父母开始的。从原始到复杂的文化演进

根本不属于那个时代的概念词汇。对中世纪的人来说，将社会差异解释为退化或颓废的结果更为自然。

（Friedman，1981：90）

将这种空间化的怪异研究转化为历史化的分类系统，将"其他民族"从世界的最边缘转移到人类历史的初始阶段，这与殖民主义的历史密切相关。根据玛格丽特·霍钦（Margaret Hodgen）的说法，蒙田（Montaigne）在对美洲的反思过程中第一个提出这个观点。费边（Fabian）（1983）认为这一过程构成了现代人类学，由此，一个至今存在的民族的文化被解释为"对一些非常早期的、未被记载的过去文化状况的一种现在的、可及的反映"（Hodgen，1964：297）。然而，与法国启蒙运动有关的思想家被证明是最有影响力的，他们为后来被称为"比较法"的方法提供了概念基础。斯托克认为杜尔哥男爵的观点相当重要，这个观点于1750—1751年冬天在索邦大学的一次演讲中提出："世界的现状……从野蛮到文明的所有等级同时摆在眼前，让我们一目了然地看到……人类心灵经历的所有步骤，反映它经历的所有过程"（Turgot, cited in Stocking，1987：14）。斯托克和费边一致认为德热兰多（Citizen Degerando）的一篇文章具有重要意义。此文章写于1800年，它向奠定法国早期人类学基础的最重要机构人类观察家协会（the Société des Observateurs）提议，旅行者在观察"野蛮人"时应该遵循若干方法。至此，比较法依赖的时间空间化和空间时间化问题已经变得明确。"向着地球两极航行的旅行者-哲学家"，德热兰多写道，"实际上穿越了时代的序列；他在历史中旅行；他走的每一步都跨越一个世纪"（Degerando, cited in Stocking，1968：

26—27)。

尽管这些发展意义重大，但它们本身并没有提出如何排列民族学文物，以便把它们作为发展序列的一部分。这方面的关键发展要等到考古学和进化论的交汇。事实证明，上文所述与发现人类古代的时间延长非常重要，它意味着石器和工具——这两个概念虽然自16世纪以来就已经与矿物和化石区分开来，但是仍然算是相对较新的观念——是一种识别古代人类的方法。丹麦哥本哈根国家博物馆在19世纪中期曾经举办一个展览，使用了三个时代的分类系统（石器、铁器、青铜器），将文物按照复杂的发展顺序排列，这是人类史延长之后的第一批博物馆学成果之一。由此，博物馆迈出了不大但决定性的一步：将依然存在的民族的人造物品作为起源也是进步的起点，放置在这些序列中。然而，最先迈出这一步的人当中有里弗斯也绝非偶然，他现在虽然以其民族学收藏品闻名，但他所受的训练却是考古学的。

我将在下一节更仔细地审视里弗斯将考古学原理转化为博物馆展示的过程，主要是为了明确他如何将博物馆视为可以同时刺激和调节进步的工具。然而，到目前为止，我所关注的是确定博物馆如何通过提供给参观者一个以渐进路线组织而成的展演制度来保持进步。但是，同样，博物馆的选择性亲缘关系意味着，它最多只能以这种方式向世界一半的人提供服务，而这种局限性正是它作为"进步的文化技术"这一概念的核心所在。

进化型自动机

几乎没有人比里弗斯更投入或更自觉地倡导博物馆"查第格

法",他对民族学收藏品的类型整理或多或少是对"回述"原则的自觉实现。这也不那么出乎意料。赫胥黎和里弗斯私交甚笃;两人都是民族学协会的成员;赫胥黎用于应用地质学博物馆的安排,很可能影响了里弗斯对博物馆展示目的以及实现目的的最佳方法的看法(see Chapman,1985:29)。

然而,最能说明问题的是类型学的安排对适者生存观念的依赖。正如玛格丽特·霍钦在60多年前论证的那样,这对那些时间上的迂回策略至关重要,人类学将现存文化转化为欧洲文明的史前史,从而找到了自己的研究目标。爱德华·泰勒在《原始文化》(*Primitive Culture*,1871)所总结的"适者生存"学说,指的是那些古老的"过程、习俗、观点等,它们通过习惯的力量被带入一个新的社会……但依然证明是更早的一种文化状况示例,而这个状况已经演化出新的文化"(cited in Hodgen,1936:37)。1874年,里弗斯在贝斯纳尔·格林博物馆举办民族学展览,他解释的展览宗旨清楚地说明了这一迂回策略与类型学展示的组织原则之间的关系,在类型学展示中,工具、武器或家庭用具等人工制品被切断了与源头文化或地区环境的所有联系,而被置于从简单到复杂的普遍发展序列中。他说,"按照从已知到未知的正统科学原则,我从现存野蛮人的艺术标本开始我的描述目录,并尽可能利用它们说明除了燧石和石头等较耐用材料制作的文物外,原始人没有任何遗存保留到我们这个时代"(Lane-Fox,1875:295)。

这是带着"复仇"性质的"回述"。现有民族的人工制品可以回到过去来理解,因为它们是人类早期发展阶段留下的痕迹,因而被指定到进化序列的不同阶段,从而起到回填(back-fill)现在的作用。然而,"生存"是一种特殊的痕迹。假定它所属的社会已经静止,"生存"既是早期事件的痕迹又是早期事件的重复。生存是时间沙场上的脚印,印记异常深刻和清晰,以至于一代代后人应该绕着圈子,步步踏入前人的脚印。正如里弗斯在稍后的讨论中所说,"每一个环节都留下了它的代表,经过一定的修改后,这些代表幸存至今;正是通过这些存活下来的代表,而不是通过这些环节本身,我们才能够追溯人们所说的序列"(Lane-Fox, 1875: 302)。

虽然很显然是里弗斯负责编纂"类型学方法"(typological method),但其原则并非无人知晓。里弗斯的传记作者威廉·查普曼(William Chapman)指出,一些早期的收藏品中也有类似元素,而且从其他同时代人的建议可以清楚地看出,这种想法在当时是非常"流行"的。1869年,阿尔弗雷德·华莱士为他理想的教育博物馆设计民族学展厅时应用的原则,与里弗斯后来整理收藏品想要实施的原则几乎完全相同:

> 人类的主要标志种族应该使用实物大小的模型、模件、彩色图画或照片来说明。应该同时展示相应的头盖骨系列;骨骼比例应该凸显某些种族差异,以及低等种族和那些与它们相近的动物之间的差异。此外,应该收集并鉴定史前人类最真实的遗骸的物件,并与现有种族的相应部分进行比较。人类艺术则应该通过一系列例子来说明,从最粗糙的燧石工具开始,通过那些抛光的石头、青铜和铁器——每一种历史情况都应该用史前人类的制品进行展示——并与现存的"野蛮人"种族所用的物品形成对应。
>
> (Wallace, 1869: 248)

那么，里弗斯的独创性就在别处：按照他的设想，民族学展览是一种教学装置，需要以服务于自动教学法的方式循序渐进。

虽然里弗斯的政治观点由19世纪后期不同的思想潮流组成，但或许可以将其概括为政治保守主义的形式：试图接受进化论思想的进步意义，同时又坚持认为进步速度都是自然达到的。对里弗斯来说，正如戴维·范·库伦所说的那样，变化是"被引导和限制的东西，而不是被争取的东西"（van Keuren，1989：285）。社会生活的进步发展值得展臂欢迎，但也无须迫不及待。他在此处认为进步终会到来，但是要按照节奏通过各种机制来实现，而这些机制将依赖于大量细微措施的积累，直至成为习惯，而不是依赖任何突然的或断裂性的政治行动。换句话说，历史不可能在跳跃中前进：这就是里弗斯试图通过他的民族学安排传达的核心信息。进步是以一系列小步骤的形式出现的，它们以不可逆转、不可跨越的顺序相互联系。人们必须经过一个阶段才能到达下一个阶段。里弗斯大赞自己提出的"人类学圆形大厅"建议的优点，认为它特别符合工人阶级的教育需求，他说：

> 我认为：那些在人们头脑中留下深刻印象的人类制度与工业的缓慢增长和稳定，以及它们对古代的东西的依赖，必须有助于抑制革命的思想以及现存的倾向；那些应该更了解人类制度与工业的人所鼓励的直接与过去决裂的倾向，必须有助于灌输保守的原则，而这些原则是目前所需要的，条件是我们享有的文明得以维持和发展。
>
> （Cited in Chapman，1981：515）

这有助于解释为什么幸存者学说在里弗斯的博物馆学实践中发挥了如此重要的政治作用。因为它允许从据称是我们的祖先在人类进化的早期阶段所留下的痕迹中将过去变得可见。这是所有民族学展示的共同点。更为独特的是，幸存者学说为里弗斯提供了一种方法，通过这种方法，过去在回填现在的同时，也可以真正地被填满，这样，虽然一个系列中的第一个物体（人类学的投掷棒）和最后一个物体（中世纪的火枪）之间的差距可能很大，但它们之间的空间将被密密麻麻的物体占据，这些物体代表了武器演变的各个阶段，既不能绕过也不能跳过。里弗斯在写给泰勒的信中解释道：

> 如果由我来讲解我的藏品，我应该提请大家注意这种安排，它的价值与其说是出于对工具、武器本身发展的兴趣，不如说是因为它似乎最能说明人类文化各个分支的发展，而且这些分支是不可能按顺序排列的，因为分支之间的链条已经丢失，而通过它们实现进步的连续的思想从来没有在物质形式中得到体现，因此，人类制度常常看起来是以比实际情况更快的速度发展的。但在物质艺术中，这些链条被保存了下来，并且通过适当的搜索和安排，可以按适当的顺序排列。
>
> （Cited in Chapman, 1981: 480）

19世纪70年代和80年代，里弗斯将民族学收藏品向公众展出——1874年，他在贝斯纳尔·格林博物馆首次举办特展，随后又在南肯辛顿博物馆举办特展——博物馆学的背景是"博物馆理念"的复兴，其中一点是重新强调博物馆作为公共教育工具的重要性。自亨利·科尔在19世纪40年代首次提出这一理念以来，有两件事发生了变化。首先，博物馆不再被认为是小酒馆的道德解毒剂（Coombes，1988）。其次，博物馆内部有一种日益增长的趋势，即摒弃那些讲解员陪同参观的教学形式，而将博物馆设想为一种参观者以自动化方式进行自我教学的环境。在19世纪40年代至60年代期间，伦敦塔军械库中的武器展品按时间顺序重新排列，不再需要服务人员。爱德华·福布斯对应用地质学博物馆进行类似的调整，使其可能成为一个自动化的自我教学空间。

皮特·里弗斯本人在担任联合校长的早期就表现出了类似的决心，当时他主要的收藏兴趣集中在火器等武器上，并把它们当作在军队担任步枪教官时的工作资源。1858年，里弗斯发表关于步枪历史的演讲，他建议教员用讲座来补充实践课程，尤其要配合看展。在讲授小武器的历史时，教学形式的使用"与观众的等级和智力相称"（cited in Chapman，1981：26）。查普曼在阐述里弗斯对这一领域的关注时认为，他的收藏和指导手册是为了实现两种进步之间的连接：

> 在一个层面上，步枪代表进步是不言而喻的，步枪的每一次改进都代表了个别思想家和发明家的连续胜利。在另一个层面上，它是每个士兵的个人胜利，他的责任意在促进观念的缓慢发展。
>
> （Chapman，1981：26）

展出进步过程的目的是提供一个道具，可以帮助步兵有规律地、循序渐进地掌握一套等级技能。

里弗斯在贝斯纳尔·格林博物馆展出民族学收藏时，他对展览目的和实现方法的理念——特别是对使用"与观众的等级和智力相称"的教学方法的评论并没有实质性的改变，只是适应了新的环境。虽然这个展览没有采用里弗斯后来倡导的"人类学圆形大厅"的原则，但目的是相同的——使逐步的、缓慢的、有序的进步变得可见和可执行。展品安排成若干不同的系列，每个系列都通过"类型学方法"描述一个特定的进化序列。成系列的头盖骨等骨骼描绘从灵长类动物到人类的进化，以及从原始种族到文明种族的进化，而一系列的武器则展示人类技术的功能进化，"画上箭头，为参观者指出适当的顺序"（Chapman，1981：374）。

然而，与众不同的一点在于展览的观众概念，以及在观众中达到预期效果的方法。贝斯纳尔·格林博物馆是南肯辛顿博物馆在东伦敦的前哨。里弗斯挑选它作为展览地点，特别是作为进化人类学在地区"教育潜力"方面的公开测试。该地区极端贫困，又是工人阶级革命的中心。查普曼指出，这是人类学在伦敦的第一次测试。之前在东伦敦举办的唯一一次民族学收藏展览是由伦敦传教士协会（the London Missionary Society）组织的，展览反映了早期的展览实践，讲述了一个所谓的野蛮故事、关于退化和衰退的故事、关于堕落的故事，而不是一个关于"进步失败"的故事。[7] 因此，里弗斯发问：人类学的主要政治信息——"自然界不跳跃的法则"（Pitt Rivers，1891：116）——如何才能最有效地传达给工人阶级的参观者？简言之：通过采用适应他们心智发展水平的方法。

进化论假设不仅为展览的内容和安排提供了信息，而且其自身便是教学核心。1874 年，里弗斯在人类学研究所就贝斯纳尔·格林博物馆展览的主题发表演讲时，借机概述了"智力心智，能够对不熟悉的事件进行推理"和"自动心智，能够在某些事情上直观地行动，而不需要意志努力或意识"（Lane-Fox，1875：296）之间的区别。阐述完这一区别之后，里弗斯提出这两种不同类型的心智之间存在的历史辩证关系。里弗斯的历史辩证展开方式的观点，对他理解进步机制以及这些机制在不同民族文化的心智属性分布中所沉积的痕迹至关重要。他认为，自动心智由一些动作组成，它们虽然最初可能需要使用智力，但后来通过重复而变成习惯，因而不需要有意识地关注它们的表现。因此，自动心智的这些能力成为准身体性的要素，被身体摄取，从而成为一种可传递的精神储备，不是通过社会训练，而是通过尚未明确的遗传机制，一代代传递下去。里弗斯认为，自动心智与智力心智的比例可以标识某个群体在进步阶梯上的位置。群体的发展阶段越低，自动心智在总心智中所占的比例就越高。里弗斯的推理表明，这种心智的继承源于"落后民族"的具体情况，因为他们的社会一直发展迟滞，所以他们能够通过简单的自动心智的反射性行为来应对环境。比起"更发达的民族"，他们（如果想变得更发达）一定要付出更多的时间来锻炼心智。

里弗斯只就这一问题泛泛而谈，但这些论点也影响了他对博物馆教育问题的态度。他在后来的一篇演讲中认为，如果"可以通过机械发明的历史来传授自然界不会跳跃式发展的定律，至少让人们谨慎地听取轻率的革命建议"，那么只有当这些收藏品"以这样特定的安排，让那些劳碌的人可以理解"时，才能做到这一点。里弗斯所说的"那些劳碌的人"指的是工人阶级。

>工人阶级的学习时间很少；他们的闲暇时间比较短，而且常常必须得短。时间和明确性是首要的考虑因素。工人阶级中比较聪明的那群人虽然懂得的书本知识很少，但他们对一切机械学事项的领悟却极为迅速，甚至比受过高等教育的人更快，因为他们是接受过这方面训练的；这也是为什么要充分考虑博物馆教授实物课的重要性的另一个原因。
>
>（Pitt Rivers，1891：116）

如果博物馆要告诉劳动者，进步会到来，只是会慢一点，只要按规律来就能进步，那么博物馆就必须用劳动者已经接受过的"充分训练"（trained up to）的方法。由于这些课程必须在短时间内被吸收，而这些时间打断了必要的劳动生活，因此它们必然需要运用自动心智。

同样的方法对受过教育的男性可能不怎么管用，这一点已经很明确了。但女性呢？里弗斯没有直接回应这个问题。然而，19世纪80年代在讨论法纳姆建立的博物馆时，里弗斯确实特别提到了女性参观者。在描述一个"原始"部落文化中女性可能会携带的箱子的展览时，他说收集这些箱子是为了"向我所在地区的女性明确展示，如果生在其他地方，她们完全有可能活得就像是干活的牲口"（Pitt Rivers，1891：119）。男性即使被敦促放慢脚步，也会被视为进步的潜在推动者，而女性则被视为进化过程的被动受益者，她们的驱动力是男性推动的战争和生产技术。里弗斯认为，从进化论与普遍的性别区分概念的结合来看，这种表现只能是为了使女性与她们被赋予的地位相协调，即在进化的发展过程中，她们总是至少落后于男性一步。

一次一个性别

在人类博物馆，参观者在解剖人类学展厅的参观路线是从身体外表到内在结构。在这一过程中，随着一层层的剥离，我们共同的人类身体底层也逐渐暴露出来。虽然我们看到，就身体外观而言，个体之间有许多方面的差异，如头发、身高、肤色和生殖器的差异，但一旦解剖学不再仅仅停留于皮肤，而是切入身体内部，这种差异就会消失。在身体的肌肉结构、器官、骨骼以及最后的DNA编码中，展现在观众面前的是这样一个世界，参观者随处可见形式和功能的同一性，即智人（homo sapiens）种族成员本质上的同一性。唯一被允许有意义的内部差异是男女两性生殖器官的形式和功能的差异。此处的辅助文字也明确指出，这些与身体性别有关的差异并不具有任何普遍性的后果。除了生殖器官外，男女身体在所有方面都被描述为基本结构大致相同。这一强调体现在男女人体骨骼的展示中，两具人体骨骼一女一男，尽管身高和体型方面存在明显差异，但在所有重要方面的结构皆相同。

与早期解剖学展品中的人体骨骼一样，它们都是道德化的骨骼，传递着人类同一性的信息。它们是一种有意识的说教的一部分，旨在使博物馆展示的人种学文物和遗骸脱离19世纪进化论思想的假设。这个意图的突出点在于在一个展厅内加入了历史展览，概述了19世纪欧洲人和"野蛮人"展览所遵循的种族主义原则。这个历史展览的重点是以最生动的方式表达关于被称为"霍屯督的维纳斯"的萨尔特杰·巴尔特曼展览的简要内容。参观者被告知，萨尔特杰在19世纪早期的伦敦作为"被俘虏"的原始部落成员的例子展出。然而，令人惊讶的是，展览并没有提到萨尔特杰在巴黎被频繁展出的事实，这体现了机构对事实的否认。更为重要的是，她死后，她的生殖器，即她身体最奇特之处，被居维叶仔细解剖并解释为落后的标志，在人类博物馆直接展出。史蒂芬·杰·古尔德回忆说，在20世纪70年代的某个时候，当他被带去参观博物馆仓库时，他惊讶地发现萨尔特杰被保存下来的生殖器与另外两名第三世界女性被解剖的生殖器并排在一起。他指出，这些东西存放在保尔·布罗卡（Paul Broca）大脑上方。保尔·布罗卡是19世纪颅骨学最有影响力的阐释者，他将自己的大脑遗赠给博物馆，以彰显先进欧洲人的大脑结构。古尔德认为，这种并置提供了一种"对19世纪精神病学和种族主义历史的令人不寒而栗的洞察力"（Gould，1982：20）。但他并没有忽略展览扮演的双重角色。如果说布罗卡是白人和欧洲人，而萨尔特杰是黑人和非洲人，那么他身为男性而她身为女性也同样重要。正如古尔德所指出的："我没有在收藏品中发现女性的大脑、布罗卡的阴茎或任何男性的生殖器。"（ibid.：20）

桑德·吉尔曼（Sander Gilman）后来的一项研究对古尔德提到的问题进行了更充分的阐述。吉尔曼注意到19世纪科学界对比较解剖学的广泛兴趣，并将其作为确定黑人的本质差异或落后的手段。他观察到这种兴趣很少延伸到男性生殖器官，但是黑人女性的生殖器官"引起了更大的兴趣，部分原因是它们被视为不仅在黑人女性中而且在所有女性中都是异常性的证据"（Gilman，1985b：89）。这反过来又反映了这样一种假设，即女性生殖器可以用来定义女性本质，而这种方式并不适用于男性。

这个问题并没有就此止步。到了19世纪中期，女性身体甚至骨骼也被认为与男性身体有着不可比拟的差异。这导致解剖学所展示的内容与今天的人类博物馆的解剖学展示截然相反，因为其目的是展示和演示根植于男性和女性骨骼结构中的不可消除的性别差异。古尔德和布罗卡都注意到这种方式反映了解剖学的不同视角。如果说解剖学展示欧洲男性骨骼时，强调的是标志着欧洲男性大脑更高程度进化的头盖骨的大小和形状，那么其展示欧洲女性骨骼的构造时，则强调女性的骨盆增大。这使得女性在解剖学意义上被贬抑到"基本功能"——用克劳迪·霍尼格（Claudia Honniger）的话来说，不过是"有两条腿的子宫"（cited in Duden, 1991：24）。正如隆达·施宾格（Londa Schiebinger）所总结的那样，这也是为了在进一步的论证中确保女性对男性的从属地位，"欧洲女性的骨盆必须很大，否则产道无法容纳欧洲男性的头盖骨"（Schiebinger, 1989：209）。

这些不同性别的人变成尸体的过程与解剖学展示的功能和背景的变化有关。在文艺复兴时期，死尸常在公开解剖时进行展示。解剖通常在重刑犯的尸体上进行，因此也构成王室权力的一部分，公开展示了国王有权对尸体进行处置。展示还以多样的、复杂的方式与狂欢节联系在一起。[8]法拉利（Ferrari）认为，正是后一种联系促使解剖学收藏在18世纪得以发展，但与莱顿和博洛尼亚等地的解剖学剧场不同，狂欢节提供了一种手段，可以在远离公共领域的地方教授解剖学，甚至偶尔还可以做得过火（Ferrari, 1987）。

这种发展的另一个后果是，观看解剖学收藏品的机会往往按性别划分。威廉和约翰·亨特在18世纪末19世纪初收集的、随后捐赠给皇家外科学院的藏品，在很大程度上是专门为实习或执业医生和外科医生的男性凝视而收集的。更大众的解剖学展览也是如此。理查德·阿尔蒂克指出，本杰明·拉克斯特罗（Benjamin Rackstrow）的解剖学和古玩博物馆（Museum of Anatomy and Curiosities）于18世纪50年代首次在伦敦开放，最初曾让男性和女性一起参观，非常受欢迎。阿尔蒂克将其描述为"道·索特罗的小玩意（Don Saltero's knicknackatory[①]）和约翰·亨特博士博物馆的生殖器官展厅的结合"，因为他的展品包括了解剖学特性，特别精细的蜡像模型、子宫复制品，再加上一个"真实子宫标本"，还有一个"被注射到勃起状态的阴茎"（Altick, 1978: 55）。然而，到了18世纪末，传单上写着"女性参观者将由女性馆员单独接待"（ibid.: 56）。这种性别隔离的做法被拉克斯特罗19世纪的继承者延续下来，比如卡恩博士的病理解剖学博物馆（Dr Kahn's Museum of Pathological Anatomy）（其主要内容是展示卵子从受精到出生的胚胎学展品）和赖姆勒的解剖学和人种学博物馆（Reimler's Anatomical and Ethnological Museum）。

最后，另一个变化是解剖学展览功能的转变。在文艺复兴时期的公开解剖实践中，人们对奇特的尸体投入极大热情：主要用以展示特殊身份（罪犯）的尸体。尸体在这里被道德化，但没有被病态化。虽然早期做法的某些方面在上述流行的解剖学展示中保存下来，例如约翰·亨特的医学收藏品，但19世纪呈现的趋势是解剖学展示主要是为了实现正常化而非道德化的功能。作为人体新符号经济（symbolic economy）的一部分，这些收藏品的作用是构建一套解剖学规范，然后通过展示病理畸形如何偏离这些规范来强化

---

① 应该是knickknackery，在理查德·阿尔蒂克的 *The Shows of London* 中写为knicknackatory。——译者注

它。此外，规范越来越多地从进化的角度来考虑，从而形成一套适合不同人群的分级规范。1902年，隆布罗索（Lombroso）在都灵建成犯罪人类学博物馆（Museum of Criminal Anthropology），罪犯遗体终于脱离它们早先的道德教化功能，现在从进化角度被认为是病理化返祖的典型，成为针对整个人群的正常化做法的工具——这时的概念是所谓优生主义的（see Pick，1986）。

这些变化都影响着展览语境，从18世纪下半叶开始，解剖学遗体或复制品展示变得寻常，展示品越来越多、越来越明显地在性别方面被区分对待。托马斯·拉克尔（Thomas Laqueur）对人类双性化模型的形成进行过令人信服的讨论，强调了这种性别解剖学产生的重要性。拉克尔认为，在现代早期之前，"只有一个规范的身体，而且这个身体是男性的"（Laqueur，1990：63）。拉克尔追溯了罗马医生盖伦（Galen）的学说对欧洲医学思想的影响，这些影响一直持续到文艺复兴时期，揭示了女性身体如何被视为男性身体的低级版本。这种对男性和女性身体关系的等级划分以生殖器为中心，因为它依赖于这样一种信念，即女性生殖器官是男性生殖器官的倒置，因此是劣等版本。[9]虽然这必然意味着相对于男性在解剖学上的完美标准，女性被认为是次要的、不完美的，但同样意味着，男性和女性并没有被看作是完全不同的，是不可通约的。相反，两者生殖器官结构的共同性，以及在生成过程中这些器官几乎以同样方式运作的事实，使得两性之间因生殖器官的差异而产生特征差异的想法简直不可思议。正如拉克尔所说，从生殖器官上看，女性是较小的男性，其结果是，"男性是万物的尺度，而女性并不作为本体论上的独特类别而存在"（ibid.：62）。

鉴于此，隆达·施宾格（1989）认为，重要的是，为教学而设计的人体骨骼插图直到 19 世纪初都是中性的,而女性骨骼的第一次出现是作为男性骨骼的不完美形式,而不是作为一种完全不同类型的骨学结构。然而,在 20 世纪中后期的几十年里,女性解剖学受到了越来越多的关注。正如德米拉·约丹诺娃(Ludmilla Jordanova)在讨论威廉·亨特解剖图和蜡制解剖模型时所表明的,早期医学教具和插图中被适度遮掩的女性生殖器,被毫不留情地凝视和透视(Jordanova,1980,1985)。约丹诺娃认为,这一过程使女性身体受到男性越来越多的透视眼光的影响,有助于"揭示"根植于现在已彻底分化的生殖系统中的女性本质。尽管拉克尔不同意女性的身体比男性更容易受到这种解剖凝视,但他的结论指向了同一个方向:在解剖学中,男性和女性的身体不再作为"一个性别的等级化的、垂直、有序的版本"而对立,而是作为"水平有序的对立物,是不可通约的"(Laqueur,1990:10)。

这些发展被归于多种因素:男性为从助产士手中夺取对女性生殖能力的控制权而进行斗争;法国大革命强烈反女权主义倾向的背景下,对女性身体进行政治控制,试图将女性排斥在公共领域之外[10],随着家庭领域的出现,女性"自然地"适合居家,其基本生物结构导致她们生理上的不同和气质上的不同。然而,拉克尔谨慎地坚持认为,即使兴起了两性对立、不可通约的观点,也并不意味着单性模式被完全取代,他认为单性模式重新出现在性别表征的特定区域。进化理论就是一个例子,因为它可以"被解释为支持无限分级的概念,不禁让人想起女性低于男性的单性模式"(Laqueur,1990:293)。施宾格(1989)进一步强调,现在认为男女两性的差异是完美的,可是这种差异按等级排列——男性尽管不再比女性完美,但男性是进化程度更高的人。

简言之，从单性（one-sex）解剖学秩序到双性（two-sex）解剖学秩序的转变，同时也是从一种临时性的性别身体秩序——在单一性别模式中，女性作为不完美的男性，在所处的等级中的地位注定是永久的——转变为一种历史化的身体秩序。在19世纪下半叶，男女身体不可通约的观点与不断发展的社会进化论思想相遇，结果是女性不是被置于男性之下，而是被置于男性之后。根据比较点的不同，这种主题以不同的方式呈现出来，如与儿童、"野蛮人"、高等灵长类动物、罪犯等比较，以衡量女性欠发达的程度。在进化论思想的若干流派中，所有这些都成为确定女性在进化阶梯上的地位的基准。[11] 当然，从理论上讲，进化论的前提是允许男女差距可能会随着时间的推移而缩小；事实上，这正是早期许多女权主义者在艰难对抗达尔文理论时所采取的立场。[12] 在某种程度上，进化论思想的进步潜力由于进化论对性别差异领域施加的更大影响而被封闭了。

颅骨学的发展在这方面特别重要。因为它的发展否定了早先的心理学做法，这种通过颅骨学技术获得自我认识的做法促进了自我完善，以此提高心智能力，女性也不例外。取而代之的是另一种观念，即把女性较低的心智能力看作其固有的不足的颅骨尺寸所造成的必然的限制（Russett，1989；Fee，1976，1979）。更糟糕的是，在20世纪下半叶一场激烈的反女权运动中，有人使用斯宾塞的论点来暗示，女性在进化发展的阶梯上只可能更加落后于男性。由于在"更先进的"文明中，男女身体的差异比在"蛮族"中更明显，而且这似乎必定是在更先进的社会中，劳动分工使性别角色分离更明显的结果，因此得出的结论是，从整个社会的角度来看，女性应继续留在家庭领域，因为她们的解剖结构已经为她们做好准备，即使这意味着两性之间的进化差距只能越来越大（see Duffin, 1978；Sayers, 1982）。

当然，这并不是进化论思想的前提被转化为性和性别社会叙事的唯一途径。它们是对立的。弗拉维亚·阿拉亚（Flavia Alaya）指出，哈莉耶特·泰勒（Harriet Taylor）和约翰·斯图亚特·密尔（John Stuart Mill）曾经热烈庆祝某次反对争论的女权主义会议，选择不再就有关男女天性的问题进行争辩（Alaya, 1977：263）。然而，我所关注的倾向是普遍存在的，特别是在展示性别解剖学的地方。准确来说，有时很难确定这些假设如何反映在博物馆陈列的细节中，因为这一领域研究得尚不够充分。我们知道，在自然史博物馆和民族学博物馆中，女性头盖骨等骨骼总是相对男性而排列，以表明女性发育阶段较低。它们还与"野蛮人"的头盖骨等排列在一起，以"表明"人类进化的精确尺度，从原始女性的进化到原始男性，再到欧洲女性，最后到欧洲男性等。我们还知道，在重建动物王国时，动物标本学的惯例是倾向于以男性为中心安排展示。在美国自然史博物馆，动物生命是以描述群落生境的进化序列的透视画来展示的，每一个展示都有明确的性别等级，雄性动物享有特权，代表每个物种所谓最完美和发展最充分的形式（see Haraway, 1992）。

因此，有理由认为，对女性而言，博物馆提供的展示进化叙事的机会，与男性获得的机会不同。在博物馆的"回述"结构中，欧洲女性既是先进的，也是落后的，比"蛮族"兄弟姐妹先进，但却落后于欧洲男性。对女性的解剖结果的解释使她们无法完全参与到以她们的身体为展品的进步陈列之中。她们永远无法完成博物馆的叙事。我认为，参观民族学或自然收藏品，为人们提供了机会，来审视自己在进步发展中的位置。倘若如此，对女性来说，这个机会意味着她们永远无法完全达到人类发展的最高水平。

弗朗西斯·高尔顿（Francis Galton）的人体测量理论和实践曾是最有影响力的技术之一，他将人体作为一个区域，其性别和种族差异可以几乎无限分级和分层。1884年，他在南肯辛顿举行的国际健康展览会上设立了一个人体测量实验室。只要交3便士，不论男女都有机会进行一系列的解剖学测量，评估自己在进化尺度上所处的位置。起初，出于社交规范和要求，不允许测量女性的头骨，因为需要摘掉她们的帽子，弄乱她们的发型（see Forrest, 1974：181）。然而，当1885年实验室搬到南肯辛顿博物馆，这种规范就被取消了。前后8年时间里，博物馆的参观者，无论男女，都进行了解剖学测量和颅骨测量，并被记录下来，作为高尔顿的性别进化分化记录的一部分。通过这种方式，参观者们帮助延续了规范他们行为的叙事机制。

注释

[1] 第一个公开展示的真人大小的恐龙模型是为水晶宫的花园设计的，1851年后，水晶宫被移至西德纳姆（Sydenham）。其设计和安装是由理查德·欧文指导完成的。他对恐龙（这个词是他在1841年创造的）的描述是为了反驳拉马克的进化论所依赖的转化机制。详见Desmond（1982），Rudwick（1992），Stocking（1987）。

[2] 我已经在第一章中讨论了弗劳尔关于自然史展示的建议。关于皮特·里弗斯和弗劳尔之间的关系以及他们各自对博物馆展品

安排的建议，详见 Chapman（1981）。

［3］这并不是说皮特·里弗斯的期望得到了经验的验证。美国国家博物馆人类学部首席馆长威廉·亨利·霍尔姆斯（William Henry Holmes）在为民族陈列的原则进行激烈辩护时，对皮特·里弗斯提出的那种同心圆的排列方式提出了异议，认为"除了受过训练的学生之外，其他任何人都会感到非常困惑，而普通游客则完全无法掌握"。见 Holmes（1902：360）。

［4］然而，绘画在其他房间被赋予了完全不同的功能。因此，在一些相连的展厅中，画作被展示出来是因为它们在艺术史上的地位，而不是作为更普遍的社会或政治历史的一部分。然而，这种不一致与更传统的艺术展览形式之间建立起了一种紧张关系，但却是建设性的。卡纳瓦莱博物馆在其特展中也有类似的创新，见 Mitchell（1978）。

［5］亨利·贝尔福（Henry Balfour），作为 1888 年成立的博物馆协会主席，积极敦促博物馆采用皮特·里弗斯博物馆所示范的进化的展示原则。见 Skinner（1986：392–339）。

［6］这里没有篇幅来详细讨论这两个学会之间的关系。详细的内容，甚至包含两个学会之间的对比的描述，见 Stocking（1987：245–263）、Rainger（1978）和 Burrow（1963）。

［7］19 世纪早期的宗教小册子是体现这种退化主义话语的一个例子。该小册子是为了指导父母如何将参观博物馆作为对孩子进行《圣经》教育的辅助手段而写的，见 Elizabeth（1837）。

［8］这显然是对复杂历史的一个过度简化的版本。进一步的细节，见 Ferrari（1987）、Richardson（1988）和 Wilson（1987）。

［9］认为女性生殖器不如男性来自盖伦关于身体内热量流动和

分布的观点。男性生殖器官有能力产生自己的热量并能在体外发挥作用,因此被视为更加完美。子宫被视为倒置的阴茎,缺乏这种自力更生的能力,因此被束缚在体内作为温暖的来源。

[10] 关于法国大革命中女性身体表现的政治性的特别有趣的讨论,见 Hunter(1991)。

[11] 关于这个问题的文献非常多。除了我因其他目的而引用的相关资料外,我在阐述我的论点时还参考了以下讨论:Haller(1974)、Easlea(1981)、Mosedale(1978)、Fee(1979)和 Richards(1983)。

[12] 塞耶斯(Sayers)(1982)和拉夫(Love)(1983)讨论了达尔文主义给女权主义思想带来的困难,而甘布尔(Gamble)(1894)则体现了早期女权主义对女性只是进化程度较低的男性这一观点的反驳。

8. 塑造未来之物：1988年世博会

博览会是现代性的象征性发明中最具特色的一种，原因在于它们是需要契机才能发生的有预谋的事件，它们不得不在自身之外寻找它们的舞台。虽不尽然，但此角色最受欢迎的备选对象是现代性的另一个象征性发明——国家庆典。1876年费城世界博览会是美国为庆祝独立一百周年而举办的，是第一个为纪念国家历史发展而举办的系列博览会，后续有1888年为纪念澳大利亚建成欧洲定居点一百周年而举办的墨尔本国际博览会，次年在巴黎举办的纪念法国大革命的世界博览会，1967年加拿大第一个百年庆典活动期间在蒙特利尔举办的世界博览会，等等。即使没有像上述例子中的密切关系，世博会通常也会以某种方式结合到国家历史的象征性旋律中。1893年的芝加哥世博会就是为了庆祝哥伦布发现美洲大陆四百周年而举办的，而1939年的纽约世博会则在华盛顿总统任职一百五十周年纪念日中找到国家合法性（national legitimation）。[1]

然而，这两类活动的同步性使得其很难融合起来。特别在20世纪，它们的同步性更多时候是为了彰显差异，弱化关联。这是因为这两类活动虽然都是现代性的产物，但它们的策划和组织是在不同的时代背景下完成的。如果说百年庆典及相关类型的活动就像为国家计时一样，通过时间标记来绘制国家历史的辉煌成就的象征性清单，那么博览会记录的则是现代性自身的国际时间，它标志着不分国界的进步,至少在理想的情况下,它拟定的清单标志着不存在国界之分的人类的成就。

这并不是说两个时空是完全分离的。事实上,博览会通常试图将国家时间和现代性时间重合起来,将东道国作为现代性时间和任务最重要的代表之一。这一模式由1851年首届世博会即万国工业博览会确立,并在19世纪大多数重大博览会中反复出现。博览会主办地是有实力的大都会,它们将这两个时间融合在一起,有一定的说服力。因为在那些地方,国家时间也是帝国时间,时间的国际化不过是一种话语的腾挪转移。[2] 然而,当博览会由处于世界资本主义秩序边缘的地方主办时,情况则有所不同。因为,在那些地方,现代性时间吞噬了国家时间,前者要求抹去后者所有的地方性和限制性,即其特殊性。因此,在同时举办博览会和国家庆典时,两者在不同的主题范围内发挥作用,不断强调两者之间的不兼容性。[3]

另一个难点是,与国家时间和现代性时间竞争的通常还有第三个时间:主办城市的时间。如果主办城市是一个具备大都会实力的首都,由此产生的张力就不那么明显。然而,当博览会在一个省会城市举办,紧张关系就会尖锐起来,尤其是在联邦社会中,会引发激烈的州际(inter-state)和城际(inter-city)的竞争。在此情况下,主办城市通常试图将自身接入现代性时间里,绕过国家——实际上是削弱国家——从而体现出其比国家首都或者对标省会城市更充分地代表进步的精神。由此——1893年"纪念哥伦布发现美洲大陆四百周年"芝加哥世博会是最常被提及的原型——博览会是首要的城市活动。[4] 这些博览会更多地进入地方政治而非国家政治的网络中,也成为表达城市而非(有时是反对)国家言论的典型场所。

1988年布里斯班世博会也不例外。事实上，1988年布里斯班世博会是一个典型，这是边缘的省会城市在澳大利亚建国两百周年庆典期间举行的世博会。它处于城市、国家和现代性三个时间之间，也最终脱离了这三个时间。尽管它被视为两百周年庆典中最盛大的活动，并获得了准官方认可，但它既不由澳大利亚建国两百周年庆典管理局主办，也不由其资助。管理方是一个独立机构，一方面直接向昆士兰州政府负责，一方面向国际展览局（BIE）负责，其组织架构在形式上与两百周年庆典活动的组织架构无关。此外，它的主题"科技时代的休闲"符合国际展览局的规定，既有国际化概念，又展示进步成就，这使得它与1988年澳大利亚其他地方的主流民族修辞语汇完全不同。从这个意义上说，参观世博会有点像是对1988年修辞的一种欣然解脱。最大的让步是库克船长馆（the Captain Cook Pavilion），它的库克纪念品展呼应了建国和欧洲定居时期以及稍后的澳大利亚馆的主旋律。然而，大多数情况下，1988年世博会都不注重对国家的象征性时间的强调，而是将国家纳入现代性的国际时间中。

最显著的就是将布里斯班置入现代性的时间。世博会口号"我们一起秀世界"（Together we'll show the world）产生了很大反响，随着世博会的展开，其意义也在不断深化。它显而易见地指向了世博会这种形式的表征欲望——以隐喻的方式呈现整个世界——事实上，它也是世界的愿望，即以游客的身份来看这个隐喻的集合体。然而，它最关键的共鸣来自"我们"是谁，我们如何"秀"。因为毫无疑问，这里说的"我们"不是整个纪念活动中不断接受欢呼的"全体澳大利亚人"。恰恰相反，这里的"我们"是为了招募更多的本地人，并将其组织起来以面对全国性的"我们"。

211

昆士兰人，尤其是布里斯班人，才是这次展示的主体，"我们"展示什么并不重要，重要的是"我们"击败所有吹毛求疵的人，展示实力，证明"我们"有能力举办世博会，而其他州全都不敢尝试。换句话说，"我们"要展示的是布里斯班举办世博会的能力。

简言之，1988年世博会首先是东道主城市的一件大事，它切实影响也标志着东道主城市从一个落后的穷乡僻壤转变为最现代的世界城市的代表。正如两位评论家所说的，"从蛮荒到未来"（Fry & Willis, 1988）。在这方面，如果事实证明没有人注意到，那也就没有什么关系了。因为如果说1988年世博会的参观人数超出了预期，那么也不是因为世界各地的人甚至澳大利亚其他地区的人都来参观，而是因为昆士兰人，特别是那些居住在布里斯班或周边地区的人频繁反复参观（Craik, 1989）。其结果是，世博会主体和世博会对象奇怪地混合在一起；在世博会上，布里斯班展示办展能力的主要见证者是这个城市本身。有报纸将1988年世博会描述为"让布里斯班敬畏自身长达六个月的一剂良药"（*Melbourne Sun*, 1988-10-31），事实上，1988年世博会确实将城市构建在一种奇特的、令人着迷的关系中，布里斯班向自己证明自己具备办展能力，彰显力量，目光越过悉尼和墨尔本，沐浴在短暂的大都市荣光中。

因此，从方方面面来看，1988年世博会都是一个非常地方性的事件。围绕着它的政治争论也大多如此。诚然，它偶尔也会被卷入与两百周年庆典活动相关的全国性政治大辩论中。启用一家美国公司为澳大利亚馆提供视听技术，此举在世博会即将开幕之际引发了一场政治大丑闻。[5]世博会还是原住民抗议的目标，原住民对世博会是否应该被视为两百周年庆典活动的一部分存在着若干不同意见，同时对世博会应采取的政治立场也有不同的看法。[6] 随着世博会完成规划，进入实施阶段，出现了大量体现地方性和城市性诉求的抗议活动：抗议为了建立世博园区而拆毁传统的市中心住宅区；抗议房东在世博会期间驱逐长期租户以收取高额租金；指控警察在世博会前的城市清理工作中骚扰同性恋者；妓女上街游行，抗议世博会景点影响了布里斯班夜生活，导致她们生意受损；以及发挥"人民力量"，抗议将世博园区重新开发为大都市旅游项目的草案。[7]

相应地，很少看见对世博会本身的批评。人们很大程度上忽略了世博会展示的内容和活动的政治性，即它开展什么活动以及它提供何种性质的体验，因为人们更多关注的是它对城市经济、居民住宅、公共设施的影响，或者是两百周年庆典活动的更广泛的政治性，而世博会在一定程度上回避了这些问题。尽管并不能完全弥补这一不足，但我将主要思考放在世博会脚本（Expo script）作为一种城市现代性在特定区域项目对组织游客体验方面的工具性功能上，这或许有所裨益。

不过，讨论这类问题，需要将1988年世博会与世博会的历史、形式以及体现的现代性节日联系起来一起考虑，因为正是这段历史书写了世博会脚本的许多方面：界定了它的概念，塑造了它的主要形象，对参观者的体验产生了深刻而根本的影响——包括脚本借用的人们尤其是澳大利亚人、昆士兰人或相关城市的人的体验。虽然在此无法对世博会的起源和发展进行详尽描述，但对起源和早期历史进行某种简略的谱系式挖掘是有好处的，特别是这样能够提供一种视野，突出世博会脚本的表征性而非再现性。从这个角度来看，我认为，最好认为世博会向参观者提供了一种演练道具，而不是通常所认为的提供了一种阅读文本。

进化运动

翁贝托·艾柯认为,"直到19世纪的世博会上,才宣告了人类两千年的奇迹"。不管早期的收藏品,如16世纪珍奇屋,对缅怀过去的关注是多么近似于现代博览会,它们在艾柯看来都有着本质的不同,因为它们不包含"任何指向未来的东西"(Eco,1987:293)。福柯也提出类似观点,他对比19世纪占主导地位的"终极发展的乌托邦"(utopias of ultimate development)与乌托邦作为"起源的幻想"(a fantasy of origins)的早期功能,描述从后者到前者的转变是受到新的知识概念的影响。在这个新的知识概念中,事物以"一种系列化的、有序联系和发展的"形式被呈现和认知。(Foucault,1970:262)如果说16世纪珍奇屋中物品的排列顺序呈现出来的一致性源自它参考使用的世界最初的理想分类学,万事万物已经恰在其位,那么19世纪的世博会和博物馆则指向了一种未来,万事万物尚未抵达其适当的位置。

展示对象的符号学属性也随着这些变化而经历了同样意义深远的转变,它们是这些变化的一部分,也是这些变化的前提条件和结果。因此,正如卡罗尔·布雷肯里奇(Carol Breckenridge)所总结的,珍奇屋柜子中物品的主要符号学价值就是它本身的珍稀性(singularity):

> 珍奇屋收藏柜里的物品只是在赞美自己的稀有、绝妙和不同寻常。美或者历史都没有被提升至足以衡量收藏品

的价值。评价物品的依据是它们引起惊异的程度,主要是因为它们是罕见的、不同寻常甚至前所未见的作品。

(Breckenridge, 1989: 200)

然而,到了1851年伦敦万国工业博览会,展品的符号学价值都是典型性。不管是原材料、生产工具还是成品,不管是艺术品还是制造品,不管来自英国、印度、法国还是美国——水晶宫里的大多数展品是作为从简单到复杂的进化系列中的某个阶段的典型代表而被展出的。之后19世纪的世博会在形式方面几乎毫无新意,只不过进化系列构建得更广泛、更全面,从而增加了典型代表的密度,同时按种族区域的进化等级对国家馆进行组织,构建了"殖民地"村落或"原住民"村落等(Greenhalgh, 1988; Rydell, 1984)。

因此,所有这些都说明世博会形式的潜在修辞是一种进步。当然,毫无疑问,这个观点听起来似曾相识。但我们又该如何看待它呢?大多数说法强调这种修辞的表征功能,认为它是组织达成资产阶级霸权的一种意识形态手段,因为它所讲述的进化叙事的高潮就是当代资本主义的伟大胜利。虽然福柯并不想否认这一点,但他发现"以'进步'的方式发现进化"与他总结的由学科训练构成的"进化时间"(evolutive time)同时出现,他就此进行评论,为我们提供了另一种评估这种修辞的论述性功能的思路。

在福柯的概念中,进化时间并不是展示权力的手段,而是直接与权力实施联系在一起,是权力实施的手段。将时间分为一系列阶段(比如学校里的班级),确定一个人是否可以晋级的考试,有人没有通过考试而造成预期进度的停滞不前,这些方式中存在一种线性时间,朝向终点的方向允许纪律性训练的介入,目的是为个人做好准备,并标志个人的进化时间。福柯写道:"通过将行为向终点状态弯曲,训练使个人的永久特征化成为可能,无论是相对于这个术语,还是相对于其他个人,抑或是相对于一种行程"(Foucault, 1977:161)。然而这也是规训权力与进化时间关系的关键,在这个意义上,每个终极状态一旦达到,就进一步靠近了那个诱人的任务,导致"身体和持续时间的政治技术","趋向于一种从未达到极限的主体性"(ibid.:162)。

那么,也许对事物、民族和文明的展示安排,都是为了召唤我们的未来而依次进行的工作,与其将之视作对意识形态效果进行评估的再现,不如视作一则命令、一项布置好的任务、一种带有表演性质的要求,参观者在进步的进化时间和规训的进化时间的交汇点操作,受到召唤去参加无止境的现代性建设工程。当然,这个项目有很多版本。然而,在博览会上,进步概念通常是通过划清过去、现在和未来的技术之间的界限而被技术化的——后者如1939年纽约世博会的"未来民主城"(Democracity),这既是进步的手段,也是进步的目的。[8]借由此种方式,世博会提供一个清单和一个终极目的,并总结人类发展历程以及人类未来的规划路径,同时也邀请和鼓舞我们去实践目标,以进步为己任。世博会还使我们踏上一条道路,让我们看到自己有必要进行自我现代化(self-modernization),不停前行,方能抵达我们的梦想之地。

1988年世博会的主题"科技时代的休闲"很好地迎合了这种现代化要求。艾柯认为,现代世博会与19世纪的世博会相比最明显的区别在于它们关注的是展示手段,而不是展示内容。生产技术及产品的国际标准化使这些产品失去了所有潜在的竞争性展示价值，结果导致展示手段在此方面被赋予更大的意义。正如艾柯所言，"每个国家用以展示自身的方式，也可以用来展示其他国家需要展示的同样的东西。赢得这一名誉之战的国家是最擅长讲述自己功业的国家，而与它的实际功业无关"（Eco，1987：296）。行文至此，我想到的是1967年蒙特利尔世博会。罗伯特·安德森和埃莉诺·瓦赫特尔曾于1986年温哥华世博会期间撰写文章，指出世博会展示新发明的传统时说道，"现在很少展示发明产品，而是展示发明方法"。[9]

当然，现代主义修辞在许多方面为1988年世博会的展览策略提供了参考。虽然并没有太多证据证明19世纪全球叙事的建构方式是事物、民族和文明都按照等级定级和排列，使之趋向于进入当代进化的陷阱，但这一说法肯定也非空穴来风。美国馆和日本馆中间修建的潟湖（见图8.1）为世博会现代性海洋提供了一种想象性休憩。不管世博会对太平洋岛民做了多么理想化和浪漫化的处理，他们被赋予的角色都代表着落后，而这种落后中孕育着进步。[10]类似的情况比比皆是，许多国家馆借助一系列的展示策略把国家时间和现代性时间接合起来。例如，英国馆的表现方式是将外部娱乐区与内部娱乐区隔开：外部着重展现"正宗"英国酒吧和伦敦音乐剧现场表演，强调英国生活传统的一面；而内部娱乐区则以高科技、多屏幕展示英国的休闲活动为主。[11]相比之下，澳大利亚馆的国家时间和现代性时间则通过高科技展出深层融合在一起，它用彩虹球（rainbowsphere）（它在官方纪念节目单中被描述为"史上最复杂的视听产品之一——澳大利亚的又一世界首创"）（见图8.2）万花筒般地描绘澳大利亚的现代多元文化生活。与之相辅相成的是在动画立体图上对虹蛇（rainbow serpent）传说如梦似幻的演绎，这个"梦幻时光"的高科技版本将国家时间定格在原住民历史的深层时间中，同时通过技术手段将这个时间现代化。

然而，最能印证艾柯观点的是展示进步主题所使用的技术。这些技术既是现代性的关键标志，也是现代性的组织者。作为前者，它们将世界划分为不同的集团：位于现代性前沿的国家和地区（欧洲、北美、日本、澳大利亚），它们通过先进的视频和计算机彰显技术领先；没有现代到足以达到后现代的程度的国家（如俄罗斯），它们19世纪博物馆的艺术品展示并不使用多媒体；以及斐济、汤加这样的国家，它们的文化展示完全依靠现场表演者，象征着前技术时代的过去，同时显示我们的先进性。其中一个企业馆的广告说："在富士通馆看到你的过去、现在和未来的新维度"，其中的过去和现在指的是影片中关于人类进化的描述，而未来指的是目前已经存在的讲述这种描述的手段，即计算机生成的3D电影。

因此，在这方面，世博会指向了一个未来。然而，在将未来实例化的过程中——也就是呈现未来并赋予其具体的形式——它们为参观者提供了实践的手段，从而使参观者能够参与预测自己的未来。因此，在吸引参观者游戏和学习时，科技广场中先进的交互式休闲技术与其说是再现的工具，不如说是自我塑造的工具，是一种参与面向未来的自我实践的手段，是一个人有望成为何种人的彩排。在各种现场访客信息系统中应用的先进的计算机技术也是如此，它以一种需求和挑战的形式呈现未来的现在：更新自己，否则将被甩在后面！

虽然各个国家馆对自身未来的表述各不相同，但都被企业馆盖过了风头。在企业馆中，以先进消费技术为形式的现代性可以自由地成为自己的标志和参照物。在这方面，1988年世博会证明了20

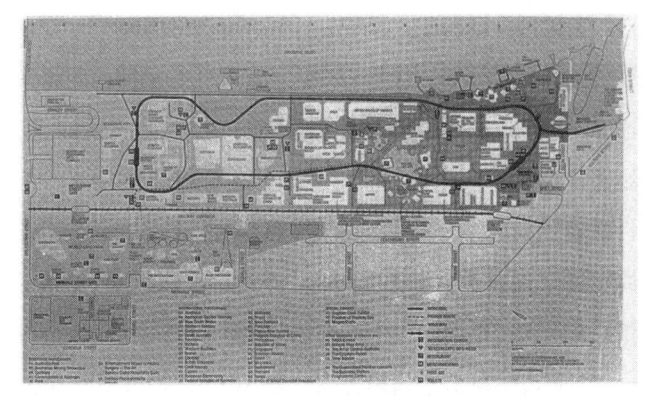

图 8.1　1988 年布里斯班世博会现场图

资料来源：Reproduced with kind permission of the South Bank Corporation。

图 8.2　彩虹球

资料来源：Hsed with permission from Selcom。

世纪企业馆逐渐改变的过程，企业馆曾经只是世博会的边缘形式，但它现在已经取代国家馆成为世博会进步修辞的组织中心。[12] 如果说在欧洲和北美的国家馆中，先进的休闲技术能够成为国家现代化的标志,那么只是因为在企业展示中——如IBM馆和技术广场(以日立等公司的展示为主)——同样的技术象征着跨国公司的国际无差别时间,而国家时间则可以被纳入现代话语之中(见图8.3)。

然而,也正是由于构建了这种无差别的现代性时间,更多的地方性城市时间与之相连,从而以一种典型的"第二城市优先"的修辞方式,将自己推到了国家时间的前面。[13]在世博会开幕之前,托尼·弗莱(Tony Fry)和安-玛丽·威利斯(Anne-Marie Willis)从批判性视角正确地提出了有关1988年世博会的很多观点。他们认为,世博会的目的是"向世界、国家和地方表明,以先进现代性为形式的'国际化'已经到来"(Fry & Willis, 1988: 132)。在这一点上,他们认为,世博会本身的重要性已经(或将会)低于它与后续事件的预设关系:它"将曾经'杂草丛生的乡村小镇'重新编码为一个现代的、准后现代的、进步的城市过程中的共同选择"(ibid.: 137)。然而,尽管此番批评很有见地,但弗莱和威利斯并没完全摆脱他们所描述的话语领域的限制。他们的写作以悉尼为起点,因此无法摆脱那种大都市的高人一等的口吻,他们指责布里斯班在试图摆脱乡土气的过程中暴露出它其实还很乡土,因此必然显示出自己落后于时代,因为它没有提出后现代主义对现代性的野心的批判。[14]

在这一点上,他们仅能预料到南方记者会用什么样的语言描述世博会——令人难以信服的现代外衣,无法掩饰该城市落后的真相,只不过证明了它后起之秀的本质——而这不过是重复创造一些话语条件,使得关于布里斯班的"二流城市中的第一"(second city first)的言论具有强大的地域优势。[15]然而,从更普遍的意义上看,世博会的进步话语不仅仅是一种再现,我们还需要评估

1988年世博会的现代化话语中表现城市的一面。进而，我们需要再次理解，这种事件的有效性不仅通过符号逻辑，而且还通过把符号作为培训和练习的一部分来展示，它的目的不是改变意识，而是改变个人行为。世博会在这方面的意义在于，对城市的评价不应以其说服力来衡量，而应以其适应现代化城市精神要求的特定行为规范和文明准则的能力来衡量。然而，为了理解1988年世博会在改变个人行为方面的作用，首先有必要对世博会的简略谱系进行扩展，考虑它在培养公民方面的历史作用。

民间号召力

世博会的影响绝不限于开幕式，其影响力不亚于澳大利亚建国两百周年庆典活动。早在开幕前，就有宣传机构跟踪报道其主要议题。事实证明，世博会作为文化和象征性的遗产，对主办城市同样重要。尽管算不上典型，但1889年巴黎世博会的遗产埃菲尔铁塔确实是一个最显而易见的案例。更常见的模式是，世博会往往向这些博物馆提供了建筑和最初的收藏品，从而刺激公共博物馆的发展。1851年万国工业博览会刺激了伦敦南肯辛顿博物馆群的发展[16]，它为其他地方树立了榜样——芝加哥的大型公共博物馆来自1893年芝加哥世博会，维多利亚工业和技术博物馆（Victoria's Industrial and Technological Museum）也是一个例子，它建立在1866年殖民地间博览会之后，并参考了南肯辛顿模式（see Perry, 1972：2）。

然而，就布里斯班而言，博物馆在世博会开幕前几年就已开放。昆士兰文化中心（the Queensland Cultural Centre）及其博物馆和艺术馆也从旧馆舍搬到新建筑中（见图8.4）。这个超现代的文化综合体位于布里斯班河南岸，紧邻世博会场馆，象征着世博会为市民生活现代化铺平道路。举办世博会需要强拆旧工业区和工人阶级住宅区，正如地块重建计划所承诺的，世博会标志着布里斯班的现代化，而焕然一新的文化中心让人对此心怀遐想。虽然从这个意义上说，世博园区本身由它自己的遗产决定，但前提条件是世博园区被设想为未来的一部分——官方计划将世博园区描述为"一系列让人遐想太空的游乐设施、展览和娱乐项目……必定是世博园区唯一的物质遗产"，并直接位于文化中心旁边。

图 8.3 将国家时间并入跨国公司的国际无差别时间

资料来源：Hsed with kind permission from IBM Australia Ltd.。

图8.4　昆士兰文化中心的广告

作为其不可分割的部分，1988年世博会还计划举办一个游园会，这似乎既没有引起人们的惊讶，也没有遭到人们的反对。此外，针对游乐场建在后面，与博物馆和艺术馆靠在一起的建议，也没有人抗议。然而，可以肯定的是，这样的建议在一个多世纪以前是不可想象的。当时，博物馆、美术馆和博览会站在文化鸿沟的这一边，而流动集市和其他大众集会场所则站在另一边，任何与前者相邻的建议都会引起人们的愤怒。事实上，博物馆和类似的地方被明确地设想和规划为不同于流动集市、酒馆、音乐厅或大众剧院的文化区域。[17]大卫·古德曼（David Goodman）因此明确地论证了19世纪中叶维多利亚国家博物馆的建立和早期发展是由双刃剑式的"马戏团恐惧"形成的。也就是说，人们希望打造一个文化空间，在这个空间里，自然界的合理秩序将有别于奇珍异宝、流行的动物园、动物展览、马戏团和商业游乐场的收藏品，这个文明和矫作的空间也有别于喧嚣的大众集会（Goodman，1990）。

223　　　有鉴于此，我们有必要注意到，1988年世博会不仅仅使得流动集市的世界与世博会和博物馆的世界建立了和谐的关系。实际上，所有其他形式的大众娱乐和集会，那些在19世纪中叶曾经站在文化鸿沟另一边的活动，例如马戏团、怪人表演（如世界上最高的人）、巡游和狂欢节、街头戏剧、酒馆等，都被纳入世博会，成为官方节目的一部分。

此处我们无法详述文化鸿沟被抹平的过程，即使没有抹平也已经松动了。[18]然而，就博览会而言，有两点进展很重要，而这两点进展都孕育在19世纪末美国博览会的大众游乐场展区之中。博览会的文化和精神的现代化，其影响是博览会的娱乐活动日益机械化，而这些娱乐活动趋向于对进步的胜利进行实现和预测。在19世纪初的几十年里，大众实际上依然不遗余力地展示人类和动物的好奇心，强烈地呈现对已经建立的文化价值和阶层的狂欢式颠覆，他们构建的道德与文化世界与中产阶级新型的理性主义和改良文化截然不同。那些打着博物馆旗号但其实未经许可的非官方流动集市，往往与早期的博览会比邻而居，因此也引发了对立文化的不和谐冲突，惹得博览会当局非常不满，以至于他们很可能要削弱博览会进步修辞的教育效果。[19]

依据1867年巴黎倡议（the initiative of Paris），流动集市被纳入博览会计划，即使如此，两者分属不同世界的感觉仍然很强烈。事实上，在某种程度上，流动集市已经制度化，博览会的改良修辞被小心翼翼地保护起来，不被流动集市的世界污染，因为后者这样的消遣显然无足轻重，不具备博览会的教育作用和提振精神的作用（see Greenhalgh, 1989）。因此，即使到了20世纪，19世纪初流动集市的许多特点仍在美国博览会的游艺区里保存了下来。在 1915 年旧金山的巴拿马-太平洋博览会上，我们发现著名的游乐场售货员哈里·拉布雷克（Harry La Brecque）招徕过往游客进场参观"游乐场最伟大的表演"，其中包括"不论高矮胖瘦，地球上有史以来最盛大的、最令人瞠目结舌的怪人集合"，还包括"从非洲腹地最深处抓来的蛮族少女宋巴和她的蛮族兄弟胡布"（cited in McCullough，1966：76）。与之相似的是1939 年纽约游乐场的怪人屋（Odditorium）和侏儒聚集的奇迹小镇（Little Miracle Town），而名为"奥斯卡风流八爪鱼"（Oscar the Amorous Octopus）的水下脱衣舞表演则保留了流动集市与男性中心性爱秩序的不正当消遣（滑稽戏、卖淫）之间的关联。[20]

尽管如此，流动集市娱乐活动的机械化确实使博览会的意识形态主题和同期举办的博览会更加紧密地结合在一起，使后者被纳入现代话语之中。如果说，博览会技术厅通过展示生产技术将进步具体化，那么，从 19 世纪 90 年代开始，游乐场出现的新机械游乐设施则在物质上以快感技术的形式提供了一种适当补充。当然，这些变化的后果并不限于博览会流动集市。美国游乐场频频推出创新的游乐设施（1893 年芝加哥的摩天轮，1901 年水牛城的摩天轮），它们通常是未来潮流（水牛城的月球之旅）的试验场，然后成为同时期发展起来的、有新的固定地点的游乐场的永久景点。美国游乐场在改变整个英语世界的博览会文化方面发挥了重要作用。[21] 它们开创了一系列技术奇迹，让游客可以沉浸式地参与到进步中来，并致力于坚定地将游乐场的精神现代化。它们开风气之先，其他地方则迅速跟进仿效，而且往往采取特许经营的方式。[22]

但这并没有导致游乐场所的彻底转变。例如，所有的康尼岛游乐场都保留了狂欢节的象征意义，有时借游客的进场仪式来表示他们与"现实世界"的分离。例如，从海洋一侧进入越野障碍赛马公园（the Steeplechase Park）的游客必须通过一个旋转的欢乐桶（Barrel of Fun）。不过，事实却是，游客们在完成进场仪式之后，进入了一个意识形态视野与现代性修辞本质上一致的世界。在这一点上，世博会只是继承了19世纪大众流动集市调整后留给20世纪娱乐公园的遗产。这种一致整体上是未来主义的（它的命名系统是统一的SCIFI），并且完全没有任何对狂欢节世界的暗示，游乐场的象征性参照（symbolic references）完全与世博会本身的象征性参照融为一体。作为"科技时代的休闲"主题的另一种实现，流动集市在这里直接作为世博会修辞的一部分发挥作用。在某种程度上，世博会和流动集市彼此融合，成为一个与自身融为一体的世界，在没有象征性的裂痕和紧张关系的情况下，完美地融合在一起。

然而，一旦关注到流动集市与文化中心比邻而居的关系，流动集市的20世纪转型的第二个方面就显得更为重要了。这里我所想到的变革的后遗症主要体现在世博会公园的概念上，准确地说，世博会成为公园。世博园的总经理肯·罗德（Ken Lord）说，"世博园是一个真正意义上的公园，是为家庭聚会而设的"（*Australian Post*, 18 April 1988：17）。与之相关的区域（流动集市、家庭、公园）能够建成，得益于世纪之交的游乐场的发展，游乐场被打造为人们放松心情、惬意漫步的地方，可以独个儿沉静地享受快乐。当然，游乐场表现出的实际公众行为形式，未必总是符合这一期望。然而，这并不能否认游乐场的形成是为了延续公园和博物馆等文明机构的功能，而这些机构在一定程度上被认为是改变大众阶层公共礼仪的文化工具。

这不仅仅因为在 19 世纪初至 19 世纪中叶流动集市和博物馆在意识形态上的大相径庭使得它们看起来不可能再成为同路人。作为民众鲁莽粗暴和大呼小叫的象征，流动集市恰恰体现着大众集会场所的属性，而博物馆被认为是一种解毒剂。一方面，流动集市、博物馆和博览会不能混为一谈是因为它们象征着不同形式的公众行为以及不同的公众；而另一方面，在一部分公众看来，它们也确实不能混为一谈。一位参观展览的观众评论道：

> 庸俗、无知、乡下人：许多身上脏兮兮的妇女带着婴儿坐在座位上，在雕塑家可爱的女性塑像下面袒胸露乳地喂奶。哦！我多么希望我能让人变成石头，让大理石变成人：也许有一天，这个幻想会实现，人类灭绝之后，会有超越世人梦想的、外表更精致举止更得体的物种。

（Cited in Greenhalgh, 1988: 31）

相比之下，在有关改革和进步的舆论中，博物馆和公园恰恰被认为是一种工具，可以帮助民众摆脱粗野吵闹的喜好和习惯，接受新形式的文明教育。纽约中央公园的建筑师弗雷德里克·劳·奥姆斯特德（Frederick Law Olmstead）因此认为公园"有利于礼貌、自我控制和节制"，因此是"一所温和而有效的公民学校"（cited in Kasson, 1978: 15）。这些表达与几十年前亨利·科尔爵士在评论博物馆的文明美德时曾使用的表达非常相似，他认为博物馆能够灌输尊重财产的观念，并鼓励人们采取更温和的公共行为方式。[23] 这些新的公共空间提供了一种阶级融合的环境，使工人阶级通过模仿中产阶级的行为来适应新的公共礼仪；男女老少齐聚一堂，妇女和儿童的存在使男性行为变得更加文明。这些新的公共空间提供了一个让参观者练习新的公共礼仪的环境，这也是新形式的城市生活所要求的，因为城市生活意味着每天都会接触到陌生人。[24]

当然，人们也从类似的角度看待世博会：它也是一所传播文明的公共行为准则的学校。对设计芝加哥白城的奥姆斯特德来说，1893年世博会的目的是提供一种理想的城市秩序，一个能唤醒和实践公民责任的空间。这也影响了临时的游乐场和地点固定的游乐场。因为在同一时期，这些游乐场通过游乐的现代化进行意识形态改造，而它们的建筑组织也发生了转变。游乐场以前是临时性的结构，可适应街道或公共场所的既有空间，搭建时通常缺乏计划，娱乐项目为了争夺客源导致人满为患。相比之下，到了19世纪90年代，游乐场——无论是临时性的，像那些世博会伴生的游乐场，还是永久性的，例如被规划得像城市一样的康尼岛游乐场——都对空间加以规范，它有宽敞的长廊、瞭望塔和供游客休息与安宁的场地，从而限制了游客喧哗的可能性和倾向性。到了世纪之交，曾经是无序象征的游乐场经常被反复地描述为秩序井然的场所，人们变得行为有序得体和合乎礼仪。[25] 一位观察家评价康尼岛的月亮公园时说，"这是一群普通的美国人，全世界天性最善良、穿着最得体、举止最礼貌和气味最干净的人" (cited in Kasson, 1978：95)。

当然，到了1988年世博会时，人们早已接受了这种新的公共举止和文明的教育。事实上，这本身就成了世博会参观队伍的快乐源泉和看点，有序和良好的行为成为世博会最引人关注的方面之一。然而，尽管许多人对表现出来的公共文明感到惊讶，但这并不新鲜。从一开始，博览会——通常是在对公共秩序混乱的恐惧中策划的——就作为一个空间发挥作用。在此空间内，新型的、没有等级之分的公众，展示了其有序和规范举止的能力。对这种现象的期待，已经成为评论世博会的套话，同时，世博会通常会在设计和布局时给予参观者有利的位置，让他们有机会观察其他参观者的行为，并将其作为一种乐趣——就像1988年世博会上环绕现场的单轨列车那样。在这些方面，世博会不仅仅提供技术使得参观者实现自我现代化，它们还发挥文明技术的作用，在将公众纳入展览的过程中，提供一种环境，使公众得以愉悦地向自己展示已然习惯的公共利益准则。

事实上，在1988年世博会上，参观者在展馆中度过的只是一小部分时间，而这是世博会体验的核心乐趣。那些一再前往的游客与其说是为了观展，不如说是为了漫游，为了在一个想象中的城市演练城市生活的准则，有街道、林荫大道、路边咖啡馆、流动的艺人、歌舞表演、排队，所有这些都是为了轻松地漫步，为了观看和浏览，每个人都是漫游者，而这个不停行走的漫游者集观看的主体和客体于一身，不断瞥一眼其他漫游者。

然而，这是世博会已经做好准备的一个方面，而世博会本身也是一种准备。世博会管理局主席卢·爱德华兹（Lew Edwards）爵士预言，"世博会之后，布里斯班将永远不会改变——购物时间、户外饮食、城市绿化、待客方式……所有这些都将永久地改变我们的城市"（*Woman's Weekly*，May 1988：54）。对爱德华兹来说，世博会将成为布里斯班及布里斯班居民走向世界的工具；然而，在这一世界化的过程中，市民被视为消费者，需要被现代化。亚历克·麦克霍尔（Alec McHoul）虽然未亲身前往世博会，但他对世博会和布里斯班展览的功能有恰当的理解：

它全力以赴，显然不像是一场"秀"，让人不得不再次进行比较。他们把对方放在议程上。你在博览会场馆之间转换，但不会看到牛羊、农产品和商品。你不会领到宣传资料袋。这里的食物非常正宗，非常国际化，绝不廉价难吃。这里的啤酒从斯托昂泽沃尔德（Stow-on-the-Wold）进口，装在正宗品脱杯里出售。博览会是另类消费，是商品和形象的消费。

（McHoul，1989：219）

然而，如果仅仅将世博会消费的象征意义理解为对传统乡村集市消费方式和形象的自我疏离，那只对了一半。如果说世博会的经历是这种消费方式的另一种选择，那么它也是另一种消费方式的准备。事实上，这种方式已经在河对岸的新迈尔中心（the New Myer Centre）出现了。新迈尔中心是一个购物开发项目，拥有自己的游乐场，在那里，世博会所有的视频和电脑显示器以及技术都被用于一种新的消费方式。就像文化中心一样，新迈尔中心在世博会之前就已经开业了，它只需要做到一件事：让足够现代化的公众，接受高科技购物技术方面的指导并使用这些技术。在这方面，世博会的悠闲漫步具有欺骗性，它掩盖了一个人一心要在定制的环境中练习新的购物方式、演练新的消费准则的焦虑。

我早先曾说过，1988年世博会对举办城市的主要象征性馈赠，是世博会开幕前开放的一系列文化设施，我们现在可以增加一点：还有商业设施。然而，也许是为了转移人们的注意力，使人们忽略它对现代化任务所做出的，或者说它试图做出的更实际、更技术性的贡献，即它承诺重新改造城市居民，使他们能够在城市规划的未来中发挥作用。博览会将规训的进化时间与进步的进化时间结合起来，并将二者与城市时间联系起来，以任务的形式预测未来——一种新的风格和消费水平——为此，它一方面以新的世界主义的方式塑造消费者的风格，一方面提供一种公民生活的模拟训练。

注释

[1] 关于这种联系的更全面的讨论和例证，见 Greenhalgh（1988），Anderson and Wachtel（1986）。

[2] 关于这些不同时代的同步性的示例，见 Silverman（1977）。

[3] 虽然没有具体涉及一个官方的国际博览会，但科林·麦克阿瑟（Colin McArthur）对格拉斯哥大英帝国博览会的讨论为这一点提供了一个很好的说明。见 McArthur（1986）。

[4] 关于与 1893 年芝加哥世博会有关的城市政治的详细讨论，见 Reid（1979）。

[5] 丑闻的起因是旅游部部长约翰·布朗决定使用一种新技术来讲述梦幻时代的故事。这一技术——全息成像（holavision）——基本上是一部由活生生的演员和全息投影组成的动画片，这样就提供了一种相当于电影《欢乐满人间》（*Mary Poppins*）中使用的动画和真人表演相结合的展示技术。不幸的是，这是一项美国的发明，并且已经在 1986 年温哥华世博会上出于类似目的被使用。这引起的争论很好地说明了国家节奏和现代性的国际节奏之间的潜在矛盾。因为当澳大利亚馆不得不依靠进口技术，以最现代的方式讲

述其最古老的居民的故事时，又怎么能将澳大利亚描绘成现代性的前沿呢？关于这一事件及其对布朗辞职的影响的更全面的讨论，见1988年1月10日《星期日泰晤士报》上Amanda Buckley 和 Margo Kingston 的评论。

[6] 对于FAIRA（布里斯班原住民和岛民研究行动基金会）的鲍勃·韦瑟罗尔（Bob Weatherall）来说，世博会无疑是两百周年庆典活动的一部分，除了为原住民抗议两百周年庆典活动提供合适的公共载体外，其本身也应被反对，因为它被涂上了同样的污点［见《原住民在世博会上推动权利》，载《布里斯班电讯报》1988-01-15，以及《评估两百周年庆典活动：与鲍勃·韦瑟罗尔的访谈》，载《社会更替》8（1），1989-04］。来自露娜可（Noonuccal）部落的作家、诗人和插画家乌哲鲁·露娜可（Oodgeroo Noonuccal）在评论她为澳大利亚馆的虹蛇撰写的文字时有些含糊其辞："这不是为了两百周年庆典活动搞的事情。两百周年庆典是对白人定居的庆祝，而我们所写的是为了世界的集市"（1988-03-28）。但这一观点似乎并没有得到广泛的支持。据奈杰尔·霍普金斯（Nigel Hopkins）报道，当一位FAIRA代表被问及虹蛇时说道："我们确实为此感到担忧。它是精神文化的一个重要组成部分，但我们不能对此发表评论；那是我们的问题。我能说的是，我们不会去看，就这样。"（见《揭露：布里斯班大秀背后的故事》，载《阿德莱德广告人报》1988-04-30］。不过，无论如何评估世博会与两百周年庆典活动的关系，世博会对当地原住民文化的影响——尤其是它对图拉布（Turabul）人的聚会场所马斯格雷夫公园的威胁——都为反对世博会提供了广泛共识，并刺激人们在世博会开幕期间组织了一个原住民文化生存节。社区对此的感受

是如此强烈,以至于布里斯班原住民法律服务(Aboriginal Legal Service)机构主席唐·戴维森被驱逐,因为在这一年的晚些时候,他批评了原住民对世博会的抗议,并协助世博会主席爱德华兹爵士在世博会现场升起了一面原住民旗帜(见《长老在世博会上被驱逐》,载《澳大利亚人报》1988-05-24)。这些官方对原住民抗议的反应体现了昆士兰的一贯风格。早在世博会开幕前,爱德华兹就严正警告说,抗议活动不会被容忍,州政府计划派遣150名防暴警察以防止种族暴力。5月,当一次有关土地权利的游行演变成对墨尔本酒店拒绝为一位老年原住民提供服务的未经授权的静坐抗议时,有30人被捕。第二天早上,州长迈克·埃亨宣布对原住民示威者采取"强硬"行动,他说:"如果他们想在某个角落继续进行合理的示威,那也可以。"(《澳大利亚人报》1988-05-04)

[7] 关于这些问题中的第一个报道,见《世博会的悲惨流亡者》,载《墨尔本太阳报》1988-04-09;《同性恋者指责世博会的清理》,载《国家时报》1988-02-23;以及《世博会暴露这座城市的真相》,载《墨尔本太阳报》1988-06-24。

[8] 关于技术-进步联系的其他例子,见 Greenhalgh(1988:23-24)。

[9] 可以说,在这方面,现代博览会与19世纪的前辈们建立了不同的符号经济。蒂莫西·米切尔认为,这些东西构成了一种新的表征机制的一部分,在这种机制中,所有东西"似乎都被设定为某种东西的模型或图片,在观察者面前被安排成一个意指系统,宣布自己仅仅是一个对象,一个单纯的'能指'或者别的什么"。见 Mitchell(1989:222)。然而,论述技术成为自我指涉的趋势,证实了艾柯的论点:现代论述更多的是对自己的论述。

[10] 关于将人作为进步的进化修辞学的活道具展示，最充分的讨论，见 Rydell (1984)。

[11] 对现代性的强调是世博会英国场馆中相对较近的创新。虽然帝国主义主题一直支配着英国在万国工业博览会和大多数后续展览中的自我展示，但19世纪末对英国帝国霸主地位的威胁促使英国发明了"旧英格兰"，作为英国馆的主要组成部分。在1939年的纽约世博会上，《大宪章》展厅的展示，将英国作为所谓"民主之母"进行了补充，这表明美国革命是由英国定居者植入的"民主之爱"而产生的（详见 Greenhalgh, 1988: 112-128, 137-138）。在1988年世博会上也有类似的说法，林肯大教堂的《大宪章》副本被作为建立现代公民和民主权利的基础性文件展示。在这些方面以及其他方面——库克船长馆展示库克的纪念品、英国馆入口处展示约瑟夫·班克斯的高科技动画人偶、英国广播公司的末日项目计算机允许澳大利亚人追溯他们的英国祖先——英国的展示试图宣扬澳大利亚民族后代的一些相应的权利。

[12] 关于企业馆的出现及其越来越重要的意义，见 Benedict (1983)

[13] 关于另一种情况下类似修辞的讨论，见 Benedict (1986)。

[14] 在这种情况下，能注意到1988年世博会和澳大利亚建国两百周年纪念展之间的对比是很有意义的。正如弗莱和威利斯正确地指出的那样，1988年世博会在其管理概念上仍然是现代主义的，而澳大利亚建国两百周年纪念展的设计原则主要来自悉尼，是由后现代主义的假设所支配的。关于ABE这方面的讨论，见 Cochrane and Goodman (1988)。

[15] 墨尔本的记者比较倾向于用这些话语体系来描述他们的世博会经历，他们通常会在世博时间和城市时间之间制造一个楔子，暗示前者的超现代性是为了强调后者的落后性。在某些情况下，这仅仅是将布里斯班保持在古朴的话语体系中，从而确认它仍然适合作为从悉尼和墨尔本城市生活节奏中退出的一条有想象力的退路。因此，对贝弗利·约翰逊（Beverley Johanson）来说，"虽然布里斯班在发展方面可能已经'成年了'，但它的速度比南方同等城市的要慢，街道上的时尚也不那么时髦，不过它仍是一个有趣、放松和友好的地方"（《墨尔本时代报》1988-03-16）。然而，在其他情况下，人们关心的是把乡下的表亲们放回他们的位置。对罗伯特·霍普特来说，走出世博会、进入城市是一次回到过去的旅行——回到1962年——就像与城市居民交谈就是偶遇一个落后的物种、友好的类型，说着"'嗨'，没有技术"（《墨尔本时代报》1988-04-26）。

[16] 关于万国工业博览会在这方面的作用的详细讨论，见Altick（1978）。

[17] 然而，这些区别在美国并不那么明显，在那里，像费尼尔司·泰勒·巴纳姆（P. T. Barnum）这样的博物馆已经超越了马戏团、动物园、畸形表演、珍奇屋、剧院和博物馆等博物世界。更多细节见Harris（1973）和Betts（1959）。

[18] 不过，我已经在其他地方提供了更全面的说明。见Bennett（1988a）。

[19] 流动集市文化被排除在官方博览会展品之外是有着明确记载的。Greenhalgh（1988）记录了1862年的南肯辛顿博览会上拒绝展出"朱莉娅·帕斯特拉娜（Julia Pastrana）的遗体，半人

半兽的女猿人,世界上最古老的面包和一个人力飞行器",因为它们与流动集市有关。关于这种紧张关系的最好的一般性讨论之一,见 Bennett（1983）。

[20] 关于 1939 年游乐场的文学描写,参见 Doctorow（1985）。根据麦卡洛（McCullough）的说法,像"奥斯卡风流八爪鱼"表演的那种偷窥癖在官方博览会上也有类似的展现,人们利用各种借口来展示裸体女人。

[21] 在十年的时间里,科尼岛建立了三个游乐场。1895 年的海狮公园（1903 年改为月亮公园）、1897 年的陡坡公园、1904 年的梦幻乐园。关于这些游乐场的全面描述,见 Kasson（1978）。关于特别关注机械游乐设施在博览会文化现代化中的作用的讨论,见 Snow and Wright（1976）。

[22] 参见我在第九章中对黑潭游乐海滩的形成的讨论。

[23] 参见 Cole（1884）的"民族文化与娱乐：对罪恶的解毒剂"一节。

[24] 于 19 世纪公共生活的这一方面,见 Sennett（1978）。

[25] 坎宁安详细论述了博览会的象征主义的转变,见 Cunningham（1980）。

9. 一千零一个烦恼：黑潭游乐海滩

黑潭游乐海滩

欧洲最伟大的游乐园

欧洲最大的"云霄飞车"集合地

这里的一切都更大、更好：太空塔（Space Tower）不仅让你凌空160英尺①，而且绕着细长的柱子螺旋上升时，还能为你提供360度全景景观。赛马过山车（the Grand National）是欧洲唯一的双轨过山车，而障碍赛则是独一无二的。除这里之外在哪你能360度旋转，倒立观看黑潭游乐海滩？只有在这里，在绝无仅有的"革命号"过山车——它有三条赛道。你还可以在"星舰企业号"（Starship Enterpris）中头下脚上地体验宇航员的感觉，或者在托卡多快车（Tokaydo Express）体验"八"字形轨道，或者在我们自己举办的赛事上体验驾驭"浪潮"和"大奖赛"（Grand Prix）的不同寻常……你能想象所有这些刺激齐聚在几百码②以内吗？

---

① 1英尺 ≈ 0.3048米。——译者注

② 1码 ≈ 0.9144米。——译者注

这种说法摘自一份1981年的宣传单,这是黑潭游乐海滩典型的自我介绍,它一直以来都是如此——提供最大、最好、最新、最先进的,唯一、独特、惊险、刺激和流行的娱乐项目。它处处领先一步,不断推陈出新——"游乐海滩,永不静止"——不断"寻找新的能够吸引黑潭公众的游乐项目",甚至放言天下无敌(Palmer, 1981)。尽管快乐以一种异常厚颜无耻、大摇大摆的方式出现在"游乐海滩"这一名字中,游乐海滩还是妥妥地披上现代性的外衣。不仅在宣传材料中,而且在主要游乐设施的名称、主题、设计和布局以及建筑中,游乐海滩的快乐都是在现代性、进步、未来和美国的标志下严格构建的。它呈现出新鲜大胆的面孔。游乐海滩站在现在和未来的门槛上,为了让我们快乐而采用最前沿的技术("明亮的颜色和几何形状反映了玻璃纤维和热塑性塑料在建筑中的使用");它采用先进技术,用现在的一部分来预测未来(其运行的单轨列车是"欧洲第一列此类列车")。不意外的是,过去消失得无影无踪。本章我将考察游乐海滩提供的不同类型的快乐及其组织方式,以及快乐消费的符号编码。总的来说,这些构成了一个独特的"快乐机制"(regime of pleasure),相对于黑潭的其他地方,它占据了一个特殊位置。

现代性和可敬性

在一定意义上,游乐海滩是黑潭的一部分,也是该镇商业福祉的核心,同时反过来也依赖于该镇——一个独立的吸金源泉,为黑潭其他地方带来生意,也从黑潭其他地方获利;但它也脱离于黑潭,是该镇提供的整体快乐体系中一个特立独行的子系统。首先,它在地理上是独立的。它位于小镇的南部边缘，是由半英里到四分之三英里的酒店和寄宿公寓组成的"快乐荒野"，与镇中心由塔楼、黄金大道和中央码头组成的休闲娱乐综合体是分离的。就在游乐海滩的南部，路上的拱门向游客挥手道别，作为"欢乐城市"而非市政实体的黑潭突然止步于此。一堵环形的墙将游乐海滩与后面的排屋和前面的长廊隔离开来，更强化了这种地理的隔离效果。这堵墙不只标志着物理上的隔离，还构成了一个象征性的边界，在某种程度上，它体现着何为内、何为外，区分内部的快乐形式与外部的、黑潭其他地方的快乐形式。

最明显的例子就是，在游乐海滩买不到黑潭其他地方出售的许多"夸张"的消费品，例如巨大的泡沫橡胶假发、狂欢节面具、暖丁宝（willy-warmer）等。在游乐海滩外面的一小排商店和摊位上，这些商品的展示更加突出了这种差异。更普遍的是，游乐海滩的快乐比黑潭其他地方的快乐显得更加统一。20世纪30年代有一篇关于黑潭的令人印象深刻的调查报告，其中大众观察运动的创始人汤姆·哈里森（Tom Harrison）评论说，海滨大道令人难以置信的游乐形式让人目不暇接——传统占卜师、江湖郎中、说得天花乱坠的东方神秘主义、畸人怪事、巧变戏法和夺人眼球的表演以及搞笑商店，它们纷纷和游乐场争夺空间（Harrison, 1938）。这种多样性在黑潭的中心仍然存在，只不过快乐的笑容已经被极大地抹平和拉平了——甚至到了20世纪60年代，相对独立的衍生品都已经少了很多。曾经令人眼花缭乱、五花八门的"黄金一英里"（Golden Mile）以及大量富有竞争力的摊位及其衍生品，已被改造成由百代唱片公司（EMI）经营的大型综合室内娱乐场馆。

相比之下，在游乐海滩，快乐是绝对现代的。它吸引寻欢作乐者（pleasure-seekers）的独特"魅力"主要是大型机械游乐设施，这些游乐设施在黑潭其他地方是找不到的，它被包装成一种消费方式，作为进步的表现，被利用来享受快乐。这里有游乐场、宾果游戏（bingo hall）、步枪射击场等——但没有怪人表演，没有江湖郎中，没有神秘主义，只有一个占卜师。即使是那些在其他游乐园和流动集市上随处可见的娱乐形式，也在这里被放置在现代性的标志下重新构建。在1909年首次引进时，碰碰车被宣传为"欧洲第一个从美国引进的游戏"。现在，根据《游乐海滩的故事》（The Pleasure Beach Story），"在英国娱乐业的中心，黑潭游乐海滩已经把战前的老式碰碰车改造成自动滑行车"。事实上，它们与其他地方的碰碰车没有区别，在那些地方，碰碰车是传统游乐项目，但在这里它被视为超级现代的游乐项目重出江湖。

在游乐海滩，快乐并不总是那么明确地被编码。黑潭其他地方与它的关系也不尽相同。游乐海滩在19世纪中期曾是吉卜赛人营地（见图9.1），夏天的时候，这里的居民家庭和流动艺人会展示各种传统娱乐活动——占星、算命、看手相、看骨相等（see Turner & Palmer, 1981）。机械游乐设施首次在南岸（最初只是一大片沙地，从海滩向后延伸，与海滩连成一体）得到发展是在19世纪80年代末，这一时期见证了该镇其他地方的类似发展，特别是镇中心雷克斯大厅（Raikes Hall），一个仿照曼彻斯特贝拉维花园（Belle Vue Garden）而建的露天娱乐中心。此时，南岸场地尚无章法可言，只是充斥许多独立所有和经营的机械游乐设施，与吉卜赛人的娱乐项目相邻。游乐海滩的起源可以追溯到1895年。当时约翰·W.奥特怀特（John W. Outhwaite）在南岸经营之字铁路（Switchback Railway），威廉·乔治·比恩（William

George Bean)在南岸经营霍奇基斯自行车铁路(Hotchkiss Bicycle Railway),这两位当地企业家购买了机械游乐设施和吉卜赛营地所在的 40 英亩沙地。雷克斯大厅的关闭减少了来自市中心的竞争,他们试图按照美国游乐园的模式,将南岸场地开发成一个综合的露天娱乐场所。

图 9.1　19 世纪吉卜赛人营地,黑潭

但他们需要克服两个障碍:一是来自商业竞争对手的反对,特别是那些在镇中心塔楼和冬季花园等新的娱乐场所投资的商业利益集团;二是继续存在于此地的吉卜赛人的住宅和娱乐场所。1907年,比恩入选镇议会,问题于是迎刃而解,游乐海滩的利益与其竞争对手一起,在本地政治机构中得到了体现。这并非巧合,同一年发布了一套新的《游乐场条例》(Fairground Regulations),宣布黑潭所有游乐场地不得出现赌博、通灵术和江湖郎中,不允许"吉卜赛人的棚子、帐篷、大篷车或营地出现在游乐场地的任何部分"。游荡的吉卜赛人在随后一年内被逐出游乐海滩(该场地在 1906 年被命名为游乐海滩,黑潭游乐海滩有限公司成立于1909年)。到1910年,最后一批长居此地的吉卜赛人家庭离开了。

这场针对吉卜赛人的运动与黑潭历史发展的驱动力是一致的,即让欢乐符合资产阶级的体面秩序——由于该镇特殊的土地使用权结构,这一驱动力在某种程度上一直受到阻挠。正如约翰·沃尔顿(John Walton)和哈罗德·珀金(Harold Perkin)指出的,19世纪初,黑潭的土地所有权极为分散。因为克里夫顿家族出售其名下的莱顿庄园,所以镇中心被分割成若干小块(Perkin,1975/1976;Walton,1975)。这与度假胜地南港(Southport)形成鲜明对比,在那里,大土地所有者享有主导权,有权进行综合性的、有计划的发展,以满足权贵和富人的一日游与度假需求。土地使用权碎片化抑制了黑潭的发展,使得一心赚钱的企业瞄准兰开夏和约克郡的工人阶级,罔顾本地巨头的反对,打造迎合"非体面人"品位的环境。

这并不是说黑潭的历史可以被理解为肆无忌惮的商业主义以及冷酷无情的竞争原则。相反,直到20世纪80年代,工人阶级市场的地位才真正变得举足轻重,他们无论是在规模上还是在消费能力上,都超过了中产阶级游客,而中产阶级游客以前一直是该镇的支柱。优雅、可敬、有教养,这些都是黑潭早期历史的关键词,为了刻意寻求并保持一种高尚的气质,而将平民百姓排除在外。然而,由于企业家们可以轻易购买市中心的土地并规避政府法规,这种尝试持续受到打击。第一个码头即今天的北码头(North Pier)于1863年5月开放,其目的首先是维护尊严。它是一条优雅的海上步行道,完全摒弃商业化装饰。但到了1868年,随着竞争对手南码头(South Jetty)的开放,北码头的收入下降,不得不提供各种形式的娱乐活动。今天的中央码头,在当时被称为"人民码头"(the People's Pier),它一周七天提供从黎明到黄昏的舞蹈表演。剧院方面的情形也相似,历经一连串财务失败的打击后,镇剧团才适应大众口味——这一转变很好地体现在冬季花园股东的创始野心上,"要上演高级娱乐节目,要让女士和绅士人人愿意看",这与1881年被任命为冬季花园经理的比利·霍兰德的名言形成了对比,霍兰德主张的是"给他们想要的东西"。黄金大道的起源也许最清楚地表明了黑潭发展中的矛盾力量。海滩区域向来不受管制,一直是流动小贩、神棍、表演艺人等的交易区,这让当地商人非常惊愕,因为他们认为这些"沙滩鼠"在搞不公平竞争,赶走了镇上的"体面"生意。为了应对压力,政府于1897年禁止海滩交易,引起公众的强烈抗议,政府又屈服让步。"口技表演者、黑人、《潘趣和朱迪》木偶戏、骆驼、冰激凌、姜汁啤酒、黑潭岩石、兜售糖果和牡蛎的小贩"可以留在海滩,但"神棍、江湖郎中、看手相的人、虚假拍卖者和流动小贩"则不行。其结果是,遭禁的商贩只能在面向海滨大道的房屋前厅开店——这就是"黄金一英里"的起源,一个意识形态的丑闻,一个对该镇精心构建的现代性和体面形象的冒犯。

作为单一产权下的场地,游乐海滩有机会构建一个更加紧密的综合快乐机制。早期的照片(见图9.2)给人的印象是当时的娱乐设置与今日的情况完全不同。游乐海滩和平常的海滩几乎没有区别,两者之间没有物理界限。游乐设施和周边摊位被简单地摆放在沙地上,再安装一些相互冲突的娱乐项目设备。游客不间断地从一个地方移到另一个地方,游乐区域彼此重叠和混杂(而不是彼此独立和区别)。游乐设施布局杂乱,吉卜赛人的摊位和衍生品与大型游乐设施争夺空间。游乐标志多种多样，但常常相互矛盾：不过几步之遥，游客便从观光铁路（the Scenic Railway）的未来主义眩晕转移到乡村的都铎王朝仿古街道。在战前和战后的几年里，游乐海滩与其说是改造，不如说是扩充，游乐设施主要"直接从美国"进口：包含"60多种最新的美国娱乐设备"的"子虚乌有屋"，"黑潭最新发明和最引人入胜的"游乐设施"哎呀呀"（Gee Whiz）。甚至历史也是打着科学的名义重建的。根据当时的"汉普顿锚地海战"（the Battle of Monitor and Merrimac）项目报告，"尖端科学设备让历史获得新生"。这种对美国、对未来和对超级现代性的追求并不是这一时期重构快乐的唯一标志。过去和现在都是一种快乐的潜在民主。社交达人（Social Mixer）的目标是让"人人都快乐，很快乐，无比快乐"，正如"子虚乌有屋"所宣传的，"人人都这样"，当地报纸介绍欢乐轮（Joy Wheel）时说它是伟大的社会平权者，"没有人在欢乐轮上自命不凡，它是治疗冲昏头脑的良方"。对现代性的呼吁正在成为"强调"的主导形式。

图 9.2　游乐海滩，1913 年复活节

这一点在20世纪20年代和30年代更加明显,当时游乐海滩开始获得至今依然可以识别的集体形式和身份。加建的长廊至今仍保留在游乐海滩的北部入口,将游乐海滩和海滩分隔成不同的区域。也正是在这个时候,游乐海滩被围起来。也许更重要的是,特别是在20世纪30年代后期,游乐海滩将海滩上的建筑明确地带入新时代。在第一次世界大战前后的时期,许多主要的建筑都有帝国主义的特征。海滩主入口处的赌场是整个海滩建筑的重头戏,于1913年仿印度宫殿风格而建造,其他许多游乐设施也显示出这种风格,是对帝国其他边缘地带的模仿。只不过时至今日,这些反复出现的华丽的、富于异国情调的东方主题一扫而空。比恩的女婿、当时游乐海滩的总经理莱昂纳多·汤普森(Leonard Thompson)委托著名现代主义建筑师约瑟夫·恩伯顿(Joseph Emberton)以统一风格重新设计整个游乐海滩。赌场变成一座线条流畅的白色建筑,没有任何修饰,外观完全是功能性的。欢乐之家,即木制"子虚乌有屋"的继替者,是用钢筋混凝土重建的,与新赌场协调一致。同样风格的赛马过山车取代了观光铁路。建筑细节也被现代化了。"河穴冒险"(the River Cave)被重新设计为立体主义风格,诺亚方舟上的动物也如此,它们得到一种棱角分明的未来主义外观——这是一种怪异的针对过去的现代化!到了20世纪30年代末,游乐海滩给人的观感非常现代。游乐建筑呈现出流线型、功能性的外观。沙地被沥青覆盖。汤普森说:"如果在8月看到沥青因高温而融化,那是我们做得不够好。"1968年的情境主义者(situationist)可能会对此说,到20世纪30年代末,游乐海滩已经成功地埋葬了"鹅卵石下面的海滩"。

自20世纪30年代以来,游乐海滩的建筑现代性不断被更新。在

20世纪50年代，英国设计师杰克·拉德克利夫（Jack Radcliffe）接受委托，为海滩设计新外观——主要是在恩伯顿干净的白色外墙上添加美国爵士风和灯光彩饰。在20世纪60年代，大多数新的游乐设施在风格上借鉴了世界博览会和展览会的创新。这只是遵循了黑潭历史悠久的发展模式——铁塔是仿照1889年巴黎世博会的埃菲尔铁塔；1896年至1928年主宰冬季花园天际线的巨型摩天轮是基于1895年伯爵府（Earls Court）为东方博览会（the Oriental Exhibition）设计的摩天轮，而后者又是仿照1893年芝加哥世博会展出的第一个摩天轮。升降机（1961年）的设计灵感来自1958年世博会上使用过的升降机，太空漩涡（1969年）的穹顶是基于1967年蒙特利尔世博会美国馆的设计，而太空塔（1975年）是70年代初瑞士洛桑举办的一个博览会的展品的小型复制品。从那时起，游乐海滩安装了一系列源自美国游乐园的游乐设施，其中许多具有未来主义色彩——1979年革命，以及1980年的"托卡多快车"和"企业号"。

游乐海滩和黑潭

我已经指出，游乐海滩在某种程度上是与黑潭分开的。游乐海滩与镇中心的娱乐场所——塔楼、金光大道、码头不同，那些都需要招揽路人，依赖消费冲动，而游乐海滩是一个需要花时间的地方，哪怕只是在一个假期中为了某个特殊的理由去那么一两次。但它提供了一些不同的东西。然而，这种"不同的东西"本质上与黑潭并无不同，它是对黑潭的强化，是对该镇构建的形象的一种提喻。

从早期的海滨度假胜地开始，"进步"一词就伴随着黑潭，并在宣传手册中一再出现。这句话总有特殊的兰开郡地方性表达的意味,提到兰开郡的著名风物总要从黑潭说起。在这个时期,兰开郡自称世界工场。如果曼彻斯特宣扬当时的想法,伦敦第二天就会跟风,而全世界第三天就听说了,那么黑潭的主张甚至比曼彻斯特还更早一步。这种说法也并非空穴来风。黑潭有许多令人印象深刻的"第一",比如,它是英国第一个拥有电动街道照明的城镇(1879年),也是世界上第一个拥有永久性电动街道电车的城镇(1885年)。此外,它的成就源自北方资本和北方资本家。几乎所有推动黑潭发展的投资都来自当地的企业家、镇政府或哈利法克斯和曼彻斯特的商业团体,伦敦的资本无人问津。至少直到20世纪60年代,该镇的大部分休闲娱乐设施都落入了现在的"信任之家福特集团公司"(拥有三个码头)和百代唱片公司(拥有伦敦塔、冬季花园、大剧院和黄金大道的一部分)手中。作为北方资本力量和活力的光辉见证,黑潭为北方工业地区的劳动人民提供了一个在休闲时充当人类发展先锋的机会,类似于进步的意识形态为他们在工作场所中所建构的位置。简而言之,游乐海滩是在宣告对昔日成就的致敬,那是黑潭其他地方想做却尚未做的事情,所有这一切,也是当地资本的产物!

毫无疑问,这一直是游乐海滩管理层的明确目标。他们似乎一直将快乐海滩视为黑潭的先锋,其与众不同的兴趣与整个城镇的意向并不一致。在游乐海滩建设早期,镇政府对公司做出重大让步。例如,同意将长廊延伸到其北部入口之外,还规定在15年内不得在其南部边界之外建造娱乐场所。但是,如果说游乐海滩在某种程度上是在与该镇其他地方竞争的话,那么它的与众不同之处在于它是黑潭的N分之一,比黑潭更像黑潭。小镇有一座塔,游乐海滩也有一座塔——不是一个生锈、老旧的铁家伙,你得用老式电梯上下，到达顶部后还可以绕着走一圈；而是一个相当时髦的塔，采用最新的技术，"电梯绕行在细长的柱子上，方便你观赏全景"。这个太空塔颇具挑衅性地放置在游乐海滩的最前面，使得黑潭塔看起来很破旧，是过时技术的遗物。从镇中心到游乐海滩，就像穿越时空——只是你到达的是一个夸张的、升级版的出发点。黑潭的意识形态中心不在镇中心，而在南岸，在游乐海滩，那里没有诋毁者让人们对进步和现代化的渴望感到尴尬。游乐海滩的一位主管告诉我："游乐海滩就是黑潭。"

一个快乐的地方

根据莱昂纳多·汤普森的说法，游乐海滩是一个由惊险、奇观和无数活动组成的综合体，这些活动被安排在一起，以尽可能轻松愉快地让公众掏钱。游乐海滩一直保持着高利润，以至于创始公司仍然在私人手中，并且仍然作为家族企业由共同创始人之一的孙子经营。考虑到游乐海滩的规模和开发过程中产生的大量资金成本，再加上公司在邻近的莫克姆（Morecambe）[①] 也拥有一个游乐园，似乎在黑潭投资的游乐项目已经带来了丰厚的回报。大多数游乐园只有一到两个过山车类型的设施，而游乐海滩却拥有四个——以及大约七十个其他大型游乐设施。此外，还有十几个常见的小摊位、几个大型游乐场、一个滑冰场和一个巨大的室内娱乐设施，包括若干酒吧、晚间歌舞表演和餐馆。

然而，最令人印象深刻的是花样百出、富于惊险刺激的娱乐活动。对其采取理论分析并不难，只要有一点想象力，就可以为你能

[①] 位于英格兰西北部，兰开夏郡度假小镇。——译者注

想到的任何快乐理论找到证据。欢乐屋前永不停歇的笑声难道不是克里斯蒂娃符号学所说的"容器"①的见证吗？镜厅——也就是游乐海滩所称的"一千零一个烦恼"（1 001 Troubles）——公然宣扬自我多重身份的苦恼和分裂，这可能会诱使不知情的拉康研究者忙不迭地陷入思考，不可自拔。然而，在大多数情况下，游乐海滩实际上是对身体的关注（或攻击），阻止那些日常限制身体运动的物理法则，打破约束行为的常规的社会规范，颠覆身体和机器之间的正常关系，并将身体置于有别于日常生活被控制和被固定的关系之中。然而，同样重要的是要强调游乐海滩的自我指涉结构。一种强烈的"互文性"普遍存在于不同的游乐设施对其他游乐设施所提供的快乐的影射中——或是通过模仿、颠倒，或是通过重新组合元素。当游客从一个游乐项目转到另一个项目时，他们总是被卷入对其他游乐项目以及最终对整个欢乐海岸的指涉网络中。

游乐海滩的主要游乐设施和功能可以粗略分为五大类，某些游乐设施可能与这些类别重叠。最大的类别包括大型露天"惊险"游乐设施——赛马过山车、"革命号"过山车、障碍赛、原木水车、"北斗七星"过山车（Big Dipper）等（见图9.3）。这些不仅是游乐海滩的主要景点，也是欢乐系统的中心，并且时常影响其他项目，而它们自己不受到外部的影响。这些游乐设施提供的娱乐复杂多样。在某些情况下，它们的主要吸引力是将身体从通常的约束中解放出来，令其暴露在其他无法实现的感觉中。"革命号""星舰企业号"（与摩天轮颇为相似，只是乘坐者位于轮子内侧，并始终倒

238

---

① 原文"Chora"是克里斯蒂娃创造并使用的一个概念和名词，目前尚未有较为一致的中译名，有的译为"符号子宫间""子宫间""阴性空间""容器"和"场"，本书译为"容器"。——译者注

立)和"太空漩涡"(基于美国宇航员使用的离心训练设备)都违反了重力定律。这些项目的吸引力部分来源于释放身体以获得快乐而非驱动身体运动,这个过程颠覆了工业环境中普遍存在的人与机器之间的正常关系。更为普遍的是,惊险刺激的游戏通过制造和利用危险与安全之间的紧张关系,引起了令人愉悦的兴奋。故意将身体置于危险之中,投入的心理能量——只是部分地被安全保障抵消(出于对技术的信任)——在行驶结束时得以愉快地释放。这些游乐设施的大众性质增加了这种紧张和释放的乐趣。门槛在这里是很重要的。支付入场费用就是承诺——没有回头路可走,除非想被冠以"懦夫"之名受到嘲笑。因此,生理危险中的心理快感通过炫耀的乐趣和战胜恐惧的公开展示而得到加强。

图 9.3 过山车游乐设施,黑潭

惊险游乐设施提供的乐趣根据它们是针对小群体还是大群体而有所不同。大多数游乐项目是为情侣定制的，让两人同坐一车，其他的则是针对四到五人的群体——比如"转轮"。像过山车这样的游乐项目是为情侣准备的。有两项游乐项目包含竞争元素——赛马过山车（"欧洲唯一的双轨过山车"）和障碍赛。与游艺厅的个人竞争不同，赛马过山车的竞争是团体之间的竞争。然而，类似的竞争性游乐设施在机械方面实现了竞争对手的平等。比赛的结果完全是偶然的——它不受参与者所影响——而且，除了某个瞬间，结果也是无足轻重的。最后再谈谈"潮汐"（the Tidal Wave），它是一个巨型的机械秋千，一次可容纳几十个人，是为无差别群众的"人民的身体"所准备的。浪漫主义者可能会说，机械秋千带来一致的摆动。这种对群体的吸引力是整个游乐海滩的特点，也是它与码头和长廊的区别所在。这里不适合孤独的人，更不适合悠闲的漫游者，它的乐趣只有在群体或作为最小"快乐单位"的夫妇共享时才能体验到。独自去游乐场是一件奇怪的事情，是对孑然一身的无情提醒，因为除了游乐场之外，这个世界只尊重和接待复数身份。

封闭式游乐设施提供两种主要的乐趣。一种是通过虚构的交通工具前往异世界——异国他乡、遥远的地方、梦幻之地、古色古香的地方——所带来的视觉享受。金矿、"爱丽丝梦游仙境"（类似于迪士尼乐园）和"河穴冒险"（乘船穿越世界各种文化的异国情境）是最明显的例子，尤其是最后一个，它声称为公众提供生平仅见的风景。简单来看，其他游乐设施的功能就是模仿流行的虚构场景所产生的紧张氛围。幽灵列车是最明显的例子：穿越一个封闭的宇宙，邂逅所有想象中的哥特小说和恐怖电影的恐怖场景，然后再回到阳光下。在这里，与惊险刺激的游戏一样，门槛很重要——一旦进入，就无法回头。但是，就像在镜厅一样，游客心理被（轻易地）暴露在攻击之下。

一些封闭式的漫游项目，如"诺亚方舟"和"闹鬼的酒店"，利用机械装置将身体暴露在意想不到的危险（例如移动的地板）和仪式性的侮辱（例如卷起的裙子）中。特别值得一提的是欢乐屋，因为它颠覆了游乐海滩上身体和机械之间通常的关系。在大多数惊险刺激的游戏中，身体被交给机械，而机械则将身体从平常的限制中解放出来。在游乐场，身体与机械竞争，试图征服它，并被强行提醒其局限性。身体的大多数活动都试图努力在各种机械装置中表现得更优异——穿过旋转鼓，尽力停在旋转轮的中心，再爬到一个离心碗的中心或难以征服的滑坡上。在欢乐屋，跨越门槛的感觉相当强烈。在进入主要娱乐区之前，身体会受到一些仪式性的攻击——会有小石子袭来，地板在脚下移动，同时你必须穿过一系列的旋转盘。这些障碍物也标志着欢乐屋和游乐海滩其他部分的界限——这是身体和机械之间关系逆转的标志，它在警告，身体将在欢乐屋里接受机械对抗，机械不是帮手或运输工具，身体必须抵制它，与它斗争，而不是向它屈服。

某种程度的互文性也是新的180度室内电影的特点，如"太空之旅"（Journey into Space）和"美国电影院"。这些节目以两种相当矛盾的方式影射惊险刺激的游乐设施。惊险刺激的项目让通常静止的身体在空间中快速移动，而它们则将视觉带入空间，同时将身体固定为静止状态。然而，电影表演也与惊险刺激的项目竞争，声称要通过更先进、更简单和更安全的技术再现大型游乐项目的所有惊险和刺激，从而超越对手。"左轮手枪"传媒旗下的"美国电影院"——其中上映过一部有关美国最大的过山车的电影——

似乎宣布回环过山车（sooperdooperlooper）是多余的，是一个没有必要的庞大机器。为人熟知的活动一旦置于新的语境，规则也就显而易见地被打破了。这一点在各种自驾游乐设施中尤其明显，不论是自动滑板车、卡丁车、沼泽越野车，还是快艇。显然，玩自动滑板车的目的是撞上其他车辆而不是避开它们，它颠覆了通常的驾驶规则。更广泛地说，我们对交通的正常期望被中止了，因为旅行被呈现为一种自给自足、没有实用功能的乐趣，而不是从 A 地到 B 地的一种手段。"来到黑潭乐海滩，你可以玩陆上、海上或空中项目：在陆地乘坐游乐海滩快车，在水上乘坐汤姆·索亚的筏子，在空中乘坐一英里长的单轨列车或缆车。"然而这里讲的是各种穿行游乐场的交通系统——游乐海滩的一大招牌。你可以乘坐小轨距列车或乘坐单轨列车穿行或绕过游乐海滩，你可以乘坐空中缆车越过游乐海滩，你可以从太空塔顶上俯瞰整个游乐海滩。通过这些方式，游乐海滩让经过的游客可以兴致盎然地盯着好一会儿。

最后，在游乐海滩上运行的快乐系统中，自我指涉结构在许多主要游乐设施的小型化复制中表现得非常明显。"疯狂的老鼠"（Wild Mouse）是过山车等游乐项目的缩影，更广泛地说，还有自动滑板车、卡丁车和快艇的缩影——这些电子控制的小型车辆赋予使用者对机器的完全控制权，而不是像惊险刺激的游乐项目那样，让自己与机器发生冲突，或者像欢乐屋那样与机器对抗。

一个被颠覆的世界？

鉴于在游乐海滩上，通常存在于身体中的规则和约束被一定程度上颠倒或暂停，我们可能会把游乐海滩和狂欢节世界相提并论，把它看成"一个被颠倒的世界"。汤姆·哈里森曾评论黑潭普遍存在的混乱分类直接让人联想到狂欢节世界：

> 海洋和陆地、东方和西方的主题不可避免地混为一谈。沙滩上摆了一个巨大的茶壶为人们提供茶点，而中央海滩这个名字只表明舞会有鱼龙混杂的娱乐节目，而游乐海滩不过是指恩伯顿闪亮的白色的永远的温布利球场……公羊恍若行驶在陆地的船只。在奥林匹亚内陆娱乐区上空，耸立着一座假的灯塔。
>
> （Harrison，1938：393）

不难发现游乐海滩对狂欢节世界的直接影射。游乐场前面的旋转的人物——各种旋转着的头颅，根据他们是头朝上还是头朝下而出现不同的面孔，尽管无法确定是谁，但这明确影射了狂欢节"世界颠倒"的方面。同样，频繁混合和混淆类别产生了狂欢节式的对立面消解——最显眼的并置是欢乐屋前大笑的"欢乐之王"小丑和大笑的死神的头（大笑的死神本身就是对立面的合并和消解：生命嘲笑死亡，死亡嘲笑生命），两者并置在上空，下面便是在公园中心行驶的幽灵列车。这里有许多关于奇幻文学的典故（爱丽丝·里奇，支撑单轨列车的巨大格列佛形象），以及苏联文学评论家米哈伊尔·巴赫金所称的"狂欢文学"的传统，即把狂欢节的反叛潜力纳入颠覆性的文学传统（Bakhtin，1973）。

尽管这种联系不可否认，但如果把它们抓得太紧，或者只看它们的表面价值，把游乐海滩视为人民对欢乐乌托邦的期待，就像巴赫金所设想的狂欢节那样，就会产生误导。事实上，正如特里·伊格尔顿所指出的，巴赫金的平民主义乌托邦主义甚至在狂欢节方面也有其局限性：

> 毕竟，狂欢节在任何意义上都是一种特许事件，是一种对霸权允许的断裂，是一种克制的民众发泄，就像革命的艺术作品一样令人不安且相对无效……狂欢节的笑声具有融合性，也具有解放性，从政治角度来看，解除禁忌令人振奋，但它也有破坏力。事实上，从某种观点来看，狂欢节可能是法律与解放、权力与欲望共谋的一个主要例子，这已成为当代后马克思主义悲观主义的主要主题。
>
> （Eagleton，1981：148）

即使接受这些限制，对游乐海滩平民主义的构建也会反映出对巴赫金立场的严重误解。对巴赫金来说，中世纪晚期的狂欢节不仅仅是一个越轨的节日。它的特点不仅是颠覆日常规则和行为，而且是颠覆占主导地位的象征秩序。正如他对拉伯雷的研究所表明的那样，狂欢节是一个僭越（discrowning）的节日，中世纪意识形态的轴心象征往往被人们以丑化或者低俗化的方式在现实中重重地践踏和玷污，同时也被狂欢节的"民间的肚子"（popular belly）反对和压倒，因为它预示着庆祝一个物质过剩的世界（see Bakhtin，1968）。游乐海滩根本就不是那样的狂欢节，甚至根本就不是狂欢节。身体可能会颠倒，被抛向这儿或那儿，但是，在对这些快乐的消费进行编码时，主导的象征秩序仍然牢固地保持着，并且坚定不移地居于上方。但情况并非总是如此。根据汤姆·哈里森的记录，游乐海滩重要位置上曾经摆放过一个人偶老板，旋转木马过去曾有一个坐在固定汽车里的假警察，但这些做法后来不再继续，因为人偶很快就被砸烂——这表明了关于"人民博览会"呈现形式的多种可能性。游乐海滩之外也比较容易买到贬低主流象征秩序的商品——1981年，街头卖家的飞镖盘上印着撒切尔夫人的全脸照片。

然而，虽然在游乐海滩内的现代性和进步性主题主导了一切，但并不意味着它们是仅有的正在运作的主题。各项游乐设施和操作都有对应的主题——特别是对地球之外的宇宙、想象中的过去（采用爱德华时代装饰风格的煤气灯酒吧）、流行的叙事宇宙（金矿、钻石利尔酒馆、"星舰企业号"）和异国情调（"河穴探险"）。然而，在所有这些情况下，提供的都是一种被同化的异类，一种已再生和驯服的梦幻——迪士尼版本的爱丽丝，一个称职的格列佛，等等。（虽然带阿多诺去游乐海滩可能没什么意思，但他肯定会是良伴！）最需要强调的是，这些不同的主题最终都要服从游乐海滩向游客发出的集体呼声中的现代性主题。

244 这不仅是由于这一主题在数量上占优势，而且还与现场的"召唤"结构有关。就经济关系而言，游乐海滩有两个层面。整个场地为黑潭游乐海滩有限公司所有，该公司还掌管着所有主要的游乐设施以及室内娱乐综合设施。相比之下，大多数小型游乐设施、周边副业和小摊位都由独立运营商或"特许经营商"经营，他们要向公司上交部分收入以换取经营权。这种双重经济对"召唤"结构有明确的影响。传统的积极销售形式只存在于独立经营的周边副业和小摊位中，它们之间的竞争关系依然存在。大型游乐设施和特色活动的经营是作为综合企业而不是作为独立企业运作的，员工要身穿制服，而且，按照迪士尼乐园的做法，越来越多的游客被鼓励购买可

以进入所有游乐设施的通票，而不是为单个的游乐设施付费。鉴于这些经济关系，重要的是集体的"召唤"让人们进入游乐海滩。一旦进去，他们如何花钱并不重要，只要他们花钱就可以了。因此，很少有单个的游乐设施主动揽客，也就是没有对公众的公开招呼。大多数情况下只告知游客游乐设施的名称、价格和适用于哪类票。正是由于整个游乐海滩的集体"召唤"，通过建筑外观、公共广播系统，以及声称最大、最好、最新的设施等，个人作为一个寻求快乐的人而被置于现代性的标志之下。

然而，这种召唤可以拒绝，或者至少可以协商。如果仅仅把注意力集中在游乐设施的性质、彼此之间的关系以及它们的消费标志编码所构成的快乐系统上，就很容易对游乐海滩产生片面的印象。游乐海滩不仅仅是一个快乐的场所，也不仅仅是一组被认为无人居住的建筑和游乐设施，那里通常也有人，大小体型肤色各异的群体，带着不同的历史、传统和目的而来。通常情况下，无论是夫妇、家庭、青年俱乐部或结伴的邻居出游，还是工作差旅，去游乐海滩都是一个文化事件，是一个团体历史上的独特时刻。游乐海滩绝不是把"快乐机制"强加给各类个人，使其成为受游乐场支配的傀儡，而是由不同的群体根据相关的文化关系和过程，以不同的方式来使用和协商。游客的群体背景以及游玩时间都会对体验方式产生影响。作为父母带着孩子白天去是一回事：此时，你是监护人，孩子正处于一个复杂的启动探索仪式的时刻，虽然你担心、害怕，但最终屈服于六岁孩子缠着要去玩"革命号"的大无畏精神。但是晚上和一群朋友同行，就完全是另一回事了。与白天相比，快乐不再那么偷偷摸摸。空间被压缩——被其他人和四面笼罩的黑暗压迫——而且还有一种自信的快乐，它拒绝并征服了剥夺生命的黑暗，朋友们你怂恿我、我怂恿你，胆壮了一些，甚至变得胆大妄为。去"格拉斯哥周"（Glasgow week）是一回事（虽然不是我的菜），但作为一个奥尔德姆人去"奥尔德姆周"（Oldham week）是另一回事。

  对巴赫金来说，狂欢节首先是一种人民实践。它拥有的不是固定且永恒的结构形式，而是丰沛活力和变化，只存在于人民的街头剧场里。如果狂欢节进入游乐海滩，有时确实如此：人们兴冲冲而来，戴着斯泰森毡帽，大摇大摆地信口开河，以不同的方式霸占游乐海滩，也打破海滩的布局和游乐的规矩。他们手拉着手走在人行道上，在"河穴探险"旁边的水池里戏水，把水溅到路人身上，把水车的木头砸沉，让大笑的小丑吓尿，在过山车上俯冲摇晃。游乐海滩不是法外之地，但它是一个可以违背规则的场所，在某种尺度上，它邀请甚至煽动人群对自己的冒犯。游乐海滩在构造上与外部世界相分离，在物理层面上由围墙包围，也让人期待一种无拘无束的欢乐，而其中可供操作的意识形态编码只能部分地被包含在这种欢乐中。

参考文献

Aarsleff, Hans (1982) *From Locke to Saussure: Essays on the Study of Language and Intellectual History*, London: Athlone.
Adams, T.R. (1939) *The Museum and Popular Culture*, New York: American Association for Adult Education.
Adorno, Theodor W. (1967) *Prisms*, London: Neville Spearman.
Agassiz, L. (1862) 'On the arrangement of natural history collections', *The Annmals and Magazine of Natural History*, 3rd series, vol. 9.
Alaya, Flavia (1977) 'Victorian science and the "genius" of woman', *Journal of the History of Ideas*, no. 38.
Allen, J. (1976) 'Port-Arthur Site Museum, Australia: its preservation and historical perspectives', *Museum*, vol. 28, no. 2.
Altick, Richard (1978) *The Shows of London*, Cambridge, Mass. and London: The Belknap Press of Harvard University Press.
Anderson, Benedict (1983) *Imagined Communities: Reflections on the Origin and Spread of Nationalism*, London: Verso Editions.
Anderson, Robert and Wachtel, Eleanor (1986) *The Expo Story*, Madeira Park, British Columbia: Harbour Publishing.
Anon. (1828) 'Suggestions for the establishment of an Australian Museum' in *The Australian Quarterly Journal of Theology, Literature and Science*, vol. 1.
Armstrong, Meg (1992–3) '"A jumble of foreignness": the sublime musayums of nineteenth-century fairs and expositions', *Cultural Critique*, Winter.
Arscott, Caroline (1988) 'Without distinction of party: the Polytechnic Exhibition in Leeds, 1839–45' in Janet Wolff and John Seed (eds) *The Culture of Capital: Art, Power and the Nineteenth-Century Middle Class*, Manchester: Manchester University Press.
Australian Council of National Trusts (1978) *Historic Places of Australia*, vol. 1,

Sydney and Melbourne: Cassell Australia.
Australia's National Estate: The Role of the Commonwealth (1985) Canberra: Australian Government Publishing Service. (First published in 1982 as *The National Estate in 1981.*)
Bailey, Peter (1987) *Leisure and Class in Victorian England: Rational Recreation and the Contest for Control, 1830–1885* (revised edition), London and New York: Methuen.
Bakhtin, M. (1968) *Rabelais and his World*, Cambridge, Mass.: MIT Press.
—— (1973) *Problems of Dostoevsky's Poetics*, Ann Arbor, Mich.: Ardis.
—— (1981) *The Dialogic Imagination*, Austin and London: University of Texas Press.
Bann, Stephen (1984) *The Clothing of Clio: A Study of the Representation of History in Nineteenth-Century Britain and France*, Cambridge: Cambridge University Press.
Barthes, Roland (1979) *The Eiffel Tower and Other Mythologies*, New York: Hill & Wang.
—— (1987) *Criticism and Truth*, Minneapolis: University of Minnesota Press.
Bassett, D.A. (1986) 'Museums and museum publications in Britain, 1975–85, part I: the range and nature of museums and their publications', *British Book News*, May.
Bauman, Zygmunt (1992) *Intimations of Postmodernity*, London: Routledge.
Bazin, G. (1967) *The Museum Age*, New York: Universal Press.
Beamish: The Great Northern Experience, a souvenir guidebook (n.d.).
Beamish One: First Report of the North of England Open Air Museum Joint Committee (1978) Stanley, County Durham: Beamish Hall.
Beer, Gillian (1983) *Darwin's Plots. Evolutionary Narrative in Darwin, George Eliot and Nineteenth-Century Fiction*, London: Ark Paperbacks.
Benedict, Burton (1983) 'The anthropology of world's fairs', in Burton Benedict (ed.) *The Anthropology of World's Fairs: San Francisco's Panama Pacific Exposition of 1915*, New York: Scolar Press.
Benjamin, Walter (1936) 'The work of art in the age of mechanical reproduction', in Walter Benjamin (1970) *Illuminations*, London: Jonathan Cape.
—— (1973) *Charles Baudelaire: A Lyric Poet in the Era of High Capitalism*, Harvard University Press.
Bennett, Tony (1979) *Formalism and Marxism*, London: Methuen.
—— (1983) 'A thousand and one troubles: Blackpool Pleasure Beach', *Formations of Pleasure*, London: Routledge & Kegan Paul.
—— (1986) 'Hegemony, ideology, pleasure: Blackpool', in Tony Bennett, Colin Mercer and Janet Woollacott (eds) *Popular Culture and Social Relations*, Milton Keynes: Open University Press.
—— (1988a) 'The museum, the fair, and the exposition', *Eyeline* (7), December.
—— (1988b) 'Convict chic', *Australian Left Review*, no. 106.
—— (1988c) 'The exhibitionary complex', *New Formations*, no. 4, Spring.
—— (1988d) 'History on the Rocks', in Don Barry and Stephen Muecke (eds) *The Apprehension of Time*, Sydney: Local Consumption Press.
—— (1988f) 'Museums and "the people"', in B. Lumley (ed.) *The Museum Time Machine*, London: Methuen. (Also see Ch. 4 of this volume.)
—— (1988g) *Out of Which Past? Critical Reflections on Australian Museum and Heritage Policy*, Brisbane: Institute for Cultural Policy Studies, Griffith University, Occasional Paper no. 3.
—— (1992) 'Useful culture', *Cultural Studies*, vol. 6, no. 3.
—— and Frow, John (1991) *Art Galleries Who Goes? A Study of Visitors to Three Australian Art Galleries with International Comparisons*, Sydney: Australia Council.
Benson, Susan Porter (1979) 'The palace of consumption and machine for selling: the

American department store, 1880–1940' *Radical History Review*, Fall.
—— (1988) *Counter Cultures: Saleswomen, Managers and Customers in American Department Stores, 1890–1940*, Urbana and Chicago: University of Illinois Press.
Betteridge, M. (1982) 'The Mint and Hyde Park Barracks', *Kalori*, nos 59/60.
Betts, John R. (1959) 'Barnum and natural history', *Journal of the History of Ideas*, no. 20.
Bickford, Anne (1982) 'The nature and purpose of historical displays in museums', *Proceedings of the Museum of Australia Conference on Australian History*, Canberra: Commonwealth of Australia.
—— (1985) 'Disquiet in the warm parlour of the past: material history and historical studies', Paper presented to the History and Culture Resources Seminar, Canberra.
Blackbourn, David and Eley, Geoff (1984) *The Peculiarities of German History: Bourgeois Society and Politics in Nineteenth Century Germany*, Oxford: Oxford University Press.
Blackpool Evening Gazette (1977) 21 March.
Bommes, Michael and Wright, Patrick (1982) '"Charms of residence": the public and the past', in Centre for Contemporary Cultural Studies, *Making Histories: Studies in History Writing and Politics*, London: Hutchinson.
Borges, Jorge Luis (1970) *Labyrinths: Selected Stories and Other Writings*, Harmondsworth: Penguin.
Bourdieu, Pierre (1987) 'The historical genesis of a pure aesthetic', *Journal of Aesthetics and Art Criticism*, no. 46.
—— and Darbel, Alain (1991) *The Love of Art: European Art Museums and their Public*, Cambridge: Polity Press. (First published in French in 1969.)
Boyer, Christine M. (1986) *Dreaming the Rational City: The Myth of American City Planning*, Cambridge, Mass.: MIT Press.
Brand, Dana (1986) *The Spectator and the City: Fantasies of Urban Legibility in Nineteenth-Century England and America*, Ann Arbor, Mich.: University Microfilms International.
Breckenridge, Carol A. (1989) 'The aesthetics and politics of colonial collecting: India at world fairs', in *Comparative Studies in Society and History*, vol. 31, no. 2.
Brown, Lee Rust (1992) 'The Emerson Museum', *Representations*, no. 40.
Buckingham, James Silk (1849) *National Evils and Practical Remedies, with the Plan of a Model Town*, London. (Facsimile edition by Augustus M. Kelley, Clifton, 1973.)
Buck-Morss, Susan (1990) *The Dialectics of Seeing: Walter Benjamin and the Arcades Project*, Cambridge, Mass. and London: MIT Press.
Burchell, Graham, Gordon, Colin and Miller, Peter (eds) (1991) *The Foucault Effect: Studies in Governmentality*, London: Harvester/Wheatsheaf.
Burke, P. (1977) 'Popular culture in Norway and Sweden', *History Workshop*, no. 3.
Burn, Ian (1989) 'The art museum more or less', *Art Monthly*, November.
Burrow, J.W. (1963) 'Evolution and anthropology in the 1860s: The Anthropological Society of London, 1863–71', *Victorian Studies*, vol. 7, no.2.
Bushman, Richard L (1992) *The Refinement of America: Persons, Houses, Cities*, New York: Knopf.
Canguilhem, Georges (1988) *Ideology and Rationality in the History of the Life Sciences*, Cambridge, Mass.: MIT Press.
Canteral-Besson, Yveline (ed.) (1981) *La Naissance du Musée du Louvre. La Politique Muséologique sous la Révolution d'apres des Musées Nationaux* (2 vols), Paris: Ministère de la Culture, editions de la réunion des musée nationaux.
Cavaillé, Jean-Pierre (1990) 'Un théâtre de la science et de la mort à l'époque baroque: l'amphithéâtre d'anatomie de Leiden', *Working Papers HEC*, no. 90/2, Florence: European University Institute.
Chambers, Iain (1985) 'The obscured metropolis', *Australian Journal of Cultural*

Studies, vol. 3, no. 2.
Chapman, William Ryan (1981) 'Ethnology in the Museum: AHLF Pitt Rivers (1827–1900) and the Institutional Foundations of British Anthopology', D.Phil thesis, Oxford University.
—— (1985) 'Arranging ethnology: A.H.L.F. Pitt Rivers and the typological tradition', in George W. Stocking Jr (1985).
Chartis, Lord of Amisfield (1984) 'The work of the National Heritage Memorial Fund', in *Journal of the Royal Society of Arts*, vol. 132.
Clifford, James (1988) 'On collecting art and culture', in *The Predicament of Culture: Twentieth-Century Ethnography, Literature, and Art*, Cambridge, Mass.: Harvard University Press.
Cochrane, Peter and Goodman, David (1988) 'The great Australian journey: cultural logic and nationalism in the postmodern era', in Susan Janson and Stuart MacIntyre (eds) *Making the Bicentenary*, Australian Historical Studies 23 (91), October.
Cole, Sir Henry (1884) *Fifty Years of Public Work of Sir Henry Cole, K.C.B., Accounted for in his Deeds, Speeches and Writings* (2 vols), London: George Bell & Sons.
Colquhoun, Patrick (1796) *A Treatise on the Police of the Metropolis; containing detail of the various crimes and misdemeanours by which public and private property and security are, at present, injured and endangered: and suggesting remedies for their prevention*, London.
—— (1806) *A Treatise on the Police of the Metropolis*, London: Bye & Law.
Coombes, Anne E. (1988) 'Museums and the formation of national and cultural identities', *Oxford Art Journal*, vol. 11, no. 2.
Cooper, David D. (1974) *The Lesson of the Scaffold*, London: Allen Lane.
Cordell, M. (1987) 'Discovering the chic in a convict past', *Sydney Morning Herald*, 31 January.
Craik, Jennifer (1988) *Tourism Down Under: Tourism Policies in the Tropics*, Brisbane: Institute for Cultural Policy Studies, Griffith University, Occasional Paper no. 2.
—— (1989) 'The Expo experience: the politics of expositions', *Australian–Canadian Studies*, vol. 7, nos. 1–2.
Crimp, Douglas (1985) 'On the museum's ruins', in Hal Foster (ed.) *The Anti-Aesthetic*; *Essays on Postmodern Culture*, Washington: Bay Press.
—— (1987) 'The postmodern museum', *Parachute*, March–May.
Crosby, Christina (1991) *The Ends of History: Victorians and 'the Woman Question'*, London: Routledge.
Crow, Thomas E. (1985) *Painters and Public Life in Eighteenth-Century Paris*, New Haven and London: Yale University Press.
Cunningham, Hugh (1977) 'The metropolitan fairs: a case-study in the social control of leisure', in A.P. Donajgrodzki (ed.) *Social Control in Nineteenth Century Britain*, London: Croom Helm.
—— (1980) *Leisure in the Industrial Revolution*, London: Croom Helm.
—— (1982) 'Class and leisure in mid-Victorian England', in B. Waites, T. Bennett and G. Martin (eds) *Popular Culture: Past and Present*, London: Croom Helm.
Davies, Colin (1984) 'Architecture and remembrance', *Architectural Review*, February.
Davison, Graeme (1982/83) 'Exhibitions', *Australian Cultural History*, no. 2, Canberra: Australian Academy of the Humanities and the History of Ideas Unit, ANU.
Desmond, Adrian (1982) *Archetypes and Ancestors: Palaeontology in Victorian London*, Chicago: University of Chicago Press.
—— (1989) *The Politics of Evolution: Morphology, Medicine and Reform in Radical London*, Chicago and London: University of Chicago Press.
Dixon, B., Courtney, A.E. and Bailey, R.H. (1974) *The Museum and the Canadian*

Public, Toronto: Arts and Culture Branch, Department of the Secretary of State.
Doctorow, E.L. (1985) *World's Fair*, London: Picador.
Donato, E. (1979) 'The museum's furnace: notes toward a contextual reading of *Bouvard* and *Pécuchet*', in J. Harrari (ed.) *Textual Strategies: Perspectives in Post-Structuralist Criticism*, Ithaca and London: Cornell University Press.
Doyle, Brian (1989) *English and Englishness*, London: Methuen.
Duden, Barbara (1991) *The Woman Beneath the Skin: A Doctor's Patients in Eighteenth Century Germany*, Cambridge, Mass.: Harvard University Press.
Duffin, Lorna (1978) 'Prisoners of progress: women and evolution', in S.D. Delamont and L. Duffin (eds) *The Nineteenth-Century Woman*, London: Croom Helm.
Duncan, Carol and Wallach, Alan (1980) 'The universal survey museum', *Art History*, vol. 3, no. 4.
Eagleton, Terry (1981) *Walter Benjamin, or Towards a Revolutionary Criticism*, London: New Left Books.
Easlea, Brian (1981) *Science and Sexual Oppression: Patriarchy's Confrontation with Woman and Nature*, London: Weidenfeld & Nicolson.
Eco, Umberto (1987) *Travels in Hyper-Reality*, London: Picador.
Edwards, Edward (1869) *Free Town Libraries: Their Formation, Management, and History in Britain, France, Germany and America*, London: Trubner & Co.
Eichenbaum, Boris (1971) 'O. Henry and the theory of the short story', in L. Matejka and K. Pomorska (eds) *Readings in Russian Poetics*, Cambridge, Mass.: MIT Press.
Eley, Geoff (1992) 'Nations, publics, and political cultures: placing Habermas in the nineteenth century', in Graig Calhoun (ed.) *Habermas and the Public Sphere*, Cambridge: Polity.
Elias, Norbert (1983) *The Court Society*, Oxford: Blackwell.
Elizabeth, Charlotte (1837) *The Museum*, Dublin: Religious Tract and Book Society for Ireland.
Ellis, A. (1956) *The Penny Universities: A History of the Coffee Houses*, London: Secker & Warburg.
Erp, Pamela Elliot-Van and Loomis, Ross J. (1973) *Annotated Bibliography of Museum Behaviour Papers*, Washington: Office of Museum Programs, Smithsonian Institute.
Evans, Robin (1982) *The Fabrication of Virtue: English Prison Architecture 1750–1840*, Cambridge: Cambridge University Press.
Fabian, Johannes (1983) *Time and the Other: How Anthropology Makes its Object*, New York: Columbia University Press.
Fabianski, Marcin (1990) 'Iconography of the architecture of ideal musaea in the fifteenth to eighteenth centuries', *Journal of the History of Collections*, vol. 2, no. 2.
Fee, Elizabeth (1976) 'The sexual politics of Victorian social anthropology', in Mary S. Hartman and Lois Banner (eds) *Clio's Consciousness Raised. New Perspectives on the History of Women*, New York: Octagon Books.
—— (1979) 'Nineteenth-century craniology: the study of the female skull', *Bulletin of the History of Medicine*, vol. 53.
Fergusson, James (1849) *Observations on the British Museum, National Gallery and National Records Office, with Suggestions for Their Improvement*, London: John Weale.
Ferrari, Giovanna (1987) 'Public anatomy lessons and the carnival: the Anatomy Theatre of Bologna', *Past and Present*, no. 117.
Ferry, John William (1960) *A History of the Department Store*, New York: Macmillan.
Fisher, Phillip (1991) *Making and Effacing Art: Modern American Art in a Culture of Museums*, New York: Oxford University Press
Flower, Sir William Henry (1898) *Essays on Museums and Other Subjects connected*

with *Natural History*, London: Macmillan & Co.
Forgan, Sophie (1986) 'Context, image and function: a preliminary inquiry into the architecture of scientific societies', *British Journal for the History of Science*, vol. 19, part 1.
Forrest, D.W. (1974) *Francis Galton: The Life and Work of a Victorian Genius*, London: Paul Elek.
Fortier, John (1981) 'Louisbourg: managing a moment in time', in R.E. Rider (ed.) *The History of Atlantic Canada: Museum Interpretations*, Ottawa: National Museum of Canada.
Foucault, Michel (1970) *The Order of Things: An Archaeology of the Human Sciences*, London: Tavistock.
—— (1972) *The Archaeology of Knowledge*, London: Tavistock.
—— (1977) *Discipline and Punish: The Birth of the Prison*, London: Allen Lane.
—— (1978) 'Governmentality', in Graham Burchell, Colin Gordon and Peter Miller (1991).
—— (1980a) 'Nietzsche, genealogy, history', in *Language, Counter-Memory, Practice*, Ithaca: Cornell University Press.
—— (1980b) 'The eye of power', in *Power/Knowledge: Selected Interviews and Other Writings, 1972–1977*, New York: Pantheon Books.
—— (1986) 'Of other spaces', *Diacritics*, Spring.
Friedman, John Block (1981) *The Monstrous Races in Medieval Art and Thought*, Cambridge, Mass.: Harvard University Press.
Frow, John (1987) 'Accounting for tastes: some problems in Bourdieu's sociology of culture', *Cultural Studies*, vol. 1, no. 1.
Fry, Tony and Willis, Anne-Marie (1988) 'Expo 88: backwoods into the future', *Cultural Studies*, vol. 2, no. 1.
Gamble, Eliza Burt (1894) *The Evolution of Woman: An Inquiry into the Dogma of her Inferiority to Man*, London and New York: The Knickerbocker Press, J.P. Putnam's Sons.
Garrison, Dee (1976) 'The tender technicians: the feminisation of public librarianship, 1876–1905', in Mary S. Hartman and Lois Banner (eds) *Clio's Consciousness Raised: New Perspectives on the History of Women*, New York: Octagon Books.
Geddes, Patrick (1904) *City Development: A Study of Parks, Gardens, and Culture-Institutes. A Report to the Dunfermline Trust*, Bournville, Birmingham: Saint George Press.
Geist, Johann Friedrich (1983) *Arcades: The History of a Building Type*, New York: MIT Press.
Gibbs-Smith, C.H. (1981) *The Great Exhibition of 1851*, London: HMSO.
Giedion, Sigfried (1967) *Space, Time and Architecture: the Growth of a New Tradition*, Cambridge, Mass.: Harvard University Press.
Gilman, Sander L. (1985a) 'Black bodies, white bodies: toward an iconography of female sexuality in late nineteenth-century art, medicine and literature', *Critical Inquiry*, vol. 21, no. 1.
—— (1985b) *Difference and Pathology: Stereotypes of Sexuality, Race, and Madness*, Ithaca and London: Cornell University Press.
Ginzburg, Carlo (1980) 'Morelli, Freud and Sherlock Holmes: clues and scientific method', *History Workshop*, no. 9.
Goode, G. Brown (1895) *The Principles of Museum Administration*, York: Coultas & Volans.
—— (1896) 'On the classification of museums', *Science*, vol. 3, no. 59.
Goodman, David (1990) 'Fear of circuses: founding the National Museum of Victoria', *Continuum*, vol. 3, no. 1.
Gordon, Colin (1991) 'Governmental rationality: an introduction', in Graham

Burchell, Colin Gordon and Peter Miller (1991).
Gould, Stephen Jay (1981) *The Mismeasure of Man*, Harmondsworth: Penguin.
—— (1982) 'The Hottentot Venus', *Natural History*, vol. 91, no. 10.
Gramsci, Antonio (1971) *Selections from the Prison Notebooks*, London: Lawrence & Wishart.
—— (1985) *Selections from Cultural Writings*, London: Lawrence & Wishart.
Grayson, Donald (1983) *The Establishment of Human Antiquity*, New York, London, Sydney: Academic Press.
Greenblatt, Stephen (1987) 'Towards a poetics of culture', *Southern Review*, vol. 20, no. 1.
—— (1991) 'Resonance and wonder', in Ivan Karp and Steven Lavine (1991).
Greenhalgh, Paul (1988) *Ephemeral Vistas: The Expositions Universelles, Great Exhibitions and World's Fairs, 1851–1939*, Manchester: Manchester University Press.
—— (1989) 'Education, entertainment and politics: lessons from the great international exhibitions', in Peter Vergo (ed.) *The New Museology*, London: Reaktion Books.
Greenwood, Thomas (1888) *Museums and Art Galleries*, London: Simpkin, Marshall & Co.
Guide to Australian War Memorial (1953). Revised edition.
Habermas, Jurgen (1989) *The Structural Transformation of the Public Sphere: An Inquiry into a Category of Bourgeois Society*, Cambridge, Mass.: MIT Press.
—— (1992) 'Further reflections on the public sphere', in Craig Calhoun (ed.) *Habermas and the Public Sphere*, Cambridge, Mass.: MIT Press.
Hall, Catherine (1992) *White, Male and Middle Class: Explorations in Feminism and History*, Cambridge: Polity.
Haller, J.S. Jr and Haller, Robin, M. (1974) *The Physician and Sexuality in Victorian America*, Urbana: University of Illinois Press.
Haraway, Donna (1992) 'Teddy bear patriarchy: taxidermy in the Garden of Eden, New York City, 1908–1936', in *Primate Visions: Gender, Race and Nature in the World of Modern Science*, London: Verso.
Hareven, Tamara and Langenbach, Randolph (1981) 'Living places, work places and historical identity', in David Lowenthal and Marcus Binney (eds) *Our Past Before Us. Why Do We Save It?*, London: Temple Smith.
Harris, Neil (1973) *Humbug: The Art of P.T. Barnum*, Boston: Little Brown & Co.
—— (1975) 'All the world a melting pot? Japan at American fairs, 1876–1904', in Akira, Iriye (ed.) *Mutual Images: Essays in American–Japanese Relations*, Cambridge, Mass.: Harvard University Press.
—— (1978) 'Museums, merchandising and popular taste: the struggle for influence', in I.M.G. Quimby (ed.) *Material Culture and the Study of American Life*, New York: W.W. Norton.
Harrison, Tom (1938) 'The fifty-second week: impressions of Blackpool', *The Geographical Magazine*, April.
Haskell, Francis (1971) 'The manufacture of the past in nineteenth-century painting', *Past and Present*, no. 53.
Haug, W.F. (1986) *Critique of Commodity Aesthetics*, Cambridge: Polity Press.
Hayden, Dolores (1976) *Seven American Utopias: The Architecture of Communitarian Socialism, 1790–1975*, Cambridge, Mass.: MIT Press.
—— (1981) *The Grand Domestic Revolution: A History of Feminist Designs for American Homes, Neighborhoods and Cities*, Cambridge, Mass.: MIT Press.
Heinich, N. (1988) 'The Pompidou Centre and its public: the limits of a utopian site', in Robert Lumley (ed.) *The Museum Time-Machine: Putting Cultures on Display*,

London: Routledge.

Hinsley, Curtis M. (1991) 'The world as marketplace: commodification of the exotic at the World's Columbian Exposition, Chicago, 1893', in Ivan Karp and Steven Lavine (1991).

Hobsbawm, Eric (1983) 'Mass-producing traditions, Europe, 1870–1914', in E. Hobsbawm and T. Ranger (eds), *The Invention of Tradition*, Cambridge: Cambridge University Press.

Hodge, Robert and D'Souza, Wilfred (1979) 'The museum as a communicator: a semiotic analysis of the Western Australia Museum Aboriginal Gallery, Perth' *Museum*, vol. 31, no. 4.

Hodgen, Margaret T. (1936) *The Doctrine of Survivals: A Chapter in the History of Scientific Method in the Study of Man*, London: Allenson & Co.

—— (1964) *Early Anthropology in the Sixteenth and Seventeenth Centuries*, Philadelphia: University of Pennsylvania Press.

Holmes, William H. (1902) 'Classification and arrangement of the exhibits of an anthropological museum', *Journal of the Anthropological Institute of Great Britain and Ireland*, vol. 23.

Hooper-Greenhill, E. (1988) 'The Museum: The Social-Historical Articulations of Knowledge and Things', Ph.D. thesis, University of London.

—— (1989) 'The museum in the disciplinary society', in J. Pearce, *Museum Studies in Material Culture*, Leicester: Leicester University Press.

—— (1992) *Museums and the Shaping of Knowledge*, London: Routledge.

Hosmer, C.B. Jr. (1965) *Presence of the Past: a History of the Preservation Movement in the United States before Williamsburg*, New York: G.P. Putnam's Sons.

—— (1981) *Preservation Comes of Age: From Williamsburg to the National Trust 1926–1949* (2 vols), Charlottesville: University Press of Virginia.

Hudson, Kenneth (1975) *A Social History of Museums*, New Jersey: Humanities Press.

Humes, Walter (1983) 'Evolution and educational theory in the nineteenth century', in D. Oldroyd and I. Langham (1983).

Hunt, Lynn (1984) *Politics, Culture and Class in the French Revolution*, London: Methuen.

—— (1991) 'The many bodies of Marie Antionette: political pornography and the problem of the feminine in the French Revolution', in L. Hunt (ed.) *Eroticism and the Body Politic*, Baltimore and London: Johns Hopkins University Press.

Hunter, Ian (1988) *Culture and Government: The Emergence of Modern Literary Education*, London: Macmillan.

—— (1993) 'Mind games and body techniques', *Southern Review*, vol. 26, no. 7.

Huxley, Thomas Henry (1882) 'On the method of Zadig: retrospective prophecy as a function of science', in *Science and Culture and Other Essays*, London: Macmillan & Co.

—— (1895) *Science and Education*, London: Macmillan & Co.

Impey, Olive and MacGregor, Arthur (eds) (1985) *The Origins of Museums: The Cabinet of Curiosities in Sixteenth and Seventeenth Century Europe*, Oxford: Clarendon Press.

Inglis, K.S. (1974) *The Australian Colonists: An Exploration of Social History 1788–1870*, Carlton: Melbourne University Press.

—— (1983) 'War memorials in our landscape', *Heritage Australia*, Summer.

—— (1985) 'A sacred place: the making of the Australian War Memorial', *War and Society*, vol. 3, no. 2.

Jacknis, Ira (1985) 'Franz Boas and exhibits: on the limitations of the museum method of anthropology', in George W. Stocking Jr (ed.) (1985) *Objects and Others: Essays on Museums and Material Culture*, Madison: University of Wisconsin Press.

James, Paul (1983) 'Australia in the corporate image: a new nationalism', *Arena*, no.

61.
Jordanova, Ludmilla (1980) 'Natural facts: a historical perspective on science and sexuality', in P. MacCormack and M. Strathern (eds) *Nature, Culture and Gender*, Cambridge: Cambridge University Press.

—— (1985) 'Gender, generation and science: William Hunter's obstetrical atlas', in W.F. Bynum and R. Porter (eds) *William Hunter and the Eighteenth Century Medical World*, Cambridge: Cambridge University Press.

Karp, Ivan and Lavine, Steven (eds) (1991) *Exhibiting Cultures: The Poetics and Politics of Museum Display*, Washington and London: Smithsonian Institute Press/ Cambridge University Press.

Kasson, John F. (1978) *Amusing the Millions. Coney Island at the Turn of the Century*, New York: Hill & Wang.

Kavanagh, Gaynor (1984) 'Museums, Memorials and Minenwerfers,' *Museums Journal*, September.

van Keuren, David K. (1984) 'Museums and ideology: Augustus Pitt Rivers, anthropological museums, and social change in later Victorian Britain', *Victorian Studies*, vol. 28, no. 1

—— (1989) 'Museums and ideology: Augustus Pitt-Rivers, anthropology museums, and social change in later Victorian Britain', in Patrick Brantlinger (ed.) *Energy and Entropy: Science and Culture in Victorian Britain*, Bloomington and Indianapolis: Indiana University Press.

Key, Archie F. (1973) *Beyond Four Walls: The Origins and Development of Canadian Museums*, Toronto: McClelland & Stewart Ltd.

King, E. (1985) *The People's Palace and Glasgow Green*, Galsgow: Richard Drew.

Kirshenblatt-Gimblett, Barbara (1991) 'Objects of ethnography', in Ivan Karp and Steven Lavine (1991).

Kohlstedt, S.G. (1983) 'Australian museums of natural history: public practices and scientific initiatives in the 19th century', *Historical Records of Australian Science*, vol. 5.

Kusamitsu, Toshio (1980) 'Great exhibitions before 1851', *History Workshop*, no. 9.

Lancaster, J. (1838) *Improvements in Education as it Respects the Industrious Classes of the Community*, London.

Landes, Joan B. (1988) *Women and the Public Sphere in the Age of the French Revolution*, Ithaca and London: Cornell University Press.

—— (1992) 'Re-thinking Habermas's public sphere', *Political Theory Newsletter*, no. 4.

Lane-Fox, Col. A. (1875) 'On the principles of classification adopted in the arrangement of his anthropological collections, now exhibited in the Bethnal Green Museum', *Journal of the Anthropological Institute*, no. 4.

Laqueur, Thomas (1990) *Making Sex: Body and Gender from the Greeks to Freud*, Cambridge, Mass.: Harvard University Press.

Leach, William R. (1984) 'Transformation in a culture of consumption: women and department stores, 1890–1925', *Journal of American History*, vol. 71, no. 2.

Lloyd, Clem (1983) *The National Estate: Australia's Heritage*, Adelaide: Savaas Publications.

—— and Sekuless, Peter (1980) *Australia's National Collections*, Sydney and Melbourne: Cassell.

Love, Rosaleen (1983) 'Darwinism and feminism: the "woman question" in the life and work of Olive Schreiner and Charlotte Perkins Gilman', in D. Oldroyd and I. Langham (1983).

Lowenthal, D. (1978) 'Australian images: the unique present, the mythic past', in Peter Quartermaine (ed.) *Readings in Australian Arts*, Colchester: University of

Essex Press.
—— (1985) *The Past is a Foreign Country*, Victorian: Cambridge University Press.
Lurie, Edward (1960) *Louis Agassiz: A Life in Science*, Chicago and London: University of Chicago Press
MacArthur, John (1983) 'Foucault, Tafuri, Utopia: Essays in the History and Theory of Architecture', M.Phil thesis, University of Queensland.
McArthur, Colin (1986) 'The dialectic of national identity: the Glasgow Empire Exhibition of 1938', in T. Bennett *et al.* (eds) *Popular Culture and Social Relations*, Milton Keynes: Open University Press.
McBride, Theresa M. (1978) 'A woman's world: department stores and the evolution of women's employment, 1870–1920', *French Historical Studies*, vol. 10, no. 4.
McBryde, Isabel (ed.) (1985) *Who Owns the Past?*, Melbourne: Oxford University Press.
MacCannell, Dean (1976) *The Tourist: A New Theory of the Leisure Class*, New York: Schocken Press.
McCullough, Edo (1966) *World's Fair Midways: An Affectionate Account of American Amusement Areas*, New York: Exposition Press.
MacDonald, Sally (1986) 'For "swine of discretion": design for living: 1884', *Museums Journal*, vol. 86, no. 3.
Mace, Rodney (1976) *Trafalgar Square: Emblem of Empire*, London: Lawrence & Wishart.
MacGregor, Arthur (ed.) (1983) *Tradescant's Rarities: Essays on the Foundation of the Ashmolean Museum 1683, with a catalogue of the surviving early collections*, Oxford: Clarendon Press.
Macherey, Pierre (1978) *A Theory of Literary Production*, London: Routledge & Kegan Paul.
McHoul, Alec (1989) 'Not going to Expo: a theory of impositions', *Meanjin*, vol. 48, no. 2.
MacKenzie, John M. (1984) *Propaganda and Empire: The Manipulation of British Public Opinion, 1880–1960*, Manchester: Manchester University Press.
Mahood, Linda (1990) *The Magdalenes: Prostitutes in the Nineteenth Century*, London: Routledge.
Malraux, André (1967) *Museum without Walls*, London: Secker & Warburg.
Mann, P. (1986) *A Survey of Visitors to the British Museum*, British Museum Occasional Paper no. 64.
Marcuse, H. (1968) *One Dimensional Man: The Ideology of Industrial Society*, London: Sphere Books.
Marin, Louis (1988) *Portrait of the King*, London: Macmillan.
Markham, S.F. and Richards, H.C. (1933) *A Report on the Museums and Art Galleries of Australia*, London: The Museums Association.
Martin, Gregory (1974) 'The founding of the National Gallery in London', *The Connoisseur*, nos. 185–7.
Marx, Karl (1973) *Grundrisse: Foundations of the Critique of Political Economy*, Harmondsworth: Penguin.
Meyer, K.E. (1979) *The Art Museum: Power, Money, Ethics*, New York: William Morrow & Co.
Millar, Ann (1986) 'The origin and establishment of the Australian War Memorial, 1915–41', Paper delivered at Australian War Memorial Conference.
Miller, Edward (1974) *That Noble Cabinet: A History of the British Museum*, Athens, O.: Ohio University Press.
Miller, Michael B. (1981) *The Bon Marché: Bourgeois Culture and the Department Store, 1869–1920*, London: George Allen & Unwin.
Minihan, J. (1977) *The Nationalisation of Culture: The Development of State Subsidies to the Arts in Great Britain*, London: Hamish Hamilton.

Minson, Jeffrey (1985) *Genealogies of Morals: Nietzsche, Foucault, Donzelot and the Eccentricity of Ethics*, London: Macmillan.
The Mint and the Hyde Park Barracks (1985) Sydney: Trustees of the Museum of Applied Arts and Sciences.
Mitchell, Hannah (1978) 'Art and the French Revolution: an exhibition at the Musée Carnavalet', *History Workshop Journal*, no. 5, Spring.
Mitchell, Timothy (1988) *Colonising Egypt*, Cambridge: Cambridge University Press.
—— (1989) 'The world as exhibition', *Comparative Studies in Society and History*, vol. 31, no. 2, April.
Mosedale, Susan Sleeth (1978) 'Science corrupted: Victorian biologists consider "the woman question"', *Journal of the History of Biology*, vol. 11, no. 1, pp. 1–55.
Mullaney, Steven (1983) 'Strange things, gross terms, curious customs: the rehearsal of cultures in the late Renaissance', *Representations*, no. 3.
Mulvaney, D.J. (1958) 'The Australian Aborigines 1606–1929: opinion and fieldwork', *Historical Studies*, 8.
Murray, David (1904) *Museums: Their History and Their Use*, Glasgow: James MacLehose & Sons.
Museum of Australia (1982a) Report of the Interim Council, *Plan for the Development of the Museum of Australia*, Canberra: Commonwealth of Australia.
—— (1982b) *Proceedings on Conference of Australian History*, Canberra: Commonwealth of Australia.
Museums in Australia (1975) Report of the Committee of Enquiry on Museums and National Collections, Canberra: Australian Government Publishing Service.
Nietzsche, Friedrich (1974) *The Use and Abuse of History*, New York: Gordon Press.
Nittim, Z. (1980) 'The coalition of resident action groups', in J. Roe (ed.) *Twentieth Century Sydney: Studies in Urban and Social History*, Sydney: Hale Iremonger in association with The Sydney History Group. (Also in Jack Mundey (1981) *Green Bans and Beyond*, Sydney: Angus & Robertson).
O'Doherty, Brian (1976) *Inside the White Cube: The Ideology of the Gallery Space*, San Francisco, The Lapis Press.
Oldroyd, D. and Langham, I. (eds) *The Wider Domain of Evolutionary Thought* London: D. Reidel Publishing Co.
Olmi, Giuseppe (1985) 'Science-honour-metaphor: Italian cabinets of the sixteenth and seventeenth centuries', in Olive Impey and Arthur MacGregor (1985).
Outram, Dorinda (1984) *Georges Cuvier: Vocation, Science and Authority in Post-Revolutionary France*, Manchester: Manchester University Press.
Owen, Richard (1862) *On the Extent and Aims of a National Museum of Natural History*, London: Saunders, Otley & Co.
Ozouf, Mona (1988) *Festivals and the French Revolution*, Cambridge, Mass.: Harvard University Press.
Palmer, Steve (1981) *The Pleasure Beach Story*, Blackpool: Blackpool Pleasure Beach Ltd.
Parker, Roszika and Pollock, Griselda (1982) *Old Mistresses: Women, Art and Ideology*, New York: Pantheon.
Parliamentary Debates (1974) Ministerial Statement on the National Estate, House of Representatives, vol. 90, 23 August–30 October.
Parr, A.E. (1959) *Mostly about Museums*, Washington: American Museum of Natural History.
—— (1962) 'Patterns of progress in exhibition', *Curator*, vol. V, no. 4.
Pateman, Carole (1989) *The Disorder of Women*, Cambridge: Polity Press.
Pearson, Nicholas (1982) *The State and the Visual Arts: A Discussion of State Intervention in the Visual Arts in Britain, 1780–1981*, Milton Keynes: Open University Press.

Perkin, H.J. (1975/6) 'The "social tone" of Victorian seaside resorts in the North West', *Northern History*, no. 11.
Perry, Warren (1972) *The Science Museum of Victoria. A History of its First Hundred Years*, Melbourne: Science Museum of Victoria.
Pevsner, Nikolaus (1976) *A History of Building Types*, New Jersey: Princeton University Press.
Physik, John (1982) *The Victoria and Albert Museum: The History of its Building*, London: Victoria and Albert Museum.
Pick, Daniel (1986) 'The faces of anarchy: Lombrosa and the politics of criminal science in post-unification Italy', *History Workshop*, no. 21.
Pitt Rivers, A.H.L.F. (1891) 'Typological museums, as exemplified by the Pitt Rivers Museum at Oxford, and his Provincial Museum at Farnham', *Journal of the Society of Arts*, 40.
—— (1906) *The Evolution of Culture and Other Essays*, Oxford: Clarendon Press.
Pomian, Krzysztof (1990) *Collectors and Curiosities. Paris and Venice, 1500–1800*, Cambridge: Polity Press.
Pommier, Edouard (1989) *Le Problème du Musée à la Veille de la Révolution*, Montargis: Musée Girodet.
Port Arthur Historic Site: Museum Catalogue (1984) Trial version. National Parks and Wildlife Service and the Education Department.
Poulantzas, Nicos (1980) *State, Power, Socialism*, London: Verso.
Poulot, Dominique (1983) 'Les finalités des musées du XVII siècle au XIX siècle', in D. Poulot (ed.) *Quels Musées, Pour Quelles Fins Aujourdhui*, Paris: Documentation Français.
Prakash, Gyan (1992) 'Science "gone native" in colonial India', *Representations*, no. 40.
Prince, Hugh (1981) 'Revival, restoration, preservation: changing views about antique landscape features', in David Lowenthal and Marcus Binney (eds) *Our Past Before Us. Why Do We Save It?*, London: Temple Smith.
Quoniam, Pierre and Guinamard, Laurent (1988) *Le Palais Louvre*, Paris: Éditions Nathan.
Rainger, Robert (1978) 'Race, politics, and science: the Anthropological Society of London in the 1860s', *Victorian Studies*, vol. 22, no. 1.
Rajchman, John (1988) 'Foucault's art of seeing', *October*, no. 44.
Real, M.R. (1977) 'The Disney universe: morality play', in *Mass Mediated Culture*, Englewood Cliffs, N.J.: Prentice-Hall.
Reid, Badger R. (1979) *The Great American Fair: The World's Columbian Exposition and American Culture*, Chicago: Nelson Hall.
Report from Select Committee on National Monuments and Works of Art (1841) *British Parliamentary Papers*, Shannon: Irish University Papers, 1971.
Richards, Evelleen (1983) 'Darwin and the descent of woman', in D. Oldroyd and I. Langham (1983).
Richardson, Benjamin Ward (1876) *Hygeia, a City of Health*, London: Spottiswoode. (Facsimile edition published by Garland Publishing, New York, 1985).
—— (1887) *The Health of Nations: A Review of the Work of Edwin Chadwick, with a Biographical Dissertation*. (2 vols). (Facsimile edition by Dawsons of Pall Mall, London, 1965).
Richardson, Ruth (1988) *Death, Dissection and the Destitute*, Harmondsworth: Penguin.
Riley, Denise (1988) *Am I That Name? Feminism and the Category of "Women" in History*, London: Macmillan.
Ripley, Dillon (1978) *The Sacred Grove: Essays on Museums*, Washington: Smithsonian Institute Press.
Ross, J. (1985) *The Myth of the Digger: The Australian Soldier in Two World Wars*,

Sydney: Hale & Iremonger.
Rudwick, Martin J.S. (1985) *The Meaning of Fossils: Episodes in the History of Palaeontology*, Chicago: University of Chicago Press.
—— (1992) *Scenes from Deep Time: Early Pictorial Representations of the Prehistoric World*, Chicago and London: University of Chicago Press.
Russett, Cynthia Eagle (1989) *Sexual Science: The Victorian Construction of Womanhood*, Cambridge, Mass.: Harvard University Press.
Ryan, Mary P. (1990) *Women in Public: Between Banners and Ballots, 1825–1880*, Baltimore and London: Johns Hopkins University Press.
Rydell, Robert W. (1984) *All the World's a Fair: Visions of Empire at American International Expositions, 1876–1916*, Chicago: University of Chicago Press.
Sayers, Janet (1982) *Biological Perspectives. Feminist and Anti Feminist Perspectives*, London: Tavistock Publications
Schiebinger, Londa (1989) *The Mind Has No Sex? Women in the Origins of Modern Science*, Cambridge, Mass.: Harvard University Press.
Sebeok, Thomas and Umiker-Sebeok, J. (1983) '"You know my method": a juxtaposition of Charles S. Peirce and Sherlock Holmes', in Umberto Eco and Thomas Sebeok (eds) *Signs of Three: Dupin, Holmes, Peirce*, Bloomington: Indiana University Press.
Seelig, Loren (1985) 'The Munich Kunstkammer, 1565–1807', in Olive Impey and Arthur MacGregor (1985).
Seling, H. (1967) 'The genesis of the museum', *Architectural Review*, no. 131.
Sennett, Richard (1978) *The Fall of Public Man*, New York: Vintage Books.
Shapiro, Michael S. (1990) 'The public and the museum', in M.S. Shapiro (ed.) *The Museum: A Reference Guide*, New York: Greenwood Press.
Sherman, Daniel J. (1987) 'The bourgeoisie, cultural appropriation, and the art museum in nineteenth-century France', *Radical History Review*, no. 38.
—— (1989) *Worthy Monuments: Art Museums and the Politics of Culture in Nineteenth-Century France*, Cambridge, Mass.: Harvard University Press.
Shorter, Audrey (1966) 'Workers under glass in 1851', *Victorian Studies*, vol. 10, no. 2.
Silverman, Debora (1977) 'The 1889 exhibition: the crisis of bourgeois individualism', *Oppositions: A Journal of Ideas and Criticism in Architecture*, no. 45.
Skinner, Ghislaine M. (1986) 'Sir Henry Wellcome's museum for the science of history', *Medical History*, no. 30.
Smart, Barry (1986) 'The politics of truth and the problem of hegemony', in David Couzens Hoy (ed.) *Foucault: A Critical Reader*, Oxford: Blackwell.
Snow, Robert E. and Wright, David E. (1976) 'Coney Island: a case study in popular culture and technical change', *Journal of Popular Culture*, vol. 9, no. 4.
Stallybrass, Peter and White, A. (1986) *The Politics and Poetics of Transgression*, London: Methuen.
Stearn, W.T. (1981) *The Natural History Museum at South Kensington: A History of the British Museum (Natural History) 1753–1980*, London: Heinemann.
Stocking, George W. Jr. (1968) *Race, Culture and Evolution: Essays in the History of Anthropology*, New York: Free Press.
—— (ed.) (1985) *Objects and Others: Essays on Museums and Material Culture*, Madison: University of Wisconsin Press.
—— (1987) *Victorian Anthropology*, New York: Free Press.
Strong, Roy (1984) *Art and Power: Renaissance Festivals, 1450–1650*, Berkeley/Los Angeles: University of California Press.
Tafuri, Manfredo (1976) *Architecture and Utopia: Design and Capitalist Development*, Cambridge, Mass.: MIT Press.
Tay, A.E.S. (1985) 'Law and the cultural heritage', in Isabel McBryde (ed.) (1985).

Turner, Brian and Palmer, Steve (1981) *The Blackpool Story*, Cleveleys: Palmer & Turner.
Turner, Gerard (1985) 'The cabinet of experimental philosophy', in Olive Impey and Arthur MacGregor (1985).
Turner, Ralph E. (1934) *James Silk Buckingham, 1786–1855: A Social Biography*, London: Williams & Norgate.
Vidler, Anthony (1978) 'The scenes of the street: transformations in ideal and reality, 1750–1871', in Stanford Anderson (ed.) *On Streets*, Cambridge, Mass.: MIT Press.
—— (1986) 'Gregoir, Lenoir et les "monuments parlants"', in Jean-Claude Bornet (ed.) *La Carmagole des Muses*, Paris: Armand Colin.
—— (1987) *The Writing of the Walls: Architectural Theory in the Late Enlightenment*, Princeton, N.J.: Princeton Architectural Press.
—— (1990) *Claude-Nicolas Ledoux: Architecture and Social Reform at the End of the Ancien Régime*, Cambridge, Mass.: MIT Press.
—— (1992) 'Losing face', in *The Architectural Uncanny: Essays in the Modern Unhomely*, Cambridge, Mass.: MIT Press.
Waites, Bernard, Bennett, Tony and Martin, Graham (eds) (1982) *Popular Culture: Past and Present*, London: Croom Helm.
Walkowitz, Judith R. (1992) *City of Dreadful Delights: Narrations of Sexual Danger in Late-Victorian London*, Chicago and London: University of Chicago Press.
Wallace, Alfred R. (1869) 'Museums for the people', *Macmillans Magazine*, no. 19.
Wallace, M. (1981) 'Visiting the past: history museums in the United States', *Radical History Review*, no. 25.
—— (1985) 'Mickey Mouse history: portraying the past at Disneyland', *Radical History Review*, no. 32.
Walton, J.K. (1975) 'Residential amenity, respectable morality and the rise of the entertainment industry, the case of Blackpool, 1860–1914', *Literature and History*, vol. 1.
Webber, Kimberley (1987) 'Constructing Australia's past: the development of historical collections, 1888–1938', *Proceedings of the Council of Australian Museums Association Conference (1986)*, Perth.
West, B. (1985) 'Danger! history at work: a critical consumer's guide to the Ironbridge Gorge Museum', Birmingham: Centre for Contemporary Cultural Studies, History Series Occasional Paper no. 83.
White, David (1983) 'Is Britain becoming one big museum?', *New Society*, 20 October.
White, Richard (1981) *Inventing Australia: Images and Identity, 1788–1980*, Sydney: George Allen & Unwin.
Wiener, M. (1985) *English Culture and the Decline of the Industrial Spirit, 1850–1980*, Harmondsworth: Penguin.
Williams, Elizabeth A. (1985) *The Science of Man: Anthropological Thought and Institutions in Nineteenth Century France*, Ann Arbor, Mich.: University Microfilms International.
Wilson, Luke (1987) 'William Harvey's *Prelectiones*: the performance of the body in the Renaissance theatre of anatomy', *Representations*, no. 17.
Winson, Mary P. (1991) *Reading the Shape of Nature: Comparative Zoology at the Agassiz Museum*, Chicago and London: University of Chicago Press.
Wittlin, A.S. (1949) *The Museum: Its History and Its Tasks in Education*, London: Routledge & Kegan Paul.
Wright, Patrick (1984) 'A blue plaque for the labour movement? Some political meanings of the "national past"', *Formations of Nation and People*, London: Routledge & Kegan Paul.
—— (1985) *On Living in an Old Country: The National Past in Contemporary Britain*, London: Verso.

索 引

（所注页码为原著页码，即本书边码）

Aboriginal; Australian; history 澳大利亚原住民, 102-104; 澳大利亚人, 79, 121, 132-133, 145, 150-151; 历史, 215

Adelaide Migration and Settlement Museum 阿德莱德移民和定居博物馆, 145

Adorno, Theodor 西奥多·阿多诺, 92, 243

Agassiz, Louis 路易斯·阿加西, 41, 191

Alaya, Flavia 弗拉维亚·阿拉亚, 207

Allen, Jim 吉姆·艾伦, 128-129, 154

Aites Museum 阿尔特斯博物馆, 92, 181

Altick, Richard 理查德·阿尔蒂克, 65, 71, 75, 204, 249

American Museum of Natural History 美国自然史博物馆, 180, 207

Amusement parks; and pleasure 游乐园, 3, 4, 5; 愉悦, 237-238

Ancien regime 旧制度, 63, 89, 93, 95

Anderson, Benedict 本尼迪克特·安德森, 141-142, 148

Anderson, Robert 罗伯特·安德森, 215

Anfield Plain Industrial Co-operative Society 安菲尔德平原工业合作

社, 1, 12
Anthropological Society 人类学学会, 191, 200
Antoinette, Marie 玛丽·安托瓦内特, 156
Arcades 拱廊式街道, 186
Architecture 建筑学, 48, 50-51, 55-56, 63-65, 68, 75, 89, 94, 100-101, 124-125, 186, 235
Architectural practices 建筑实践, 51-53
Armstrong, Meg 梅格·阿姆斯特朗, 187
Arnold, Edward 爱德华·阿诺德, 192
Art; and theory 艺术; 理论, 163-173
Art galleries; and public instruction; and theory 美术馆, 10; 公共指示, 35-38, 167; 理论, 164-165
Art history 艺术史, 2, 96
Art museums 艺术博物馆, 37-38, 43-44, 55, 59, 92, 169, 181
Ashmolean Museum 阿什莫林博物馆, 29
Atavism; as moral function 遗传; 作为道德功能, 3-5, 204
Australia; histories of; and penal pasts; and tourist pasts 澳大利亚; 历史, 148-162; 刑罚的过去, 153-155; 游客的过去, 156-162
Australian: Bicentennial Authority; Bicentennial Exhibition; Council of National Trusts; Federation of Historical Societies; Heritage Bill; Heritage Commission; National Estate; National Gallery 澳大利亚: 建国两百周年庆典管理局, 145, 210; 建国两百周年纪念展, 145; 国家信托基金委员会, 123, 136, 143, 161; 文化遗产法案, 123, 142-143; 遗产委员会, 131; 国家遗产, 149
Australian War Memorial; Hall of Memory 澳大利亚战争纪念馆, 122-123, 133, 135, 138-140, 146; 纪念馆, 139-140, 145

Baartman, Saartjie 萨尔特杰·巴尔特曼, 77-78, 202
Backtelling 回述, 177-181, 207
Bailey, Peter 彼得·贝利, 32
Bakhtin, Mikhail 米哈伊尔·巴赫金, 242, 245
Bann, Stephen 史蒂芬·巴恩, 39, 75, 96
Barnum, P.T. P.T. 巴纳姆, 5
Baroque aesthetics 巴洛克美学, 170-171
Barthes, Roland 罗兰·巴特, 84
Bauman, Zygmunt 齐格蒙特·鲍曼, 192
Bazin, Germaine 热尔曼·巴赞, 76, 138
BBC 英国广播公司, 310-311

索　引 | 335

Beamish Museum 比米什露天博物馆, 110-121, 125, 127
Bean, C.E.W. C.E.W. 比恩, 139-140
Bean, William George 威廉·乔治·比恩, 232
Beer, Gillian 吉莉安·比尔, 190
Belle Vue Gardens 贝拉维花园, 12
Belvedere Galleries/Palace 贝尔韦代雷美术馆/美景宫, 34, 37
Benedict, Burton 伯顿·本尼迪克特, 74-75
Benjamin, Walter 瓦尔特·本雅明, 26, 81, 182
Benson, Susan Porter 苏珊·波特·本森, 31
Bentham, Jeremy 杰里米·边沁, 67, 69, 101
Berlin 柏林, 92
Bethnal Green Museum 贝斯纳尔·格林博物馆, 43, 53, 196, 198-199, 200
Bibliotheque Royale 皇家图书馆, 96
Bicentennial; protests; Shipwreck Exhibition 建国两百周年, 145, 210-12; 抗议, 212; 沉船展全国巡展, 149
Biological Anthropological Gallery, Musée de l'Homme (Paris) 生物人类学展览, 人类博物馆（巴黎）, 201
Blackbourne, David 大卫·布莱克本, 93
Blackpool; Central Pier; Golden Mile; Grand Theatre; Hotchkiss Bicycle Railway; North Pier; Pleasure Beach; South Jetty; Switchback Railway; 黑潭, 11, 229-245; 中央码头, 230, 233; 黄金大道, 230-231, 233, 236; 大剧院, 236; 霍奇基斯自行车铁路, 231; 北码头, 234; 游乐海滩, 229-245; 南码头, 233; 之字铁路, 231; 塔楼, 230-231, 235-236; 冬季花园, 231, 233, 235-236
Boas, Franz 弗朗兹·博厄斯, 147
Bogardus, James 詹姆斯·博加德斯, 43
Bologna 博洛尼亚, 203
Bommes, Michael 迈克尔·博梅斯, 132, 161
Bon marché 玻马舍百货商场, 30, 52
Bond Corporation 邦德公司, 152
Borel, Pierre 皮埃尔·博雷尔, 40
Borges, Jorge Luis 豪尔赫·路易斯·博尔赫斯, 128
Bourdieu, Pierre 皮埃尔·布尔迪厄, 10-11, 35, 163-164, 172-173
Bourgeoisification 资产阶级化, 169
Brand, Dana 丹娜·布兰德, 66
Breckenridge, Carol 卡罗尔·布雷肯里奇, 213
British: Association; Museum 英国：协会, 182-183; 博物馆
Brixham Cave 布里克瑟姆洞穴,

193

Broca, Paul 保尔·布罗卡, 202-203
Bronze Age 铜器时代, 183
Brooklyn Institute 布鲁克林研究所, 24
Brown, Lee Rust 李·拉斯特·布朗, 184
Buckingham, James Silk 詹姆斯·希尔克·白金汉, 17, 19, 20, 48, 55-56
Buck-Morss, Susan 苏珊·巴克-莫尔斯, 182
Builders Labourers' Federation 建筑工人联合会, 124
Bullock, William 威廉·布洛克, 56
Bureau International des Expositions (BIE) 国际展览局（BIE）, 210
Burke, Peter 彼得·伯克, 115
Burn, Ian 伊恩·伯恩, 172
Buss, William 威廉·巴斯, 53

cabinets de curieux (cabinets of curiosities); principle of singularity 珍奇屋, 2, 40, 59, 60, 73, 78, 93, 187; 奇异原则, 213
Cadman's Cottage 卡德曼小屋, 155
Canguilhem, Georges 乔治·冈圭朗, 190-191
Carceral archipelago 监狱群岛, 59, 61, 68
Carnegie Corporation 卡内基公司, 122, 135

Carnival 狂欢节, 4, 242-245
Central Park New York 纽约中央公园, 225
Century of Progress Exposition "一个世纪的进步"世博会, 83
Chamber of Horrors 恐怖屋, 95
Chambers, Iain 伊恩·钱伯斯, 82
Chapman, William 威廉·查普曼, 196, 199-200
Chartis, Lord of Amisfield 艾米斯菲尔德的查蒂斯勋爵, 133
Chelsea pensioners 切尔西退休军官团, 70
Citizen Degerando 德热兰多, 194
civic practices 公民实践, 219-228
Clark, Manning 曼宁·克拉克, 161
Cleveland Arcade 克利夫兰拱廊商店街, 51
Clifford, James 詹姆斯·克利福德, 172
Clifton family 克里夫顿家族, 233
Cole, Sir Henry 亨利·科尔爵士, 20, 70, 102, 198, 225
Colonialism 殖民主义, 47
colonnades of morality 道德回廊, 48, 55-56
Colquhoun, Patrick 帕特里克·科洪, 18-20
Comparative anatomy 比较解剖学, 185, 203-204
Commonwealth Historic Shipwreck Exhibition 英联邦历史沉船展,

149

Committee of Inquiry on Museums and National Collections 国家遗产调查委员会, 123

Conan Doyle, Sir Arthur 阿瑟·柯南·道尔爵士, 178

Coney Island 康尼岛, 4-5, 224, 226

Congres Internationale d'Anthropologieet d'ArchSologie Prehistorique 国际史前人类学和考古学大会, 83

Conjectural paradigm 推测范式, 177-178

Connolly, Billy 比利·康诺利, 126

Conservatoire 艺术专科学校, 37, 213

Coocc Park Bicentennial Local History Museum 库克公园两百周年纪念地方历史博物馆, 145

Cooper, David 大卫·库珀, 99

Craniology 颅骨学, 206

Crimp, Douglas 道格拉斯·科瑞普, 59, 92-94

Crocodile Dundee 卡罗尔·邓迪, 162

Crosby, Christina 克里斯蒂娜·克罗斯比, 46

crowd, the 人群, 55-58, 69-70, 72, 99

Crystal Palace 水晶宫, 65, 80, 81, 101, 213

culture; and class; and government 文化; 与阶级, 164, 169-170, 200-201, 226; 与政府, 6, 19-24, 31-32

Cunningham, Hugh 休·坎宁安, 74

Curatorship 策展人, 124-127

Cuvier, Georges 乔治·居维叶, 78, 96, 177-178, 185, 191

Darbel, Alain 阿兰·达伯尔, 164, 172-173

Darwin, Charles 查尔斯·达尔文, 78, 96, 182, 190-193

Darwinism 达尔文主义, 190-193, 206, 249

Davison, Graeme 格雷姆·戴维森, 65, 68, 81

Daughters of the American Revolution (DAR) 美国革命女儿会 (DAR), 1, 15-16

Day of Mourning Conference 联合会哀悼日, 121

de Medici, Francesco I 弗朗切斯科一世·德·美第奇, 27

department store; as class space; as exhibitionary architecture; as gendered space 百货公司, 29-31; 作为类空间, 31; 作为展示性建筑, 51; 作为性别空间, 29, 30-31

de Saint Yenne, La Font 拉·丰特·德·圣耶纳, 37

Descartes, René 勒内·笛卡尔, 189

Desmond, Adrian 阿德里安·德斯蒙德, 190

Disneyland 迪士尼乐园, 156-160

DNA 脱氧核糖核酸（DNA）, 202
Donato, Eugenio 尤金尼奥·多纳托, 45
Don Quixote 堂吉诃德, 128
Dreamtime, the 梦幻时光, 215
Dreamworld 梦幻世界, 157-158, 161
Dresden Gallery 德累斯顿美术馆, 2, 140, 34
Duncan, Carol 卡罗尔·邓肯, 36, 38, 168
du Sommerard, Alexandre 亚历山大·杜·索默拉德, 76, 96
Dusseldorf Galleries 杜塞尔多夫画廊, 37, 96

Eagleton, Terry 特里·伊格尔顿, 242-243
Earl's Court Oriental Exhibition 伯爵府东方博览会, 236
Eco, Umberto 翁贝托·艾柯, 160, 215
Eden family 伊甸家族, 113
Edwards, Edward 爱德华·爱德华兹, 8
Edwards, Llew 卢·爱德华兹, 228
Eichcnbaum, Boris 鲍里斯·艾肯鲍姆, 178
Eiffel Tower 埃菲尔铁塔, 69, 84, 219, 235
Eley, Geoff 杰夫·埃利, 93
Elias, Norbert 诺贝特·埃利亚斯, 21
Ellis, Sir Henry 亨利·埃利斯爵士, 55
Emberton, Joseph 约瑟夫·恩伯顿, 235
Encyclopedists, the 百科全书派, 37
Enlightenment, the 启蒙运动, 48, 92, 166, 192, 194
envoi system 调送体系, 168
episteme 认识论, 33, 39, 95-96
Ethnological Society 民族学学会, 191, 195
Europe 欧洲, 59, 82, 115-16, 123, 140, 149
Evans, Robin 罗宾·埃文斯, 94
evolutionary practices 进化实践, 39, 83, 179-187, 190, 192, 206, 213-219
exhibitionary complex; and apparatuses; and disciplines 展览综合体, 59-88, 69, 73, 77, 79, 188; 装置, 80-86; 学科, 7, 63-69, 75-80
exhibitions; and disciplines; and visitors 展览, 5, 80-82, 169, 179; 学科, 75; 游客, 83
Expo' 86 1986 年世博会, 215
Expo' 88; Captain Cook Pavilion; Expo Authority; Technoplaza; World Expo Park 1988 年世博会, 11, 209-228; 库克船长馆, 211; 世博会管理局, 227; 技术广场, 217; 世博园, 219, 224
expositions; and anthropology; and centennial celebrations; and

consumption; and evolutionary exercises; and modernity 博览会, 75, 84, 209-228; 人类学, 83; 百年庆典, 209; 消费, 227-228; 进化运动, 213-219; 现代性, 209-211, 214-215, 218-219

expositionary practices 展览实践, 209-230

Fabian, Johannes 约翰内斯·费边, 194

Fabianski, Marcin 马金·法比安斯基, 181

Fairs 流动集市, 1, 3, 5-6, 55, 74, 75, 86, 99, 125, 223-226

Familistère (Social Palace) 工人之家（社会宫）, 50-51

Femininity: naturalization of 女性气质：自然化, 29

Ferrari, Giovanni 乔瓦尼·法拉利, 203

Ferrante Imperato Museum 弗兰特·伊佩拉脱博物馆, 78

Festival: of Britain; of Labour 节日：英国, 236; 劳动, 50-51

Festivals, and citizenship 节日和公民权利, 49-51

First Fleet 第一舰队, 149

First Impression Sculpture 第一印象雕塑, 155

First World War 第一次世界大战, 111, 116, 136

Fisher, Philip 菲利普·费舍, 44

Fixity of species, doctrine of 物种固定性, 学说, 97

Flâneur 闲逛者, 30, 48, 186-187, 227, 240

Flower, Sir William Henry 威廉·亨利·弗劳尔爵士, 42, 97, 171, 182

Forbes, Edward 爱德华·福布斯, 199

Ford, Henry 亨利·福特, 116, 156

Foucault, Michel 米歇尔·福柯, 1, 3, 4, 7-9, 11, 18, 22-25, 39, 46, 59, 61-66, 68, 86-87, 89, 90-92, 95-96, 98-100, 102, 114, 188, 213-214

Fourier, Charles 夏尔·傅立叶, 48, 51

Frankfurt School 法兰克福学派, 26

Fraser Government 弗雷泽政府, 143

Freak shows 奇观秀, 84

French Revolution 法国大革命, 36, 50, 76, 89, 136, 184, 205

Friedman, John 约翰·弗里德曼, 193-194

Frow, John 约翰·弗罗, 164

Fry, Tony 托尼·弗莱, 219

Galen of Pergamum 珀加蒙的盖伦, 205

Galleria progressiva 渐进式展馆, 76, 96

Gallery; of Aboriginal Australia; of the Australian Environment 澳大利亚原住民画廊, 143, 151; 于澳大利亚语境, 151

Gallipoli 加里波利, 138

Galton, Francis 弗朗西斯·高尔顿, 207, 208

Garden of Eden 伊甸园, 190

Garrison, Dee 迪·加里森, 32

Gateshead 盖茨黑德, 113-114

Geddes, Patrick 帕特里克·盖迪斯, 183

Geoffroy St-Hilaire, Isodore 乔弗里·西莱尔, 192

Gilman, Sander 桑德·吉尔曼, 203

Ginzburg, Carlo 卡洛·金茨堡, 177-178

Glasgow Empire Exhibition 格拉斯哥大英帝国博览会, 83

Goode, George Brown 乔治·布朗·古德, 20-21, 24, 42, 58, 167, 180

Goodman, David 大卫·古德曼, 222

Gordon, Colin 科林·戈登, 247

Gordon Riots 戈登暴动, 69

Gould, Stephen Jay 史蒂芬·杰·古尔德, 191, 202-203

Government; and family; as instrument of improvement; of self 政府; 家庭, 18, 25; 作为改进手段, 18; 自我, 18-20, 50-51, 69, 87, 188-189, 218, 226

Gramsci, Antonio 安东尼奥·葛兰西, 9, 11, 63, 73, 86-87, 91, 98, 109

Gray, Edward 爱德华·格雷, 41, 42

Grayson, Donald 唐纳德·格雷森, 193

Great Exhibition 万国工业博览会, 61-62, 65, 72-73, 81-82, 84, 186, 210, 213, 219, 225

Greenblatt, Stephen 史蒂芬·格林布拉特, 43-44, 129

Greenfield Village 绿野村, 116-117, 156

Greenhalgh, Paul 保罗·格林哈尔希, 103

Greenwood, Thomas 托马斯·格林伍德, 2, 8, 18

Habermas, Jürgen 尤尔根·哈贝马斯, 11, 25-27, 29, 33

habitus; cultural 习惯, 13; 文化, 163

Hall, Catherine 凯瑟琳·霍尔, 39

Harrison, Tom 汤姆·哈里森, 230, 242

Haute-bourgeoisie 上层资产阶级, 30

Haussmann 奥斯曼, 56, 168

Hawthorne, Nathaniel 纳撒尼尔·霍桑, 116

Hayden, Dolores 多洛雷斯·海登, 48

Hazelius, Artur 阿图尔·哈兹里乌

斯, 115

Hegel, Georg Wilhelm Friedrich 格奥尔格·威廉·弗里德里希·黑格尔, 92

Hegemony 霸权, 91, 101, 243

Heterotopias 异托邦, 1, 4

Hinsley, Curtis 柯蒂斯·辛斯利, 187

History; and preservation; and reality; and structure of vision; and theory; and war; and writing 历史; 保存, 122-123, 136; 现实, 126-127, 137-138; 视觉结构, 163-173; 理论, 17-105; 战争, 136-139; 写作, 76

History museums 历史博物馆, 129, 138-141, 146-153, 166, 180

Historical tourism 历史旅游, 156-162

Hobsbawm, Eric 埃里克·霍布斯鲍姆, 136, 148

Hogden, Margaret 玛格丽特·霍钦, 194-195

Holland, Billy 比利·霍兰德, 234

Honniger, Claudia 克劳迪·霍尼格, 203

Hooper-Greenhill, Eilean 艾琳·胡珀-格林希尔, 5, 36-37, 39, 89, 95-96, 101, 103

Hope Committee 霍普委员会, 142-144

Hotel; Carnavalet; de Cluny; Le Pelletier de Saint-Fargeau 酒店; 卡纳瓦莱, 184; 克鲁尼, 76, 96; 圣法尔戈贝利蒂埃, 184

Hottentot Venus 霍屯督的维纳斯, 77, 202

Hunt, James 詹姆斯·亨特, 191

Hunter, Ian 伊恩·亨特, 188

Hunter, John 约翰·亨特, 204

Hunter, William 威廉·亨特, 204-205

Huxley, Thomas 托马斯·赫胥黎, 177-178, 191, 195

Hyde Park Barracks 海德公园兵营, 120-122, 124-125, 134, 145, 154

Hygeia 希格亚, 18

Imagined communities 想象的共同体, 148

Imperial War Museum 帝国战争博物馆, 139

Imperialism 帝国主义, 77, 79

Industrial Gallery (Birmingham) 工业展览馆（伯明翰）, 54

Inglis, K.S. K.S. 英格利斯, 136-137

Inspector of Distilleries 酒厂检验员, 124

Intercolonial Exhibition 殖民地间博览会, 219

Interim Committee on the National Estate 国家遗产临时委员会, 142

International Health Exhibition 国际健康展览会, 208

Iron Age 铁器时代, 183

Ironbridge Gorge Museum 铁桥峡谷博物馆, 114
It'll Be Alright on the Night 今夜安好, 114

James, Paul 保罗·詹姆斯, 152
Jameson, Mrs 詹姆森夫人, 167
Jardin des Plantes 巴黎植物园, 184
Jomard, E.F. E.F. 乔马德, 96
Jordanova, Ludmilla 德米拉·约丹诺娃, 205

La Brecque, Harry 哈里·拉布雷克, 223
Lamarck, Jean Baptiste Pierre; and evolution 让·巴蒂斯特·皮埃尔·拉马克, 192; 进化, 190
Lancaster, Joseph 约瑟夫·兰卡斯特, 46
Lancaster Castle 兰卡斯特城堡, 153
Landes, Joan 琼·兰德斯, 11, 28-29
Landsborough Bicentennial Historical Museum 兰茨伯勒两百周年纪念历史博物馆, 145
Laqueur, Thomas 托马斯·拉克尔, 204-206
Ledoux, Claude-Nicolas 克劳德-尼古拉斯·勒杜, 48
Leeds Mechanics' Institute 利兹机械学院, 100
Leeds Times 利兹时报, 81
Leiden (Leyden) 莱顿, 2, 203, 248

leisure technologies 休闲技术, 217, 224, 229, 231, 238-241
Lenoir, Alexandre 亚历山大·勒努瓦, 166-167
Lombroso, Cesare 切萨雷·隆布罗索, 204
London: Cenotaph; Dungeon; Missionary Society 伦敦：纪念碑, 140; 地牢, 153; 传教士协会, 200
Longstaff, William 威廉·朗斯塔夫, 140
Lord, Ken 肯·罗德, 224
Louis XIV 路易十四, 34
Louvre, the; Commission du Museum 卢浮宫, 12, 36-38, 168-169; 博物馆委员会, 37
Lowenthal, David 大卫·洛文塔尔, 149
Luna Park 露娜公园, 55-56
Lyell, Charles 查尔斯·莱尔, 193

MacArthur, John 约翰·麦克阿瑟, 68
McBryde, Isabel 伊莎贝尔·麦克布莱德, 137
MacCannell, Dean 迪恩·麦肯奈尔, 65, 156, 161
Mace, Rodney 罗德尼·梅斯, 136
McHoul, Alec 亚历克·麦克霍尔, 227
Maclean, John 约翰·麦克莱恩, 126
Macleay Museum 麦克利伊博物馆,

126

Madame Tussaud; Chamber of Horrors 杜莎夫人蜡像馆, 95, 153; 恐怖屋, 143, 145, 151-153

Mahood, Linda 琳达·马胡德, 29

Malraux, Andre 安德烈·马尔罗, 92

Man《人类》, 7, 38-39, 45-46, 91, 96-97, 180, 190

Marin, Louis 路易斯·马林, 34, 38

Markham, S.F. S.F. 马克姆, 135

Marx, Karl 卡尔·马克思, 163

Mason, Otis 奥蒂斯·梅森, 96

mass observation movement 大众观察运动, 230

Mauss, Marcel 马塞尔·莫斯, 188

Mechanics' Institutes; exhibitions 机械学院, 61, 72, 81; 展览, 72, 81

Melbourne Art Gallery 墨尔本艺术馆, 135

Melbourne International Exhibition, the 墨尔本国际博览会, 209

Menard, Pierre 皮埃尔·梅纳德, 128

Michelet, Jules 儒勒·米什莱, 166

Mill, John Stuart 约翰·斯图亚特·密尔, 207

Millbank Penitentiary 米尔班克监狱, 95, 153-154

Miller, Michael 迈克尔·米勒, 30

Minson, Jeffrey 杰弗瑞·明逊, 62

Modernism 现代主义, 172

modernity; and public leisure 现代性; 公共休闲, 230-236, 243-244

Montaigne 蒙田, 194

Montreal Expo' 67 1967年蒙特利尔世博会, 209, 215, 236

Morris, William 威廉·莫瑞斯, 32

Mullaney, Steven 史蒂文·马拉尼, 187

Murray, David 大卫·莫瑞, 2

Musée Carnavalet 卡纳瓦莱博物馆, 184

Musée des monuments Français 法国古迹博物馆, 76, 96, 166

Musée d'histoire naturelle 自然史博物馆, 184

Musée d'Ethnographie de Paris (Musée de l'homme) 巴黎人类博物馆, 78, 189, 201-203

Museum; Act; Association of London; of Australia; Bill 博物馆; 博物馆法, 123; 伦敦协会, 135; 澳大利亚, 123, 145, 150-153; 法案, 72;

Museum of Comparative Anatomy (Harvard) 比较解剖学博物馆（哈佛）, 191

Museum of Comparative Zoology (Harvard) 比较动物学博物馆（哈佛）, 42

Museum of Criminal Anthropology (Turin) 犯罪人类学博物馆（都灵）, 204

museum display principles; ethnographic; and exhibitions; of legibility; of rarity;

of representativeness; of singularity; of sparsity 博物馆展示原则, 33, 36, 37, 43, 97; 民族志, 47, 79, 96, 147, 196-197; 展览, 80-82; 易读性, 42; 稀有, 39; 代表性, 39, 213; 珍稀性, 42, 44, 213; 稀有, 42

Museum of Modern Art 现代艺术博物馆, 45

Museum of Natural Curiosities 自然奇珍博物馆, 58

Museum of Natural History (London) 自然史博物馆（伦敦）, 41, 42

Museum of Victoria 维多利亚国家博物馆, 3, 145, 219, 251

museum idea 博物馆理念, 198

museums; and anthropology; and class culture; as discursive space; and exclusiveness; formation; as gendered space; as governmental instrument; and heritage policy; instruction booklets; as instrument of discipline; and legislation; and modernity; and natural history; as passionless reformers; and the penitentiary; political rationality of; politics and policies; and progress; and public manners; and the public sphere; and their publics; and visitors; visitor studies; and women 博物馆; 人类学, 77, 96, 167, 180; 阶级文化, 109-126; 作为话语空间, 102-105; 排他性, 27; 型构, 2-5, 17-105; 作为性别空间, 28-29, 32-33; 作为政府文件, 28; 遗产政策, 128-130, 133, 142-146; 说明书, 73, 199; 作为纪律文书, 89-105; 立法, 129, 134; 现代性, 71, 160, 161; 自然史, 41-43, 167, 180-181; 没有激情的改革家, 21, 58, 203; 监狱 87-88, 90, 94, 98, 153; 政治合理性, 89-105; 政治和政策, 109-127; 进步, 46-47, 81, 177-207; 公共礼仪, 99-102; 公共领域, 11, 25-33; 他们的公共, 97, 99, 104, 169-170, 225; 访客, 10, 41-44, 47, 52-55, 69, 72, 76, 102-105, 113, 117-118, 126-127, 131, 157, 164, 182-184, 186, 189, 198, 200-201; 访客研究, 7-8; 女性, 201-208

Myer Centre 迈尔中心, 227

Napoleon's Column 拿破仑纪念柱, 136

Napoleonic Wars 拿破仑战争, 157

National Estate 国家遗产, 142-144, 148-149

National Gallery 国家美术馆, 55

National Heritage Policy 国家遗产政策, 142

National Maritime Museum 国家海事博物馆, 145, 149

National Museum of Copenhagen 海事博物馆 145, 149

'nationing': and Aboriginal culture; history; and populations "民族": 原住民文化, 150-151; 历史, 141-146; 人口, 76

Ned Kelly《奈德·凯利》, 154

Nelson's Column 纳尔逊纪念柱, 136

Neolithic Age 新石器时代, 183

New Read House (Brisbane) 新阅览室（布里斯班）, 95

New York World's Fair 纽约世博会, 209, 214

Nietzsehe, Friedrich 弗里德里希·尼采, 134

Nordern, Dennis 丹尼斯·诺登, 118

North Eastern Railway Company 东北铁路公司, 113

O'Doherty, Brian 布莱恩·奥多尔蒂, 171

Old Dubbo Gaol 老达博监狱, 154

Old Melbourne Gaol 墨尔本旧监狱, 154

Old Sydney Town 老悉尼镇, 156-157, 160

Olmi, Guiseppe 朱塞佩·奥尔米, 27, 36

Olmstead, Frederick Law 弗雷德里克·劳·奥姆斯特德, 226

open-air museums 露天博物馆, 9, 115-117, 156-159

opening hours 开放时间, 70-71

Outhwaite, John 约翰·奥特怀特, 231

Outram, Dorinda 多瑞达·奥特安姆, 185

Owen, Richard 理查德·欧文, 41, 48, 96

Ozouf, Mona 莫纳·奥祖夫, 50

Pacific Islanders 太平洋岛民, 215

Palaeolithic period 旧石器时代, 183

Panama Pacific Exhibition 巴拿马太平洋万国博览会, 75

Pan-American Exposition 泛美博览会, 68

panopticism 全景敞视主义, 64-65, 68, 101

Panopticon 圆形监狱, 68

Panoramas 全景, 66

Pantheon 万神殿, 181

past; Australian; and narrative reconstruction; and peopling the 过去, 128-162, 198; 澳大利亚, 133-146; 叙事重构, 177-208; 人们, 115-126, 128-162

Parallelogram 新和谐公社, 48

Parc, Monceau 蒙索公园, 156

Paris Exposition 巴黎博览会, 69, 83-84, 209, 219, 235

Parker, Roszika 罗西卡·帕克 172

Parr, A.E. A.E. 帕尔, 181-182

Paternan, Carole 卡罗尔·佩特曼, 11, 189
Pearson, Nicholas 尼古拉斯·皮尔森, 66, 87
Pentonville Model Prison 本顿维尔模范监狱, 61
People's Charter《人民宪章》, 70
People's Palace 人民宫, 9, 120, 125-126
performative regimes 执行制度, 186-189
period room 时代展室, 76, 96
Perkin, Harold 哈罗德·珀金, 232
Pevsner, Nikolaus 尼古拉斯·佩夫斯纳, 96
Phalanstery 法兰斯特, 48
Philadelphia Centennial Exposition 费城百年纪念博览会, 81, 209
Pigott Committee 皮戈特委员会, 143-144, 146, 150
Place, Francis 弗朗西斯·普雷斯, 8
Pleasure Beach, the, and progress 游乐海滩, 136; 进步, 236-237, 243
Pliny 普林尼, 193
politics of truth 真理政治, 91
Pollock, Griselda 格里塞尔达·波洛克, 172
polygenesis 多源, 78, 190-191
Pomian, Krzysztof 克里日托夫·波米恩, 11, 35, 40-41, 165
Pommier, Edouard 爱德华·波米耶, 37

Pompidou Centre 蓬皮杜中心, 45
Port Arthur 亚瑟港, 128, 154-155
Port Jackson 杰克逊港, 121
postmodernism 后现代主义, 92, 172
Poulantzas, Nicos 尼科斯·普兰查斯, 141-142
Poulot, Dominique 多米尼克·普洛特, 38, 224
power: forms of; and knowledge 权力：形式, 9, 21-23, 26-27, 36-37, 40, 59-65, 67, 69, 84, 87, 90, 93-94; 知识, 59, 61, 66, 73, 74, 83, 87, 97-99
Power House Museum (Sydney) 动力博物馆（悉尼）, 145
Prakash Gyan 吉安·普拉卡什, 35
Prince, Hugh 休·普林斯, 249
public museums 公共博物馆, 19, 26-27, 33, 39, 46, 70, 72-73, 77, 79, 80, 83, 89, 90, 92-94, 96, 99, 167-168
punishment 惩罚, 22-23, 59, 63-64, 67, 95, 102, 153, 155

Queensland Cultural Centre; State government 昆士兰文化中心, 219-222, 224, 227; 州政府, 210
Queen Victoria 维多利亚女王, 72

Rackstrow, Benjamin 本杰明·拉克斯特罗, 204
Raikes Hall 雷克斯大厅, 231

Rainbowserpent 彩虹球, 215

rational recreations 理性娱乐, 6, 20, 100

reading the past 解读过去, 130-133

Real, M.R. M.R. 雷亚尔, 160

regimes: of curiosity; of pleasure 政体：好奇心, 40-41; 愉悦, 231-245

Register of the National Estate 国家遗产名录, 143-4, 149

Renaissance 文艺复兴, 40, 92, 94-95, 187, 203-205

reordering; of people; of things, 重新排序；人, 62; 事物, 33-47, 95-98

representative publicness 代表型公共领域, 25

respectability, and public leisure 可敬性, 公众休闲, 230-236

Richards, H.C. H.C. 理查兹, 135

Rijksmuseum 阿姆斯特丹皇家博物馆, 149

Riley, Denise 丹尼斯·莱利, 28-29

Ripley Believe It Or Not Museums "雷普利信不信由你博物馆", 103

Ripley, Dillon 迪伦·雷普利, 12

Radcliffe, Jack 杰克·拉德克利夫, 235

Rivers, Pitt 皮特·里弗斯, 11, 43, 96, 147, 182-201

Rosny Park Historie Village 罗斯尼公园历史村, 145

royal collections and galleries 皇家收藏和展览, 36, 38

Royal College of Surgeons (London) 皇家外科学院（伦敦）, 204

Royal Mint 皇家造币厂, 124

Rudler, F.W. F.W. 拉德勒, 183

Rudwick, Martin 马丁·鲁德威克, 177-178

Ruskin, John 约翰·罗斯金, 20, 32

Ryan, Mary 玛丽·莱恩, 11

Rydell, Robert 罗伯特·赖德尔, 82-83, 190

San Francisco's Panama-Pacific Exposition 旧金山巴拿马太平洋博览会, 223

Schiebinger, Londa 隆达·施宾格, 203, 205

Schinkel, Karl August 卡尔·奥格斯特·申克尔, 92, 181

Schmitt, Carl 卡尔·施密特, 33

sciences, the; and rationality; and visualizing capacities 科学, 39-41, 44-45, 59, 75, 77, 135, 177; 合理性, 41; 可视化能力, 177-178

Second World War 第二次世界大战, 136

Select Committees; on drunkenness; on National Monuments and Works of Art 专责委员会, 70, 167; 关于醉酒, 19; 关于国家古迹和艺术作品, 52-53, 55

semiophores 半透体, 165
Shafto family 沙夫托家族, 113
Shapiro, Michael 迈克尔·夏皮罗, 169
Sheepshanks Gallery 希普尚克斯画廊, 32
Shellal Mosaic 贝壳马赛克, 140
Sherlock Holmes 福尔摩斯（名侦探）, 178
Sherman, Daniel 丹尼尔·谢尔曼, 168, 170-171
Slane, Robert 罗伯特·斯莱恩, 32
Smart, Barry 巴瑞·斯玛特, 101
Smith, Charles 查尔斯·史密斯, 55
Soane, Sir John; museum 约翰·索恩爵士, 52; 博物馆, 54, 75
Societe des Observateurs 人类观察家协会, 194
Sorbonne 索邦, 194
Southwark Fair 南华克博览会, 56-57
Sovereign Hill (Ballarat) 疏芬山博物馆（巴拉瑞特）, 145, 156-157, 160
spectacle 奇观, 63-69, 86
Spencer, Herbert 赫伯特·斯宾塞, 47, 191, 206
Stallybrass, Peter 彼得·斯塔利布拉斯, 27, 79, 86
statuomania 雕像狂热, 136-137
St Bartholomew's Fair 圣巴塞洛缪游乐场事件, 75, 86, 99

Sternberger, Dolf 道尔夫·斯滕贝尔格, 182
Stocking, G.W. G.W.斯托克, 192, 194
Stockman's Hall of Fame (Longreach) 斯托克曼名人堂（朗里奇）, 145
Strand, The《斯特兰德》, 178
Strong, Roy 罗伊·斯特朗, 21
studioli 私人密室, 35-36, 59, 73, 93
surveillance 监控, 63-69
Sydncy Harbour Bridge 悉尼海港大桥, 121

Tafuri, Manfredo 曼弗雷多·塔夫里, 69
Tall Ships 高桅帆船, 149
Taylor, Harriet 哈莉耶特·泰勒, 207
technologies; of progress; of self 技术；进步, 177-245; 自我, 17-18
teratology 畸形学, 193
Thatcher, Mrs 撒切尔夫人, 134, 243
Thompson, Geoffrcy 杰弗里·汤普森, 240
Thompson, Leonard 莱昂纳多·汤普森, 235, 237
Timbertown 木材小镇, 145, 156-160
time: conceptions of; evolutive 时间：概念, 39, 46, 59, 76, 79, 148-149, 194-195, 210, 214-215, 166; 进化, 40
Times, The《时代》, 72
Tower of London 伦敦塔, 53, 198

Trafalgar Square 特拉法加广场, 136
transformism 转化, 191
Trust House Forte "信任之家福特集团公司", 236
Turgot, Baron 杜尔哥男爵, 194
Tuileries Garden 杜伊勒利花园, 12
Turner, Gerard 杰拉德·特纳, 26
Tyler, Edward 爱德华·泰勒, 192, 196, 198
typological method 类型学方法, 196, 199

Uffizi Gallery 乌菲齐美术馆, 27
United States National Museum Smithsonian Institution 美国国家博物馆史密森学会, 96
universal survey museum "普遍性博物馆", 38
Uren, Tom 汤姆·尤伦, 143

Vaccine Institute 疫苗研究所, 124
van Keuren, David 大卫·范·克伦, 197
Vauclause House 沃克鲁斯宅邸, 131, 135
Victoria and Albert Museum 维多利亚与艾尔伯特博物馆, 109, 118
Victoria's Industrial and Technological Museum 维多利亚工业技术博物馆, 219
Vidler, Anthony 安东尼·维德勒, 28, 48, 166, 181

Vienne se Royal Collection 维也纳皇家收藏, 34
visibilities; and social regulation; and space 可见性, 34-36, 48, 56, 63-64, 69-75, 83-84, 163, 173, 179, 184, 198; 社会规训, 48-55; 空间, 48, 52, 63, 101

walking; as evolutionary practice; as supervised conformity 行走; 作为进化实践, 179-186; 作为受监督的合规性, 100
Walkowitz, Judith 朱迪斯·沃克维兹, 30
Wallace, Alfred 阿尔弗雷德·华莱士, 181, 196
Wallace, Michael 迈克尔·华莱士, 115-117, 156
Wallach, Alan 艾伦·瓦拉赫, 36, 38, 168
Walton, John 约翰·沃尔顿, 232
Ward, Dr 沃德博士, 70
Webber, Kimberley 金伯利·韦伯, 146
Welsh Folk Museum 威尔士民俗博物馆, 115
Wembley Empire Exhibition 温布利大英帝国博览会, 83
West, Bob 鲍勃·韦斯特, 114
Westminster Abbey 威斯敏斯特教堂, 101
When the Boat Comes In 《船之将至》

（电影名），118

Whewell, William 威廉·惠威尔，186

Whig history 辉格党历史，95, 154-155

White, A. 怀特，27, 79, 86

White City 白城，56

Whitlam government 惠特拉姆政府，142-143, 146

Wiener, Martin 马丁·维纳 114

Williamsburg 威廉斯堡，157

Wordsworth, William 威廉·华兹华斯，86

world fairs; and feminism 世界博览会，82-83, 103, 214; 女权主义，103

Wright, Patrick 帕特里克·怀特，132, 134, 147, 152, 161

Wunderkammer 珍奇屋，40, 73, 93, 213

Wylde's Great Globe "怀尔德大地球仪"，84

Yosemite National Park 优胜美地国家公园，129

Zadig's method 查第格法，177-178, 195

译后记

托尼·本尼特是英国著名的马克思主义美学理论家、文化理论家，曾先后在英国、澳大利亚等从事马克思主义美学、文化理论的教学与研究。本尼特在早期研究中对美学特别是马克思主义美学感兴趣，博士论文研究的是卢卡奇，曾写作《形式主义和马克思主义》《文学之外》等美学与文艺理论著作。本尼特曾在英国开放大学任教，先后于20世纪80年代和2009年受聘于澳大利亚格里菲斯大学和澳大利亚西悉尼大学。本尼特在20世纪70、80年代曾是英国文化研究的重要学者，为英国文化研究理论的发展做出了重要的贡献，转至澳大利亚从事文化研究之后，他开始注重文化政策、文化改革研究，出版了《文化：改革者的科学》《将政策引入文化研究之中》等文化理论著作，并在联合国教科文组织等重要文化机构任职，进一步扩大了文化研究的范围，在文化研究领域有重要影响。

从英国到澳大利亚，本尼特的文化研究思路与路径有所变化，他的《文化：改革者的科学》《将政策引入文化研究之中》以及这部《博物馆的诞生：历史、理论与政治》等，与他在20世纪80年代所从事的英国文化研究思路有差别，这几部著作均强调具体的文化经验方面的探索与实践，因而有文化理论研究的转型色彩。但正像他说的那样，他的澳大利亚文化研究也并非绝对的转向，他的研究的动力和缘起仍然来自20世纪60、70年代艺术和文学社会学在英国学界产生的重大影响，具体说就是将文化唯物主义的视角应用于文学和艺术形式的研究中，从而挑战当时盛行的文学和艺术的非历史化的观点。

这部《博物馆的诞生：历史、理论与政治》出版于1995年，可以说，正是本尼特文化理论研究的转型时期的作品，在某种程度上代表了他的文化理论的探索过程。同时，这部著作在本尼特的文化研究理论中有重要的特色，在博物馆文化研究中充分引入文化史、人类学、社会学、政治学、文学等学科的理论视角与研究方法，可以说是文化研究领域的新选题。我本人是在进行英国文化研究过程中注意到本尼特的这部作品的，可以说是引用、关注多年，一直有将其译成中文的心愿。但因能力及时间所限，一直没能做实质性推进。近年来，所幸有合作者及中国人民大学出版社支持，才让我下定决心排除困难，完成这项工作。

在着手翻译这部著作期间，我和本尼特一直保持联系。我和我的学生兼同事陈王青博士约他做了一次访谈，题目是他取的，名为"文化、治理、社会——托尼·本尼特教授访谈"。这次访谈本来计划在国外刊物上发表，但本尼特提出希望更多的中国读者看到他的文化研究之路的转折与发展，于是后来发表于国内的《文艺争鸣》杂志，其中也谈到了《博物馆的诞生：历史、理论与政治》与他的文化研究之路的转型问题，学界朋友们可以将其作为一个研究性的参考。

三年来，我和两位合作者南京大学陈静副教授、华南师范大学陈王青博士克服了很多困难推进翻译工作，这本译著的出版，也算是对我的本尼特文化理论研究的一次总结，更是本尼特与我们的学术友谊的见证。

在得知我们翻译这部著作的时候，本尼特欣然应允我的邀请，写作了中文版序，以"博物馆和治理的问题域"为题置于译稿正文前，这也是作者本人对这部著作最直截了当的介绍。

在翻译的过程中，我负责和本尼特、出版方联络落实翻译、出版事宜，我翻译了中文版序、致谢、导言等内容，处理了索引部分的大量工作；陈王青翻译了第一部分的内容；陈静翻译了第二部分、第三部分的内容。特别要感谢华南师范大学外国语言文化学院肖娜老师，肖娜老师花了大量时间审订、润色书稿。还要感谢北京大学的王小溪、王思渝老师，两位老师负责校译书稿。我与几位老师一起尽最大努力提高翻译质量。译稿最终排版后，我专门抽出时间进行了文字上的统稿。由于水平所限，译稿肯定还有很多不足，敬请师友批评指正。

最后，感谢中国人民大学出版社编辑岳娜、胡颖、李颜。三年来，她们一直跟进此项工作，她们的工作高效务实，我们愉快的合作是译稿顺利出版的重要基础。

段吉方

2024 年 4 月 20 日于广州

The Birth of the Museum: history, theory, politics by Tony Bennett

ISBN: 9780415053884

Copyright © 1995 Tony Bennett

Authorized translation from the English language edition published by Routledge, a member of the Taylor & Francis Group. All rights reserved. 本书原版由 Taylor & Francis 出版集团旗下 Routledge 公司出版，并经其授权翻译出版，版权所有，侵权必究。

China Renmin University Press is authorized to publish and distribute exclusively the Chinese (Simplified Characters) language edition. This edition is authorized for sale throughout the mainland of China. No part of the publication may be reproduced or distributed by any means, or stored in a database or retrieval system, without the prior written permission of the publisher. 本书中文简体翻译版权授权由中国人民大学出版社独家出版并仅限在中国大陆地区销售，未经出版者书面许可，不得以任何方式复制或发行本书的任何部分.

Copies of this book sold without a Taylor & Francis sticker on the cover are unauthorized and illegal. 本书封面贴有 Taylor & Francis 公司防伪标签，无标签者不得销售。

北京市版权局著作权合同登记号：01-2017-3306

图书在版编目（CIP）数据

博物馆的诞生：历史、理论与政治／（英）托尼·本尼特（Tony Bennett）著；段吉方等译．—北京：中国人民大学出版社，2025.1
（守望者）
书名原文：The Birth of the Museum: History, Theory, Politics
ISBN 978-7-300-31729-8

Ⅰ.①博… Ⅱ.①托… ②段… Ⅲ.①博物馆学－研究 Ⅳ.①G260

中国国家版本馆CIP数据核字（2023）第096428号

博物馆的诞生
历史、理论与政治
［英］托尼·本尼特（Tony Bennett） 著
段吉方 陈 静 陈王青 肖 娜 译
王小溪 王思渝 审校
Bowuguan de Dansheng

出版发行	中国人民大学出版社	
社　址	北京中关村大街31号	邮政编码　100080
电　话	010-62511242（总编室）	010-62511770（质管部）
	010-82501766（邮购部）	010-62514148（门市部）
	010-62515195（发行公司）	010-62515275（盗版举报）
网　址	http://www.crup.com.cn	
经　销	新华书店	
印　刷	北京联兴盛业印刷股份有限公司	
开　本	890 mm×1240 mm　1/32	版　次　2025年1月第1版
印　张	12.125 插页4	印　次　2025年4月第2次印刷
字　数	278 000	定　价　128.00元

版权所有　侵权必究　印装差错　负责调换